三国志を歩く
中国を知る

目次

※本書では、陳寿が著した正史の「三国志」と羅貫中の古典歴史小説「三国志演義」を区別するため、歴史書のことを指す場合は「三国志」や「正史」、古典歴史小説の方は「三国志演義」と表記しています。また、「三国時代」は歴史上の三国志の時代を指し、「三国志演義では」といった前置きがない部分は、正史や裴松之が注釈で引用した史料も含む歴史書に基づく史実について書いています。現代中国の各種情勢についての記述や登場人物の肩書・年齢は原則として2020年〜2023年に現地で取材した当時の情報を基にしています。人民元の日本円換算は1元＝20円、米ドルは1ドル＝150円で計算しています。

旅のはじめに

人生に必要な知恵は、すべて三国志で学んだ。

そう言いたいほど、三国志を愛してきた。

小学校の図書館で友達と奪い合うように借りた横山光輝《よこやまみつてる》の漫画。両親の本棚に並んでいた吉川英治《よしかわえいじ》の小説。デスクトップPC用の初代版から遊び倒してきたコーエーテクモゲームス（旧コーエー）の歴史シミュレーションゲーム。漫才コンビ「紳助《しんすけ》・竜介《りゅうすけ》」が時代に翻弄される庶民役で登場し、毎週欠かさず見たNHKの人形劇。大人になってその味わいを知った陳舜臣《ちんしゅんしん》版や柴田錬三郎《しばたれんざぶろう》版、北方謙三《きたかたけんぞう》版、宮城谷昌光《みやぎたにまさみつ》版の歴史小説…。私の「三国志歴」は40年以上になる。


三国志は大好きだけど、今の中国は嫌い、よく知らない、興味がない、という人は多い。とはいえ、今や世界第2位の経済大国であり、日本にとって最大の貿易相手国である隣人・中国について知ることは、これからの日本の活路を考える上で欠かせない。そこで、日本人に身近な存在である三国志の舞台となった地を巡り、中国の今を見つめる旅に出たいと考えた。2020年8月から3年間、西日本新聞の21代目の北京特派員として中国に赴任することが決まった時から、三国志の「聖地」を巡る連載企画を構想してきた。

ただ、三国志の連載をするのは、任期の最後の1年にと決めていた。北京で暮らしながら中国各地を巡り、政治や経済、文化、科学技術、社会問題など多方面の取材を重ねて、自分なりの「中国観」を培ってからでなければ、表層的な「三国志ツアー」の紀行文で終わってしまうと思ったのだ。実際に3年間で、中国本土の全31省・自治区・直轄市のうち、外国人記者の立ち入りが厳しく制限されたチベット自治区を除く30省・自治区・直轄市をすべて訪れ、のべ114都市を踏破して記事を書いた。

本書は、2022年9月から2023年8月まで西日本新聞で私が連載した長期企画「三国志を歩く 中国を知る」を再構成し、書き下ろしも含めて大幅に加筆したものを軸としている。旅の準備として三国志と三国志演義の基礎知識をおさらいする「正史と演義」、現代中国に残る三国志の聖地を巡った「三国志聖地巡礼」、現代中国の国境地帯を中心としたルポ「三国志の周縁地を歩く」を鼎《かなえ》（古代中国の金属製の器）の3本足に、コラム「意外と知らない中国の素顔」を織り交ぜている。巨大で奥深い中国で、私自身が直接見聞きし体感したことをその鼎に注ぎ込んだ。本書の解説は、日本の三国志研究の第一人者である渡邉義浩《わたなべよしひろ》・早稲田大学教授に執筆していただいた。

桃園《とうえん》の誓い、赤壁《せきへき》の戦い、そして五丈原《ごじょうげん》――。三国志ゆかりの地を巡り、中国と日本の過去と現在と未来が交錯する旅へ。いざ、ご一緒に。

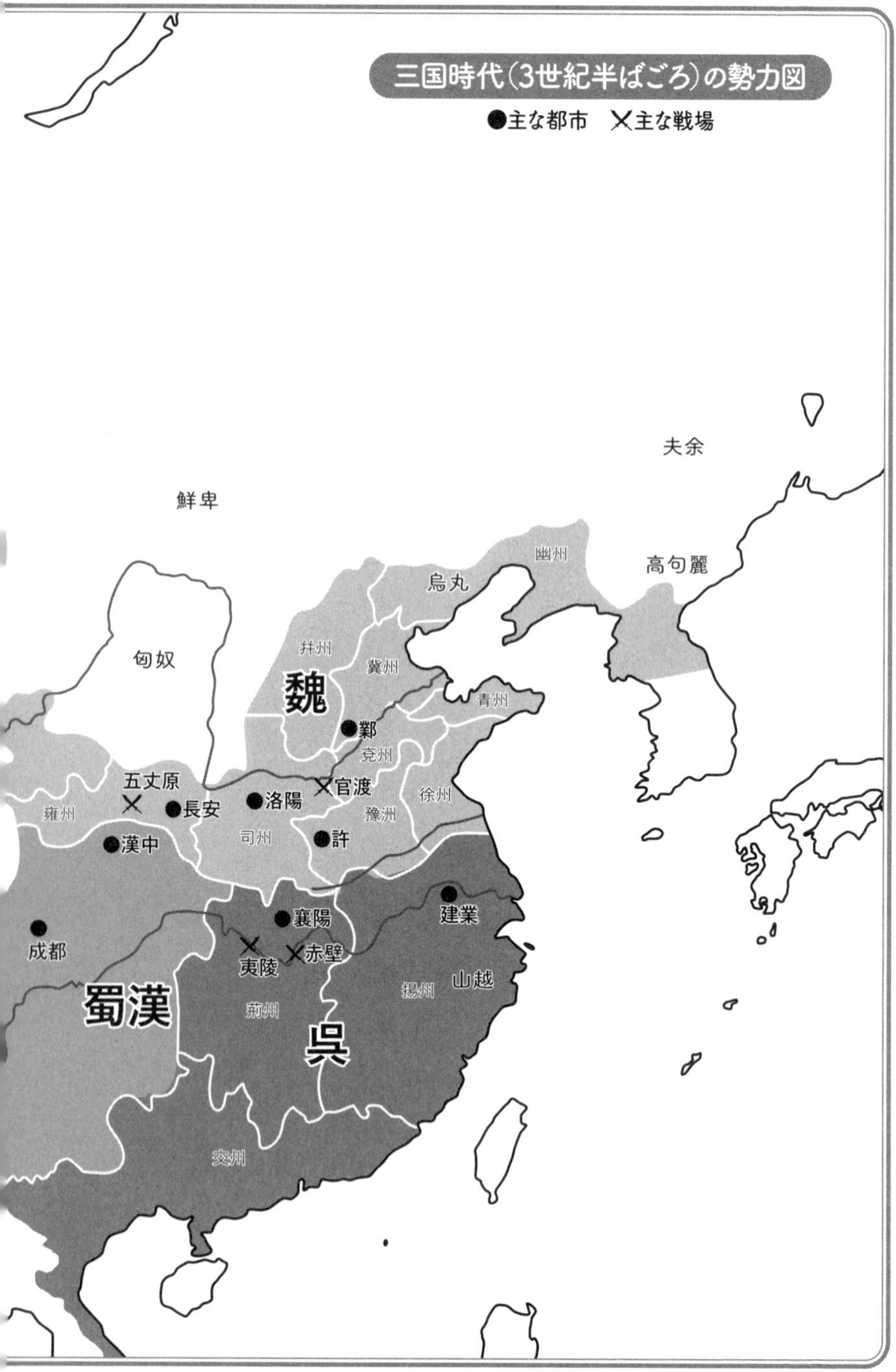

三国時代(3世紀半ばごろ)の勢力図
●主な都市　×主な戦場
夫余
鮮卑
幽州
高句麗
烏丸
匈奴
并州
冀州
魏
青州
鄴
兗州
五丈原
官渡
徐州
雍州
長安
洛陽
豫州
漢中
司州
許
建業
襄陽
成都
夷陵
赤壁
山越
揚州
蜀漢
荊州
呉
交州

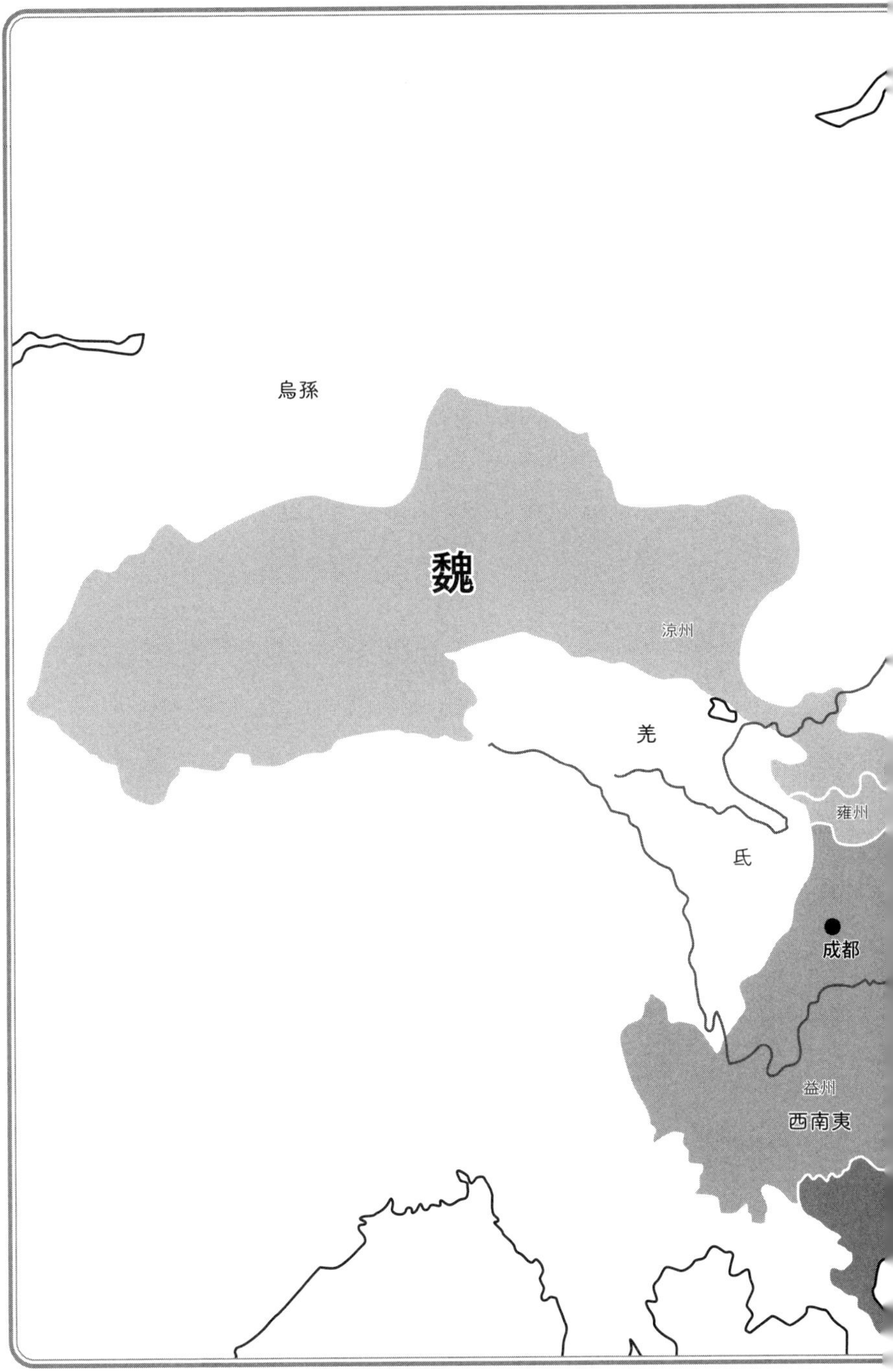
烏孫
魏
涼州
羌
雍州
氐
成都
益州
西南夷

本書に登場する主な都市

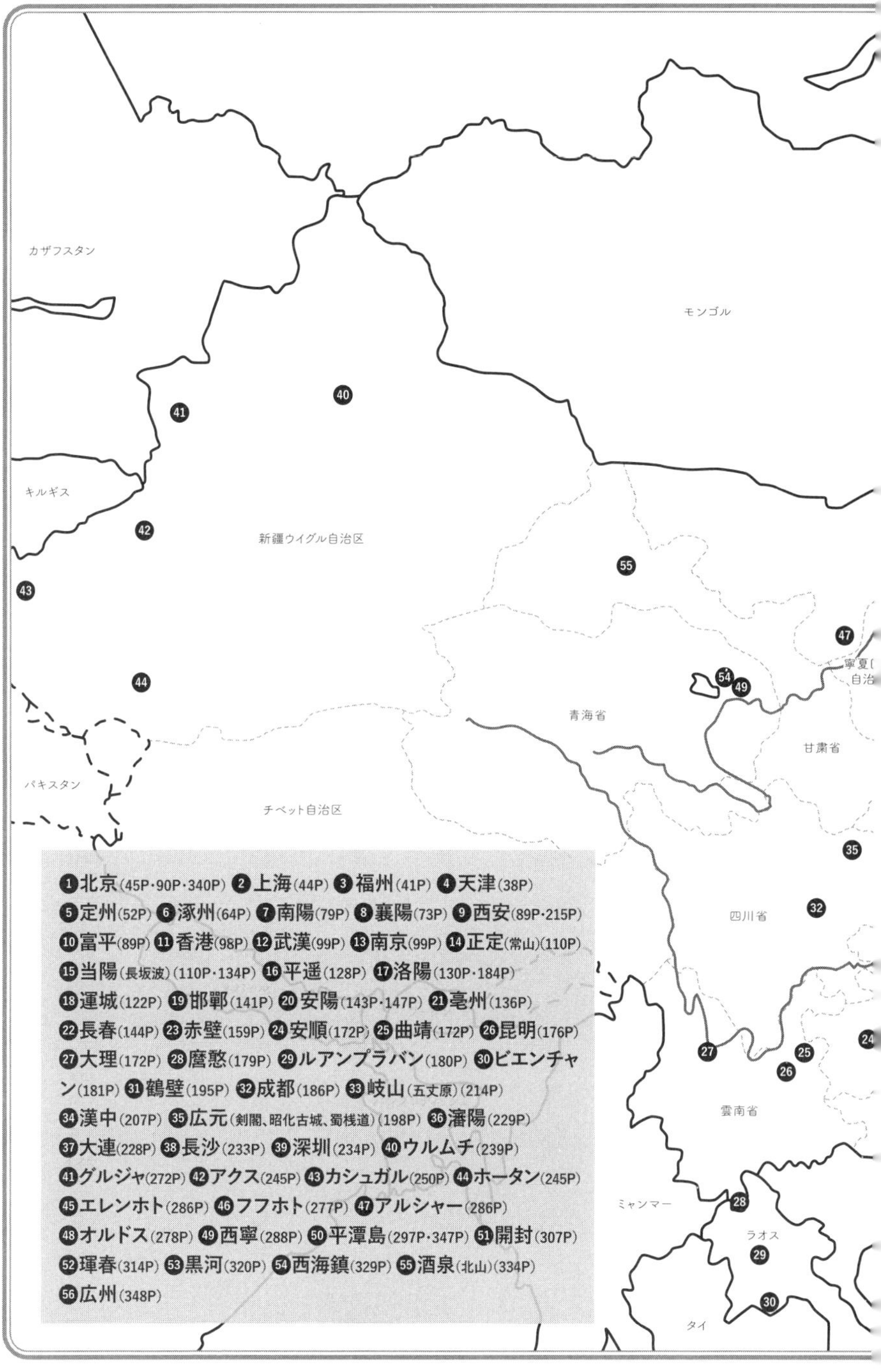
カザフスタン
モンゴル
キルギス
新疆ウイグル自治区
青海省
甘粛省
パキスタン
チベット自治区
四川省
雲南省
ミャンマー
ラオス
タイ
❶北京(45P・90P・340P) ❷上海(44P) ❸福州(41P) ❹天津(38P)
❺定州(52P) ❻涿州(64P) ❼南陽(79P) ❽襄陽(73P) ❾西安(89P・215P)
❿富平(89P) ⓫香港(98P) ⓬武漢(99P) ⓭南京(99P) ⓮正定(常山)(110P)
⓯当陽(長坂波)(110P・134P) ⓰平遥(128P) ⓱洛陽(130P・184P)
⓲運城(122P) ⓳邯鄲(141P) ⓴安陽(143P・147P) ㉑亳州(136P)
㉒長春(144P) ㉓赤壁(159P) ㉔安順(172P) ㉕曲靖(172P) ㉖昆明(176P)
㉗大理(172P) ㉘磨憨(179P) ㉙ルアンプラバン(180P) ㉚ビエンチャン(181P) ㉛鶴壁(195P) ㉜成都(186P) ㉝岐山(五丈原)(214P)
㉞漢中(207P) ㉟広元(剣閣、昭化古城、蜀桟道)(198P) ㊱瀋陽(229P)
㊲大連(228P) ㊳長沙(233P) ㊴深圳(234P) ㊵ウルムチ(239P)
㊶グルジャ(272P) ㊷アクス(245P) ㊸カシュガル(250P) ㊹ホータン(245P)
㊺エレンホト(286P) ㊻フフホト(277P) ㊼アルシャー(286P)
㊽オルドス(278P) ㊾西寧(288P) ㊿平潭島(297P・347P) 51開封(307P)
52琿春(314P) 53黒河(320P) 54西海鎮(329P) 55酒泉(北山)(334P)
56広州(348P)

装幀　design POOL（北里俊明＋田中智子）
挿画　渕上コウジ

第一章 正史と演義——三国志と中国のガイド

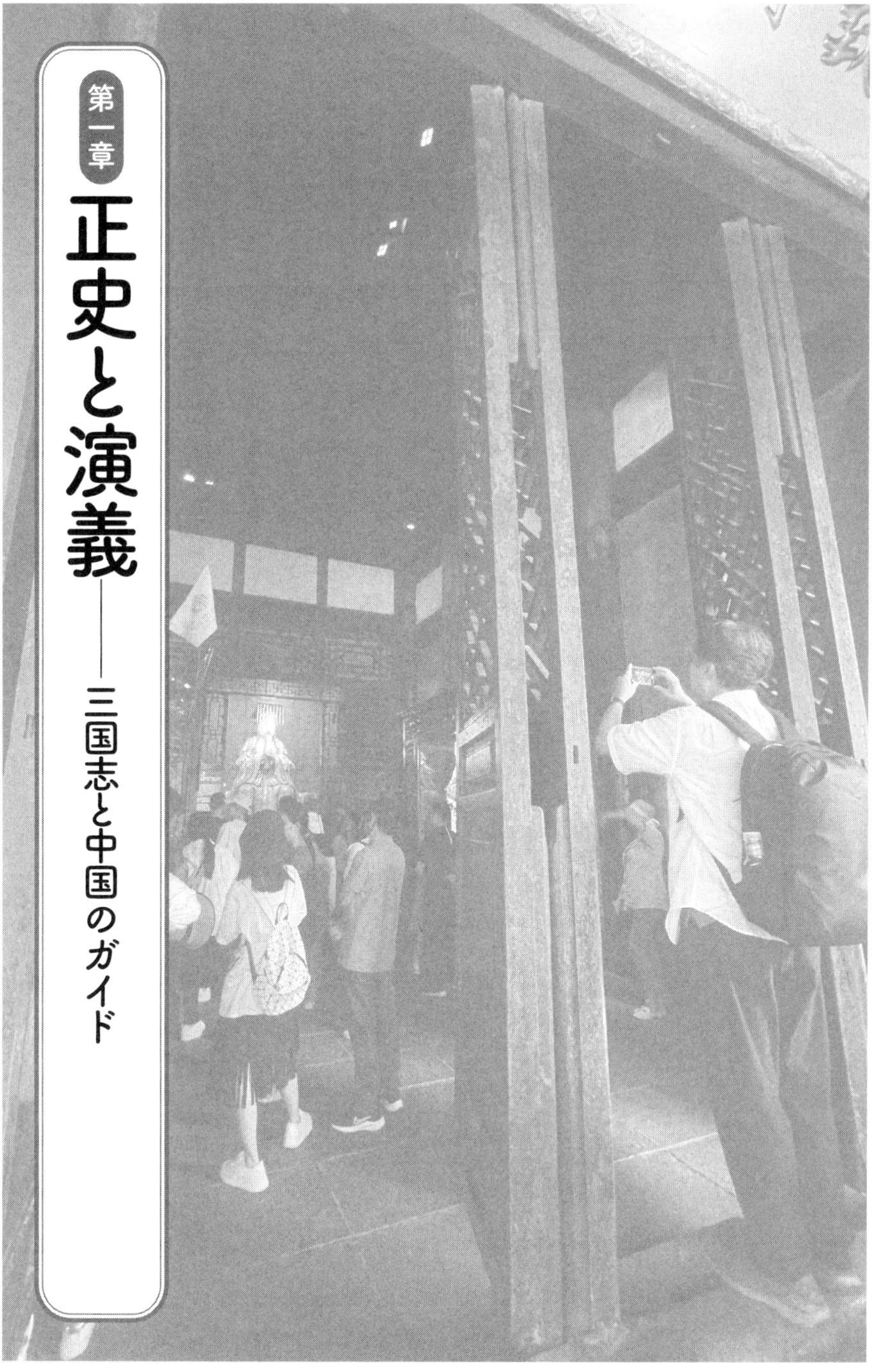

の陳寿《ちんじゅ》（２３３〜２９７）が三国時代についての正統な歴史書（正史）を編纂《へんさん》した。魏志30巻、呉志20巻、蜀志15巻の三部構成。それが「三国志」だ。この場合の「志」は、「三つの国の志」ではなく、「記録」や「誌」の意味。現代の中国語（簡体字《かんたい》）で「雑誌」は「杂志《ザージー》」だが、「三国誌」ではなく「三国志」だったからこそ、題名だけでも歴史のロマンを感じるのは私だけだろうか。

三国志は、前漢時代の歴史家の司馬遷《しばせん》（紀元前１４５ごろ〜同86ごろ）が「史記」で編み出した歴史書の体裁を踏襲。陳寿が仕えた晋は魏から禅譲《ぜんじょう》（世襲ではなく、君主の地位を一族以外に譲り渡すこと）を受けて成立した国のため、正統な王朝である魏の歴代皇帝の歴史を即位順につづる「本紀《ほんぎ》」と、三国時代に活躍した計５６２人の伝記などを書き並べた「列伝《れつでん》」が柱となっている。

三国志の完成から１００年ほど後、東晋末から南朝宋の時代の政治家で歴史家の裴松之《はいしょうし》（３７２〜４５１）が、時の皇帝の命令を受けて正史に注釈を加えた。実は、そのおかげで三国志は不朽の名作になった。

三国志は、前述のように歴史書といっても、その時代の特定の人物ごとに歴史を記した紀伝体形式。さらに、一部の関係者が存命中に書かれたこともあってか、文章は簡潔だ。裴松之の注釈は、陳寿の記録とは異なる伝承や、陳寿が記していない内容を「魏略《ぎりゃく》」「華陽《かよう》国志」「漢紀《かんき》」「異同雑語」など２１０もの文献から引用し、正史の内容を補っている。原本が現存しない文献も含まれており、裴松之が三国志の歴史的価値を高めたと言える。

やがて日本でも大人気に

三国志の完成から約１１００年後の14世紀、元王朝の末期から明王朝の始めごろ、陳寿が書き残した正史や裴松之による注釈を基に、元の時代の講談「三国志平話《へいわ》」や民間説話なども再構成して成立したのが古典歴史小説「三国志演義」だ。作者は小説家の羅貫中《らかんちゅう》（生没年不明）。「三国志演義」「西遊記」「金瓶梅《きんぺいばい》」と並んで「中国四大奇書」と賞される古典歴史小説「水滸伝《すいこでん》」も彼の作品という説もある。ちなみに日本で三国志と言えば三国志演義を指す場合が多いが、現代中国では三国志と言えば正史のことを指し、小説の方は「三国演義」と呼ぶのが一般的だ。

中国の故事成語に「飲水思源《いんすいしげん》（水を飲む時には井戸を掘った人の労苦を思え）」という言葉がある。陳寿、裴松之、羅貫中。日本でいえば、名作と名高い小説「三国志」の作者、吉川英治《よしかわえいじ》（１８９２〜１９６２）、人気漫画「三国志」の作者、横山光輝《よこやまみつてる》（１９３４〜２００４）。柴田錬三郎《しばたれんざぶろう》（１９１７〜１９７８）、北方謙三《きたかたけんぞう》（１９４７〜）、宮城谷昌光《みやぎたにまさみつ》（１９４５〜）、そして漫画「パリピ孔明」（原作・四葉夕卜《よつばゆうと》、漫画・小川亮《おがわりょう》）…。

私も中学時代から夢中になったコーエーテクモゲームス（旧コーエー）の人気シミュレーションゲーム「三國志」シリーズの影響もあり、「推《お》し」の英雄がいる人は少なくない。三国志演義が日本で最も人気がある外国文学となったのは、中国と日本の名だたる文豪や人気漫画家が、リレー走者のように三国志を世に知らしめてくれたおかげだ。

なお本書では、陳寿が著した正史の「三国志」と羅貫中の古典歴史小説「三国志演義」を区別するため、歴史書のことを指す場合は「三国志」や「正史」、古典歴史小説の方は「三国志演義」と表記している。また、「三国時代」は歴史上の三国志の時代を指し、「三国志演義では」といった前置きがない部分は、正史や裴松之が注釈で引用した史料も含む歴史書に基づく史実について書いている。

英雄たちの登場

フィクションを織り交ぜた歴史小説としての三国志演義は、魏を事実上建国した曹操《そうそう》、呉の皇帝となった孫権《そんけん》の父・孫堅《そんけん》、劉邦の末裔《まつえい》を名乗り蜀漢の皇帝となった劉備《りゅうび》など、主要登場人物たちの多くが、黄巾の乱の討伐に義勇兵や後漢王朝の官軍の一員として参加するところから、物語が始まる。

演義の序盤には、まだ何者でもなかった劉備、関羽《かんう》と張飛《ちょうひ》の3人が義勇兵募集を知って意気投合し、義兄弟の契りを結んで出陣。後漢の将軍たちを助けて華々しく活躍する姿が描かれている。ただ、歴史書には、そこまでの活躍ぶりは記されていない。

むしろ、当時の史料「典略《てんりゃく》」によると、劉備たちが初めて討伐の戦に参加したのは黄巾の乱がほぼ鎮圧された時期。劉備は戦場で負傷し、敵兵が立ち去るまで死んだふりをして命拾いしたという。もしその時、劉備が落命していたら、私たちが胸を躍らせる三国志の世界は存在しなかったことになる。

【2】権謀術数の10年——

董卓の乱〜官渡の戦い（184〜200年）

皇帝の死と後継者争い

約100年にわたった三国志の時代。後漢王朝の乱れから各地に群雄が割拠し、その中を勝ち抜いた3巨頭が天下を三分したというのが大きな流れだ。最初の10年余りは特に権謀術数に満ちている。

184年に黄巾の乱を起こした張角が病死。弟の張梁《ちょうりょう》らが官軍との戦いに敗れて戦死したことで農民たちの反乱が沈静化した後も、世の乱れは続いた。

当時の後漢王朝の皇帝は霊帝《れい》。宮廷では、皇后の異母兄で大将軍となった何進《かしん》と、「十常侍《じゅうじょうじ》」と呼ばれる宦官たち12人のグループとの対立が先鋭化した。

189年に霊帝が病死。皇太子が決まっていなかったため、後継争いが起こった。何進は十常侍たちをけん制し、妹が産んだ皇子の劉弁《りゅうべん》を次の皇帝にすべく、さまざまな地方の豪族を都の洛陽に呼び寄せた。やがて劉弁が即位して少帝となったが、怒った十常侍が何進を殺害。後漢時代の名門出身で何進の部下だった袁紹《えんしょう》がこれに報復し、十常侍をはじめ宦官を皆殺しにした。

三国志最大の暴君？

宮廷が大混乱に陥る中、中国北西部の涼州《りょう》(現在の甘粛省《かんしゅく》、寧夏回族自治区《ねいかかい》)から精強な軍団を率いて上洛《じょうらく》した豪族の董卓《とうたく》が、少帝と異母弟の劉協《りゅうきょう》を保護。都の実権を握ることに成功した。董卓は少帝を退位させ、自らが後見人となって劉協を即位させた。後漢王朝最後の皇帝となる献帝《けん》だ。

歴代皇帝の墓を暴いて財宝を奪ったり、少帝や母親である皇后を殺したり、民を虐殺したり…。絵に描いたような独裁政治を敷いた董卓。袁紹や、黄巾の乱の討伐で功績を挙げた後漢の官僚の曹操らは、反董卓連合軍を結成して挙兵した。これに対して董卓は、後漢の首都を、守りに適さない洛陽(現在の河南省洛陽市)から長安(現在の陝西省西安市)へ移した。そして、腹心の猛将・呂布《りょふ》の活躍もあり、連合軍を撃退した。

三国志演義では、暴虐の限りを尽くした極悪人として描かれている董卓だが、三国志には「若い頃、羌族《きょう》の地方を放浪して顔役たち全員と交流した。郷里に帰ると農耕生活を送っていたが、羌族の顔役たちが訪ねてくると、耕牛を殺して宴会を開き、もてなした。顔役たちは感動した」と記されている。羌族とは中国西部のチベット地域を拠点とした民族。現代中国にも末裔とされる少数民族のチャン族が存在する。

日本の戦国時代との符合

権勢をほしいままにした董卓だが192年、呂布に殺害された。三国志演義では、後漢の重臣の王《おう》允《いん》が「美女連環の計」を立案。董卓が溺愛した絶世の美女・貂蝉《ちょうせん》を巡って董卓と呂布を対立させる。そして、2人が貂蝉にほんろうされ、呂布が主君である董卓を殺害する。

史実7割、虚構3割と言われる三国志演義。貂蝉は架空の人物だ。ただ、このエピソードはまったくの作り話というわけではない。三国志には「呂布が董卓の侍女と密通しており、それが露見するのを恐れていた」という記述がある。王允は呂布と同郷で、呂布と2人で、董卓亡き後の新政権を発足させたのも史実だ。

董卓を討って天下を奪った呂布だったが、董卓の配下だった李傕《りかく》と郭汜《かくし》が涼州から大軍を率いて攻め上り、長安は陥落。呂布は政権奪取から2カ月足らずで亡命した。王允は李傕らに斬首された。日本の戦国時代、織田信長を本能寺の変で殺した明智光秀が信長配下の羽柴秀吉(後の豊臣秀吉)に討たれた流れを彷彿《ほうふつ》とさせる。秀吉が謀反人の光秀を討った後も、信長配下の柴田勝家らと跡目争いが起きた。李傕と郭汜も仲たがいした。196年、曹操がその間隙《かんげき》を縫って洛陽にいた献帝を保護し、自身の本拠地の許県(現在の河南省許昌市)に迎え入れた。

天下分け目の戦い

曹操は黄巾の乱で鎮圧した敵兵を帰順させ、各地の名士や優れた武将を積極的に登用した。「中原《ちゅうげん》」と呼ばれ、古代中国の政治・文化の中心だった華北《かほく》地方(現在の北京市、天津市、河北省、山西省など)で勢力を伸ばした。そして、最大規模の兵力を誇る袁紹に次ぐ勢力となった。

献帝を許《きょ》県に迎え入れることを進言したのは、袁紹を見限って曹操の配下となった名士の荀彧《じゅんいく》だった。皇帝を擁したことで、曹操は群雄たちの中でも政治的優位に立った。許県から後漢の都・許都《きょと》となった曹操の本拠地にはさまざまな人材が集まった。

２００年、曹操と袁紹が華北の覇者を争って官渡《かんと》（現在の河南省鄭州《ていしゅう》市）の地などで激突。圧倒的な物量の袁紹軍に、10分の１の兵力の曹操軍が逆転勝利した。織田信長が大軍を率いた今川義元を討った桶狭間《おけはざま》の戦いになぞらえる人もいる。袁紹は２年後に病没。曹操は華北統一を果たした。

三国志演義を代表する合戦といえば曹操と孫権《そんけん》・劉備連合軍が対峙《たいじ》した赤壁《せきへき》の戦いが有名だ。しかし、三国時代の「天下分け目の戦い」という意味では、官渡の戦いの方が大きな意味を持っている。

ちなみに、この時期、曹操の元に身を寄せていた劉備が、外出の際は曹操と同じ車を使い、宴席では同格の席に座らせられるなど厚遇されていたことが三国志に記録されている。曹操が劉備以外で自分と同じ車に乗せたのは、曹操の親族であり股肱《ここう》の臣の夏侯惇《かこうとん》だけだったというから、後に天下を争う曹操と劉備がこの時期、良好な関係にあったことは史実だったようだ。

「祇園精舎《ぎおんしょうじゃ》の鐘の声、諸行無常《しょぎょうむじょう》の響《ひび》きあり。沙羅双樹《さらそうじゅ》の花の色、盛者必衰《じょうしゃひっすい》の理《ことわり》をあらはす」。日本の古典「平家物語」の冒頭の名文だ。霊帝の死から官渡の戦いまでの10年間はまさに「おごれる人も久しからず」を絵に描いたよう。そして、権謀術数のすさまじさの違いはあれど、今も昔も「盛者必衰」は日本も中国も同じだと思わずにいられない。

【3】三国時代の幕開け――赤壁の戦い～三国鼎立（200～222年）

中国を区切る三つの大河

日本の国土の約26倍もの広さがある中国。ヨーロッパ大陸（アジアとの境界線となるウラル山脈以西）とほぼ同じ面積だけに、日本の都道府県の違いとは比較にならないレベルで、国内にさまざまな風土や文化がある。

地理的には、中国大陸を流れる三つの大河の存在が重要となる。河水とも呼ばれ、北を流れる黄河《こうが》。かつては淮水と呼ばれ、中部を流れる淮河《わいが》。江水とも呼ばれ、南を流れる長江《ちょうこう》（揚子江《ようすこう》）。中国大陸はその三つの大河で大きく区分され、群雄が大陸各地に割拠した三国時代の勢力争いにも大きく影響した。年間降水量千㎜を超える線と、秦嶺《しんれい》山脈と淮河を東西に結ぶ線（秦嶺―淮河線）がほぼ一致することから、中国大陸が南北に分けられ、以北を華北、以南を華南《かなん》と呼ぶ。華北は小麦などの畑作、華南は稲作が中心だ。さらに、華北の中でも黄河の北は河北《かほく》で南は河南《かなん》、華南にある長江の北が江北《こうほく》、南が江南《こうなん》。黄河と長江の間は華中《かちゅう》と呼ぶ。

「天下三分の計」登場

官渡の戦いに勝利した曹操は207年、袁一族の残党狩りを終えて河北を平定。群雄たちの中で随一の勢力となった。一方、曹操とたもとを分かった劉備は流浪の末、華中の要衝・荊州《けいしゅう》を治める遠い〝親戚〟の劉表《りゅうひょう》を頼った。そして、荊州《けいしゅう》で隠棲していた若き名士の諸葛亮《しょかつりょう》(孔明《こうめい》)を「三顧《さんこ》の礼」で配下に迎え入れた。諸葛亮は劉備に、曹操への対抗策として三つの勢力が拮抗する状態を作り出す「天下三分《さんぶん》の計」を説いた。

208年、曹操は劉表を討伐するため南へ進軍を開始した。まもなくして劉表が病死し、跡継ぎは早々に曹操に降伏。後ろ盾を失った劉備は逃走するが、曹操軍に追い付かれ、長坂坡《ちょうはんは》の戦いなどで散々に打ち破られた。劉備は江南の呉に強い勢力を持っていた豪族の孫権に助けを求めて同盟を組み、孫権は将軍の周瑜《しゅうゆ》を華中の赤壁に派遣。曹操の大軍を追い返した。これが三国志演義の最大の見せ場として知られる赤壁の戦いだ。赤壁での敗戦によって曹操は天下統一を阻まれ、曹操の魏、孫権の呉、劉備の蜀漢の3カ国が古代中国で使われた3本足の器「鼎《かなえ》」のように鼎立《ていりつ》する三国時代につながった。

「三国」の誕生

ただ、赤壁の戦いが終わってすぐに三国時代が始まったわけではない。209年、劉備と孫権は同盟を強固なものとするため、孫権の妹と劉備が結婚。一方で、曹操が支配した荊州の地を巡って曹操、孫権、劉備の三つ巴《どもえ》の争いが続き、劉備が荊州の獲得に成功した。

曹操は西方にも進軍し、漢族と羌族の間に生まれた涼州の豪族・馬騰《ばとう》を殺害。その子・馬超《ばちょう》が211年に起こした反乱も平定した。同じ頃、劉備は〝遠縁〟の劉璋《りゅうしょう》が治める蜀（益州＝現在の四川省）の獲得を目指し、劉璋が敵対する漢中《かんちゅう》（現在の陝西省漢中市）の張魯《ちょうろ》と戦う名目で軍を率いて蜀に入った。

214年、曹操と孫権が戦っているさなかに劉備は蜀の中心地の成都に侵攻。劉璋を降伏させ、蜀を手に入れた。劉璋と敵対した張魯は、黄巾の乱を起こした新興宗教・太平道とは別の新興宗教である「五斗米道《ごとべいどう》」の指導者だった。だが、215年に曹操に降伏し、漢中を明け渡した。

216年、曹操は魏王に就いた。この時代の「王」はその地域の正当な支配者を指す。「天命」によって各地の王たちの上に君臨し、王を任命するのが「皇帝（帝王）」だ。華北の魏と呼ばれた一帯に曹操の本拠地があったため、曹操は魏王となった。

219年、劉備は漢中に攻め込んで曹操軍を撃退。漢中王を名乗った。同じ年、孫権は劉備軍の関羽が曹操軍を攻めている隙に荊州を奪還した。この時、劉備の義弟の関羽は孫権軍に処刑されている。

現代に続く「時の支配」

曹操、孫権、劉備が天下を三分する状態となる中、220年に曹操が65歳で病没。跡を継いだ曹丕《そうひ》が後漢の献帝に禅譲《ぜんじょう》を迫って皇帝となり、漢王朝が滅亡して魏王朝が誕生した。この時、劉備の元には、曹丕が献帝を殺害したという誤報が届いたとされる。

221年、劉備は漢王室の復興を唱えて自らが皇帝となった。劉備は「漢」を国号としたが、蜀漢と呼ばれる。61歳で皇帝となった劉備は、関羽の仇討ちと荊州を奪い返すため呉に攻め込むことを表明。

諸葛亮をはじめ多くの臣下が、討つべきは漢王朝を簒奪《さんだつ》した魏であり、呉ではないといさめた。

だが翌年、劉備は呉に攻め込んだ。もう一人の義弟の張飛は、出兵の前月に部下に暗殺されている。開戦当初こそ快進撃を続けた劉備だったが、呉の将軍・陸遜《りくそん》の猛反撃を受けて夷陵《いりょう》の戦いで大敗。223年、失意のうちに病に冒され、2代皇帝となる17歳の長男・劉禅《りゅうぜん》と後事を諸葛亮に託して死去する。

諸葛亮は劉備の死後、呉との関係改善に動いた。そして翌224年には呉蜀漢同盟を成立させている。劉備に生涯忠義を尽くし続けた一方で、本来立ち向かうべき魏との戦いに備えて、主君が敵視した呉と早々に和解する。諸葛亮のリアリストとしての一面がうかがえる。

呉の孫権は当初、魏に臣下の礼をとって曹丕から呉王に封じられたが、222年に独自の元号を使い始めた。中国では当時、天命を受けた皇帝だけが持つ「時を支配する権利」に基づいて元号の制定が行われた。孫権が魏とは異なる元号を用いたことは、呉が魏とは別の国であることを意味する。

中国は世界4位の広大な国土を持つ。最東端の黒竜江省《こくりゅうこう》から最西端の新疆《しんきょう》ウイグル自治区までの距離は約5200㎞。経度差は60度もある。世界では経度が15度違うごとに1時間の時差が設定されており、ロシアには11の標準時、米国には六つの標準時がある。中国も中華民国時代（1912～1949）には五つの標準時があったが、現在の中華人民共和国は、首都の「北京時間」に一本化した。アフガニスタンとの国境に近い新疆ウイグル自治区のカシュガル市を私が訪れた際、午後9時になっても空が明るいのに驚いた。ウイグル族による独立運動を強く警戒する中国当局の「時の支配」を体感した。

229年には孫権も皇帝となった。こうして、3人の皇帝が並び立つ三国時代が本格的に始まった。長い中国の歴史の中でも、3カ国が鼎立した時代は少ない。魏・呉・蜀漢のパワーバランスや駆け引きは、現代の日米中、日中韓、さらには日本と中国と台湾の関係にも通じるものがある。三国志を学び、教訓を見いだすことは現代の外交や国際関係を考える上でも示唆に富んでいる。

【4】終わりの物語——

諸葛亮の北伐〜蜀漢・魏・呉の滅亡（222〜280年）

国より個人を重んじる本質

「われ常山《じょうざん》の趙子龍《ちょうしりゅう》なり」「燕人翼徳《えんじんよくとく》ここにあり！」——。三国志演義には、戦場で武将たちが出身地の名を冠してわが名を叫ぶ場面がたびたび登場する。日本でも「関西人」「九州人」「福岡県民」「博多っ子」と地域でくくることは珍しくないが、中国で暮らしてみると、日本の人々以上に、国より地域、さらに一族や個人を重んじる傾向を中国の人々に感じた。

ヨーロッパでも日本でも、厳しい身分制度が敷かれ、生まれによって人生を大きく左右された時代が長く続いた。これに対し中国では、貧しい農民の子でも試験に受かって実績を上げれば役人として出世できる「科挙《かきょ》」（官吏登用試験）に象徴されるように、実力主義が根付いている。村で一人でも科挙の試験に合格できれば、一族だけでなく地域の人も恩恵を受けられるほど巨大な権力と富を得ることができた。その風潮は現在も残っている。

中国人であること以上に上海人、北京人、河南人といった地域へのこだわりや帰属意識がかなり強い。自分の家族や一族、つながりがある人を大切にする感覚も強く、逆に言えば、それ以外の存在、例えば国や地方政府、会社に期待する度合いが低いようだ。

私自身が中国各地で知り合った人々はおおらかで懐が深く、時におせっかいなほどの温かさを感じる一方、自分や家族の安全や財産がおびやかされない限りは国や地方政府に従順。政策や社会の変化をドライに受け止め、「上に政策あれば、下に対策あり」という言葉に象徴されるように、したたかに対応する印象が強かった。数千年の歴史の中で、さまざまな王朝が栄枯盛衰を繰り返し、戦乱や混乱の中でたくましく生き抜いた人民たちのDNAを受け継いでいるからだろうか。

現代の中国で事実上の一党独裁体制を敷く中国共産党は、過去に「建国の父」の毛沢東《もうたくとう》（1893〜1976）に権威や権力が集中して社会の混乱を招いた反省から、個人崇拝を明確に禁じている。ただ、中国各地には古今の偉人の銅像があちこちにある。また、三国志も含め、史記以降の中国の各時代の正史はすべて、特定の個人ごとに歴史をまとめた紀伝体形式であることも考えれば、一族や団体、地域、社会のリーダーを尊敬する個人崇拝は、中国という国の本質の一つと言えるかもしれない。裏を返せば、だからこそ共産党は統治体制を安定させるために個人崇拝を戒めているのだろう。その中国で、現代の最高指導者である中国共産党総書記兼党中央軍事委員会主席兼国家主席の習近平《しゅうきんぺい》氏（1953〜）への個人崇拝が強まっていることについては後述する。

三国志の真の主役

物語としての三国志の真の主役は誰か。三国志演義は、正義漢の善玉・劉備と冷血漢の悪玉・曹操の対立を軸にストーリーが展開する。

歴史上の人物としての曹操は中国史を代表する英傑の一人であり、革新の人だった。一方の劉備は、伝統を重んじる保守の人だったと言える。先祖と仰ぐ前漢の初代皇帝・劉邦がライバルの項羽《こうう》に負け続けたのに似て、曹操から逃げ続けた。劉邦は最後には項羽を打倒して天下を取ったが、劉備は蜀漢の皇帝とはなったものの、大望を果たせぬまま生涯を閉じた。

軍事や政治の上では勝者と敗者の関係だった曹操と劉備の評価は、三国志演義で一変した。物語が成立し、読み継がれる過程で、曹操が悪玉、劉備が善玉となった。その背景には、さまざまな説や解釈がある。

その一つが、儒教《じゅきょう》の影響だ。孔子《こうし》（紀元前552?～同479）に始まる儒《じゅ》学の教え「儒教」は後漢の時代に中国の中核的思想となった。漢王朝は人徳や礼節、忠義など秩序を重んじる儒教を官学・国教化して国を統制した。これに対し、曹操は徹底的な合理主義者だったことが正史から読み取れる。道徳的人格より実務能力を重視して「才能のみが推挙の基準」とする求賢令《きゅうけんれい》を公布したり、葬礼を重んじる儒教式の厚葬《こうそう》（豪華な埋葬）の習慣を改めて「遺体は平服で埋葬し、金銀や珍宝などを納めてはならない」という薄葬《はくそう》（簡素な埋葬）の布令を残したりした。いわば「儒教的価値観の破壊者」だった。後世の為政者にとって、曹操をたたえることはそれを肯定することになりかねず、曹操をおとしめて劉備を持ち上げることが、政治体制の安定につながるという意図があった。そんな見方もある。

正史の三国志やその後の民間説話などを基に14世紀の元の時代の終わりから明の初めごろに羅貫中が書いたと伝わる三国志演義は、後世のさまざまな作家がブラッシュアップに挑んだ。17世紀半ば、清の時代の初め、文学批評家の毛宗崗《もうそうこう》（１６３２～１７０９）が父と校訂し、刊行した「毛宗崗本」が、それらの中でも決定版と呼ばれている。毛宗崗は三国志演義の登場人物の中で、劉備以外で事実上の主役と言っていいほど光が当たる３人の英雄を「三絶《さんぜつ》」と表現している。「智絶《ちぜつ》（智の極み）」が蜀漢の天才軍師・諸葛亮。「義絶《ぎぜつ》（義の極み）」が劉備の義弟・関羽。そして「奸絶《かんぜつ》（悪の極み）」の曹操だ。

統一と分裂のサイクル

三国志演義の後半部分では、曹操と劉備の没後、劉備の志を継ぐ天才軍師・諸葛亮が事実上の主人公になっており、その孤軍奮闘ぶりが描かれている。

史実でも２２８年、蜀漢の諸葛亮は三国鼎立を成し遂げた後、南方の異民族を手なずけて後顧の憂いを断つと、漢王朝の再興という劉備との誓いを果たすため、圧倒的な国力を誇る魏を打倒すべく北《ほく》伐《ばつ》に挑んだ。豊富な兵力と人材を生かしてそこに立ちはだかるのが魏の司馬懿《しばい》だった。２３４年、度重なる北伐《ほくばつ》でも魏に勝てぬまま、諸葛亮は遠征先の陣中で病没する。享年54。

２４９年、司馬懿は魏でクーデターを起こし、皇帝をしのぐほどの実権を握る。２年後に病没したが、息子の司馬師《しばし》と司馬昭《しばしょう》の天下となった。

２５２年、呉の孫権が病没。晩年、末っ子を溺愛したことで呉の朝廷は分裂し弱体化した。

２６３年、魏が蜀漢に攻め込み、劉禅が降伏。諸葛亮の没後、劉禅は宦官の黄皓《こうこう》を重用し、厭戦《えんせん》的になっていたと伝わる。蜀漢は２代42年で滅亡した。

２６５年、司馬昭の後を継いだ司馬炎《しばえん》が魏の皇帝から禅譲を受けて晋の皇帝となり、５代45年で魏が滅亡した。

280年、三国のうち最後まで残っていた呉も晋に攻め滅ぼされた。呉は4代51年で滅亡。三国鼎立の約半世紀後だった。黄巾の乱が起きた184年から96年後に、三国時代は幕を閉じた。

ヨーロッパ大陸に匹敵する広さの中国大陸では古来、統一時代と分裂時代が繰り返されてきた。秦王朝から現在の中華人民共和国まで統一時代は合計1500年余り。黄巾の乱が引き金となった三国時代をはじめ分裂時代は通算740年間。その割合は2対1で、秦王朝以降の中国史の3分の1は分裂していたことになる。さらに、統一時代の支配政権には、隋《ずい》や唐《とう》、元《げん》など北方の遊牧系民族が作った王朝も多い。大陸の主要民族である漢民族（漢族）による政権が中国を統一した期間は中国史の半分ほどに過ぎない。現代中国も、人口の1割にも満たない中国共産党員が十数億の人民を統治している。

ヨーロッパ大陸は現在、約50の国々に分かれていることを考えれば、中国大陸を統一するのは至難の業とも言える。それでも、分裂時代が続いた後、やがて必ず統一時代が訪れている。

なぜ魏や蜀漢が天下統一を目指したのか。それは、中国を初めて一つにした秦王朝を継承した漢王朝の正統な後継を掲げた王朝であり、統一こそが存在意義だったからだ。歴史の眼で見れば、中国の統一は支配者にとっての宿命であり、そのためには強大な権威と権限を持つ皇帝と、強力な統治体制が不可欠な存在とも言える。

三国志は中国のアイコン

現代中国は、党員数が総人口の1割以下の中国共産党という王朝が統治する国であり、「一極体制」

と言われるほどさまざまな権威や権力が集中する習近平国家主席（共産党総書記）は現代の皇帝──。そう語る人は中国国内にも少なくない。

中国共産党の関係者はこの表現を激しく嫌がる。党は、歴代王朝が盛衰を繰り返したサイクルから抜け出したと誇示しているためだ。毛沢東はそのカギを人民が政権を監督する「民主」だと説き、習氏は「自己革命」を挙げた。そして、急速な経済発展と社会の長期的安定という「二つの奇跡」が一党支配体制の正統性と優位性を示している──。それが党指導部の主張だ。

プロパガンダや報道統制の影響に加え、「脱貧困」を看板政策に掲げて国民の生活改善を印象付ける一方、汚職撲滅の「反腐敗」運動で庶民の不満をそらす習近平氏の手法が、これまでは奏功したと言える。確かに、中国で暮らし、各地を取材で訪れた私自身の肌感覚として、ざっくり言えば総人口14億人のうち10億人くらいは習近平氏を支持している印象だ。中国共産党員だけでなく農村部を中心に国民の間でも習近平氏の人気は高い。もし今、国家主席の直接選挙制度が導入されたとしても習近平氏が圧勝するだろう。

ただ、中国は日本を上回るスピードで少子高齢化が進み、もはや高度成長は見込めない。新型コロナウイルス禍後の景気低迷や不動産不況などで経済は急減速。国の安定や安全を名目に社会の統制が強まっている。

三国時代でいえば、現代中国は今どのあたりか。そしてこれからどうなっていくのか。中国の光と影が凝縮されたアイコンである三国志を知ることで、見えてくるものがある。

【コラム】意外と知らない
中国の素顔 ❶

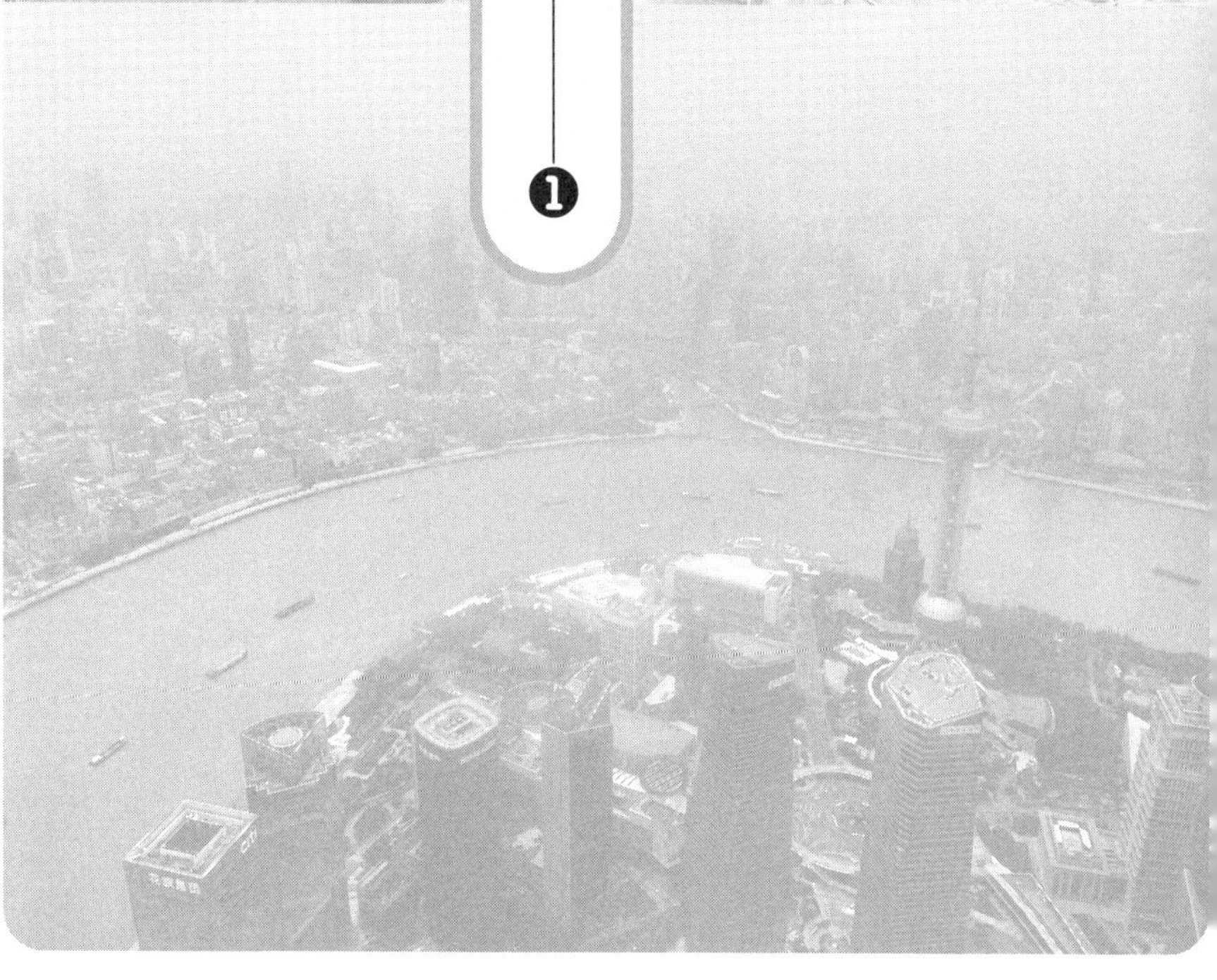

中国にはない日本の定番中華「天津飯」現地で探してみると…

「ドラゴンボールの登場人物ですよね」

かに玉をご飯にのせ、あんをかけた中華料理の定番・天津飯《てんしんはん》。実は日本で生まれたメニューだが、天津市には天津飯があると聞いた。北京の南東約１００㎞にある天津へ向かった。

天津は人口約１５６０万人の港町。天津駅前で道行く人に「天津飯を知ってますか」と聞くと「天津菜（天津料理）の間違いじゃない？」。天津飯の画像を見せると「蓋飯《ガイファン》？」と首をかしげられた。蓋飯とは、ご飯に肉や野菜などをのせた丼料理だ。女子大学生からは「ドラゴンボールの登場人物ですよね」との答えが返ってきた。日本の人気アニメで天津飯を知った中国人も少なくないそうだ。やはり料理はないのか…。諦めかけていると「おいしい天津飯を出す店がありますよ」と教えてくれた。

天津市の玄関口・天津駅

教えてもらったのは天津市内の「地飯食DIFFERENCE」というお店だ。若者に人気の料理店らしく、入店まで1時間待ちの行列。メニューの一番上に「天津飯 28元（約５６０円）」とあり「天津人自己做的飯≠日本人做的天津飯（天津人が作る天津飯は、日本人が作る天津飯とは違う）」と書かれていた。

「お待たせしました。天津飯です」。出てきたのは野菜入りのドライカレー風チャーハンに厚切りステーキ、エビ、ゆで卵がのった蓋飯だった。日本の天津飯とは違うが、これはこれでうまい。経営者の李奇峰《りきほう》さんが数年前に訪日した際、天津飯を知り「天津人ならではの天津飯を作ろうと決意して、今年やっと店に出せました」という。

ご飯の上に肉や野菜などを載せた「蓋飯」

東京と大阪で同時代に生まれる

天津飯のルーツは、佐賀県伊万里市出身で中国の食文化に詳しい辻学園調理・製菓専門学校（大阪）の横田文良特任教授が「東京と大阪で同時代に生まれたようです」と教えてくれた。

戦後間もないころ、大阪にあった中華料理店「大正軒」の中国人店主が、郷里の山東省に近い天津に根付いていた蓋飯をヒントに、天津でも大阪でもよく取れていたワタリガニを使って天津飯を考案。偶然ほぼ同じ時期に、東京の中華料理店「来々軒」の日本人店主も「早く食べられるものを」と、かに玉をのせた丼料理に酢豚風のあんをかけた天津丼を生み出したという。

天津は、20世紀半ばまで上海に次ぐ大都市だった。新たな海鮮料理に、中国の代表的な港町だった天津の名を冠したとみられる。

天津市内の料理店で創作された「天津飯」とメニュー表。地元の若者に人気で店内は満席だった

ちなみに、天津甘栗も日本生まれの名前だ。同じ製法の焼き栗「糖炒栗子《タンチャオリーズ》」は天津のあちこちで売られていた。クリの産地は天津の隣の河北省。天津港から日本に出荷されたため、天津の名が付いたようだ。

日中で生まれた新旧の天津飯。どちらも「両国の食文化の往来が生んだ料理」（横田教授）と言えそうだ。

ちゃんぽんのルーツ、福建省で出会った驚きの「チャンポン」

北京特派員として中国に赴任している間、新型コロナウイルス禍で一時帰国ができない状態が長く続いた。中国には美味しい食べ物がたくさんあるが、日本も味も恋しくなる。ちゃんぽんが無性に食べたくなった。長崎ちゃんぽんのルーツの地とされる中国南部の福建省《ふっけん》に行けば、同じような料理があるのでは。そう考えて、懐かしの味を求めて現地へ向かった。

ちゃんぽんに似ているが…

1892年、19歳の若者、陳平順《ちんへいじゅん》さんが福建省から長崎に渡った。やがて日清戦争が勃発。華僑への風当たりが強まる中、陳さんは反物の行商で資金を蓄え、来日から7年後の1899年に中華料理店兼旅館の「四海楼《しかいろう》」を創業する。

苦労人で世話好きの陳さんは数多くの中国人留学生の身元引受人になったが、彼らのひどい食生活を見かねて思案。故郷の豚肉入り麺料理「湯肉絲麺《とんにいしいめん》」をイメージしつつ、中華料理の基本の鶏がらスープに豚骨を加え、長崎近海で取れる小エビやカキなどの魚介類と野菜をふんだんに使った「支那饂飩《しなうどん》」を生み出した。

福州市の老舗料理店。台湾海峡に面し、海産物が豊富な街だ

安くて栄養もボリュームも満点。陳さんの思いやりが詰まったこの料理こそが「ちゃんぽん」のルーツといわれる―。私は四半世紀ほど前、西日本新聞の記者になって最初に赴任した長崎にある四海楼で、ちゃんぽんの歴史を取材したことがあった。

ちゃんぽんの語源は諸説ある。当時は「ご飯を食べる」という意味の福建語「吃飯《シャポン》」が有力と聞いた。さまざまな物を混ぜるという意味の「攙《チャン》」と、食材を油で炒めて調味料を入れてさっと煮る調理法を意味する「烹《ポン》」を組み合わせた言葉との説もある。

陳さんの故郷、福州《ふくしゅう》は福建省の省都だ。北京から南へ約2千km。沖

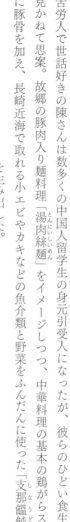

福建省福州市の地元料理店で「ちゃんぽんに似た料理」として出てきた「海鮮煮麺」。平たい麺だった

調理法も見た目もちゃんぽんによく似た福建省福州市の福清料理「海鮮燜麺」

縄県那覇市とほぼ同じ緯度にある。

福州市内の老舗福建料理店で本場の湯肉絲麺を食べてみたいと思ったが、メニューにない。今では食べられていないのかもしれない。スマートフォンでちゃんぽんの画像を見せ「これに似た料理を」と頼んでみた。

すると、鶏がらベースの白濁したスープに平たい麺とイカ、貝、エビ、豚肉、チンゲンサイの具材がどっさり入った料理が出てきた。「海鮮煮麺《ハイシエンジュミエン》です」と店員さん。見かけはちゃんぽんに似ているが麺の形やスープの味は違う。でもこれはこれで美味だ。ちゃんぽんの「いとこ」と感じた。

つぶやいた「チャンポン」

その後も、いくつかの料理店を回った。取材を続けるうち、驚きの出来事があった。私が日本語で発した「ちゃんぽん」という言葉に現地で知り合った男性（58）が反応して「チャンポン」とつぶやいたのだ。そして「寄せ集めや、ごった煮を意味する『雑烩《ザーフイ》』を、福州の方言ではこう発音します」と教えてくれた。

福州の中心部から50㎞ほどの福清には「海鮮燜麺《メンミエン》」という郷土料理

があった。いわば海鮮煮込みそば。鍋で具を炒めてからスープと麺を加えて煮る調理法は、ちゃんぽんにも通じる。

お店で出された海鮮焖麺を見て「ちゃんぽんだ！」と声を上げてしまった。スープは塩味で、具だくさんの海鮮からにじむ滋味はあるもののコクと深みはない。麺も軟らかい。それでも、ちゃんぽんの「きょうだい」と言える料理だった。

長崎で手に入る食材を生かして福州の味をアレンジし、鶏がらと豚骨をブレンドしただしや、コシと風味のある太麺を使った陳さんならではの創意工夫を、歯と舌と喉で実感した。日本に留学経験のある福州市出身の女性(39)は「ちゃんぽんと全く同じ料理は福州にはないけれど、ちゃんぽんは福州人の口によく合います」と話した。

古くから対外貿易の中心地として発展した福州は「華僑のふるさと」として知られる。中でも福清には、かつて住民の3割が日本に移住した地域もあるという。陳さんのように、この地から多くの人々が海を渡り、日本や東南アジアの食文化に影響を与えた。熊本名物の太平燕《タイピーエン》も、福州出身の趙慶餘《ちょうけいよ》さんが同じ名前の福州料理をアレンジしたものが元祖とされる。

日中の往来は2千年間に及ぶ。時を経て、福州の味が九州の味に溶け込んでいたことにロマンを感じながら、海鮮焖麺のスープを飲み干した。

1世紀を経て「逆輸入」

麺料理の逆輸入と言うべきか。中国では今、熊本の「味千ラーメン」や福岡の「一蘭」「一風堂」「博

麺や具材など長崎の味にこだわり、上海で人気を広げてきた居酒屋「勝」のちゃんぽんと、勝山亮さん＝上海市

多一幸舎」など九州生まれの豚骨ラーメンの人気が都市部を中心に広がっている。そんな中、経済の中心地・上海ではちゃんぽんに注目が集まりつつある。

火付け役は、長崎県諫早市出身の勝山亮さん。ちゃんぽんの生みの親、陳さんが中国から長崎に渡って約1世紀後の1988年、18歳で長崎から中国にやってきた。

県立諫早農業高校時代、バンド活動に熱中し、上京して音楽の道を志すつもりだったが、中国貿易に携わる父親の勧めで「高校卒業後、半強制的に北京の大学に留学させられた」。1991年、父が経営する貿易会社代表として上海に赴任した。

当時、上海に日本の居酒屋は1軒だけ。「チャンスかもしれない」と考えて1994年に居酒屋「勝」を開店した。高校時代にアルバイト先で調理法を学んだちゃんぽんや皿うどんを出すと看板メニューとなり、大繁盛。故郷の諫早やベトナム、アゼルバイジャンなどを含め中国内外に13店舗を展開し、福州や厦門《アモイ》にもフランチャイズ店ができた。勝山さんは「中国の魅力に気付かせてくれた父に今では感謝している」と語る。

麺は工場での特注や自家製にこだわり、日本のちゃんぽんを忠実に再現。お店でいただくと、まさに本場のちゃんぽんの味だった。当初は日本人の駐在員たちに受けていたが、近年は中国人のファンが急増している。その理由を勝山さんは「中国の人々には『ラーメンは途中で食べ飽きる』という人が少なくない。その点、ちゃんぽんは具だくさん。健康志向が高まり、野菜がたくさん取れることも人気」とみる。現在では、中国各地に日本風の居酒屋が増え、ちゃんぽんを出す店も増えている。

勝山さんは、2021年4月に上海市内に開業した大型商業施設に「九州長崎物語・勝」と名付けた店舗を出店。2022年3月下旬、新型コロナウイルス禍で上海が事実上のロックダウン（都市封鎖）に入るまで月700杯近くのちゃんぽんを売り上げる人気ぶりだった。

利用客の多くが中国人。故郷への恩返しの思いを込め、店内では九州観光もPRしてきた。勝山さんは「ちゃんぽんという料理の偉大さを感じています」と力を込めた。

中国と九州を結ぶちゃんぽん。2021年10月、福建省政府の招きで国際交流の地元テレビ番組に出演した長崎県上海事務所の黒川恵司郎所長（当時）は、あいさつをこう結んだ。「（日中の）お互いの友情もちゃんぽん麺のように長く強い絆で結ばれ、今後も引き継がれていくと信じています」

「～の～」中国でなぜ人気？日本の文字で商品名に高級感、好印象…発端はあの飲み物だった

最も有名な日本語は「の」？

北京の街を歩くと、日本にも進出したことがあるフルーツティー大手のチェーン店「奈雪《なゆき》の茶」をは

商品名に「の」が入ったナツメとクルミのお菓子＝北京市

パッケージにひらがなの「の」を使ったグミ＝北京市

じめ、さまざまな製品のパッケージや看板で、ひらがなの「の」を見かけた。中国の人々や中国で長く暮らす日本人に流行の発端を尋ねて回ると、あの飲み物の存在が浮かび上がってきた。

北京市中心部のコンビニエンスストアを巡り、商品名に「の」が付いた中国産の商品がどれくらいあるか調べてみた。各優の品撮（グミやマシュマロ）、福の丸（アイスクリーム）…。各店舗に10品目前後ある。商品の一つを手に取っていた女性（39）が「日本語を勉強したことはないけど『の』は一番なじみのある日本の文字。何となく高級感がある」と教えてくれた。

日本からの輸入品でもないのに、日本語の「の」を商品名に使うのはなぜか。中国の広告業界関係者は「日本の製品は高品質、安全、健康に良いという印象が根強い。商品名や看板に『の』という文字を交ぜるとイメージが良くなる。消費者に日本製と誤認させるために『の』を使う企業もある」と打ち明ける。

「の」はいつごろから流行したのか。

北京市内の中国人の男性会社員（27）は「私の記憶では２０００年代の初めには既に流行していた。携帯電話やインターネットが普及する中で、親たちに内緒でやりとりする火星文（火星語）として使っていました」と振り返る。火星文とは中国語に発音が近い日本語、ハングル、アルファベット、符号などを組み合わせた暗号文。「『の』は中国語の『的《ダ》』と同じ意味なので使い勝手がいい」という。

円高で日本人の海外旅行がブームになった１９８０年代後半から、香港で日本人観光客を引きつけるために「の」を使う店が急増したという説や、２０１０年代に「進撃の巨人」など日本のアニメが中国の若者たちの間で人気となり、「の」ブームに拍車がかかったという説もある。

火付け役として最も有力なのが、２００１年に上海で発売されたキリンビバレッジの「午後の紅茶」だ。日本での宣伝と同様に、英国人女優オードリー・ヘプバーンをＣＭに起用。「午后紅茶」という中国語の商品名と日本語表記をパッケージに併記し、現地のビールと同じ価格帯で売り出して高級ブランド化に成功した。その大ヒットとともに「の」が評判に。２００４年には広東省広州や北京でも販売され、大都市を中心に「の」が急速に浸透したという。

商品名に「の」が入ったビーフジャーキー＝青海省海東市

「日中共同世論調査」で、日本に「良くない」印象を持つと答えた中国人の割合が大幅に増えたとされる。ただ、私自身が3年間の中国国内での取材や暮らしで、日本人だからと不愉快な対応をされたことはほとんどない。かえって温かく接してくれる人が多く、日本への好印象が広く根付いていると感じてきた。

中国語に混じって、ひらがなの「の」を使ったネイルサロンの看板＝北京市

「の」と国潮ブーム

日本の文化や製品のファンが中国に多い証しである「の」が、今後も新たな商品や看板に使われていくことを願っている――。中国の商品名に「の」がよく使われている謎に迫った記事を２０２２年1月に西日本新聞の朝刊に書いたところ、利用者8億人以上とされる中国の短文投稿サイト「微博《ウェイボ》」でその記事が突然トレンド入りし、驚いた。中国メディアが翻訳して転電したものだった。

数日後、中国の経済誌の電子版に「国産品は日本の文字に頼らねば勝てないのか」と題する論評が載った。「の」が高級感や好印象を生んでいるとの私の記事に触れた上で「真に精神的に豊かな民族とは自国文化を深く肯定し、しなやかな強さを持つ偉大な民族」と強調し、日本の文字を使うことに否定的だった。

中国では、自国文化を再評価する「国潮《グオチャオ》」ブームが起きており、伝統衣装の漢服や中国らしさが売りの国産ブランドが若者に人気に。米中対立やゼロコロナ政策を背景に内需拡大を図る習近平《しゅうきんぺい》指導部の統制で、内向き志向が強まっていた。

言わずもがなだが、ひらがなは中国から伝来した漢字が起源。日中両国の歴史を振り返れば、異文化を排除せずにうまく生かし、自らを豊かにすることこそが「しなやかな強さ」なのではないだろうかと思った。

ブランド名を「奈雪の茶」から「奈雪的茶」に変更したフルーツティーの大手チェーン店（2023年4月、北京市）

改名する前の「奈雪の茶」の看板（2022年1月、北京市）

そして「の」狩りへ…

この話には後日談がある。

中国の商品や店から日本風の名称が次々と消えるようになったのだ。「奈雪の茶」は、平仮名交じりのブランド名を「奈雪的茶」に変更。奈雪の読みも「ＮＡＹＵＫＩ」から中国語の発音の「ＮＡＩＸＵＥ」に改めた。北京のあるネイルサロンの看板は「の」の部分に「的」と印字した布が貼られていた。

中国メディア関係者に「『の』狩りのきっかけの一つは、あなたの記事」と言われて驚いた。確かにあるメディアは奈雪の茶の改名を巡る論評で、中国で転電されて話題を呼んだ私の記事に触れ「〝偽日系〟は百害あって一利なし」と断じた。日中関係の冷え込みや国潮ブーム、習近平指導部が内向きな「自立自強」路線を加速させたことが背景にあるようだ。

記事が意図せぬ形で影響したかと思うと歯がゆいが、地方を訪れると「の」がまだあちこちに残っていた。あるホテルの朝食会場には「美味の早餐（朝食）」という案内板があった。日本への好印象を象徴する「の」の活躍を願っている。

第二章 三国志聖地巡礼

——中国を知る旅

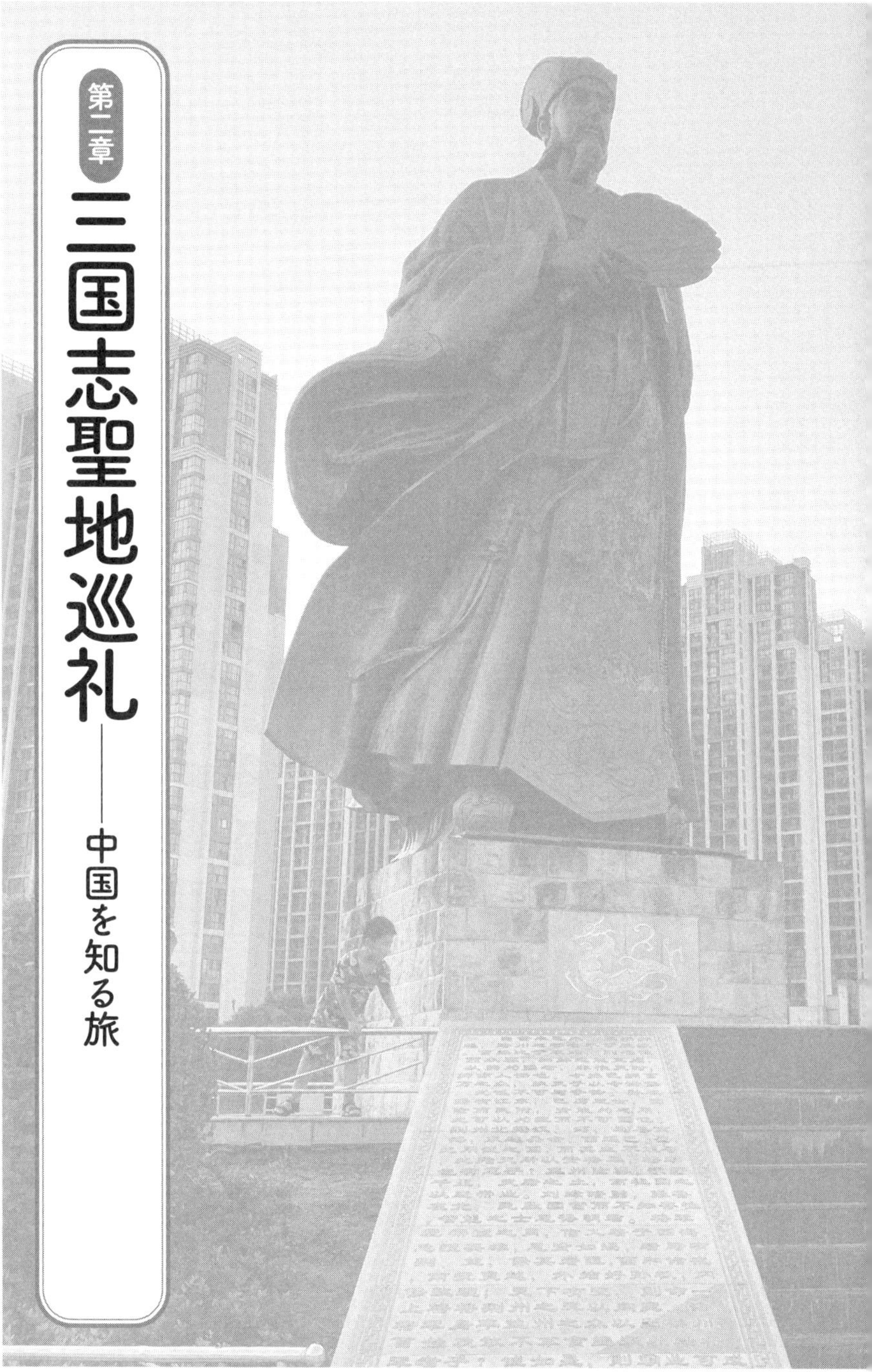

【1】教祖張角の墓を探し宗教政策の闇を見る（定州）

邪教祖か民の救世主か　「黄巾の乱」を率いた張角の墓をカーナビで探す

中国で後漢王朝（25〜220）が衰退し、三国時代が始まるきっかけとなった「黄巾《こうきん》の乱」。太平道《たいへいどう》と呼ばれる宗教結社の教祖で、後漢王朝への反乱を起こした張角《ちょうかく》は三国志の漫画や小説では、世を乱した悪人として描かれることが多い。その墓が今でも残っていると聞き、河北省定州《ていしゅう》市に向かった。

警戒される外国人

北京から南西へ約200㎞。中国版新幹線の高速鉄道で1時間余りで定州東駅に着いた。三国志の聖地を巡る旅を始めたこの時（2022年9月）はまだ、新型コロナウイルス禍が世界を覆っていた。中国の習近平《しゅうきんぺい》指導部は、厳格な移動制限や感染者の隔離などでウイルス感染を徹底的に抑え込むゼロコロナ政策を続けていた。地方の町に外国人が姿を現すと、警戒されることが多かった。案の定、中国人の一般乗客とは別の場所に案内され、「中国に来たのはいつ？」「何のためにここに来た？」「訪問先の約束はあるのか？」と駅の警備員から質問攻めに遭った。

張角の墓の近くに住む夫婦

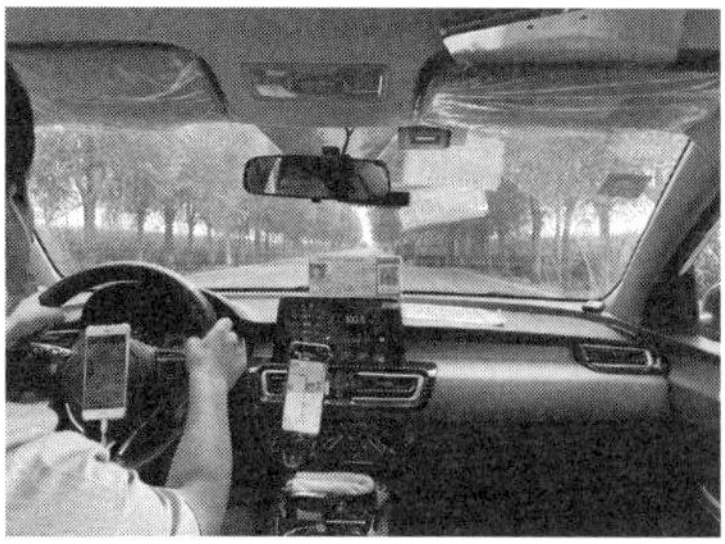

トウモロコシ畑の中の一本道をタクシーで進む

新型コロナウイルス対策を名目に追い返されてはかなわないと思い、中国産ワクチンを3回接種済みであること、48時間以内のPCR検査陰性証明があることなどを30分かけて説明した。駅前の防疫検査所でPCR検査と抗原検査を受けることを条件に解放されたころには、一緒にホームに降り立った数十人の乗客は1人もいなくなっていた。

駅前で客待ちをしていたタクシーの運転手の男性に「張角の墓がある七級村《チージー》まで」と伝えると「張角って誰？」。こんなこともあろうかと、スマートフォンの地図アプリで事前に調べていた張角の墓の位置情報を伝え、スマホをカーナビにして出発した。

小さな食堂や店舗が並ぶ町を抜け、材木やれんがを満載したトラックを追い越してタクシーは進む。北京などの大都市と違って道路の整備が遅れているのか、車体が時折激しく揺れた。両脇にトウモロコシ畑が広がる一本道を疾走する。出発から50分後、カーナビに「目的地まで70m」の表示が出たところで行き止まりに。近くの小さな雑貨店で店番をしていた女性に尋ねると「張角の墓？　この裏ですよ」と店の外に出て案内してくれた。興味を持ったタクシーの運転手も付いてきたので、3人で鳥の鳴き声を聞きながら小道を歩く。やがて、畑や住宅がある中に1カ所だけ土が盛られた塚のようなものがあった。高さ2～3mほど。

立ち入り禁止テープで囲まれている。運転手が近所の家のチャイムを鳴らすと老夫婦が出てきた。「張角の墓はそこで間違いないよ。われわれが大事に守ってきたから」。笑顔で指さした。物語の世界の人物に近いイメージだった張角の墓が本当にあるんだ。そう思うと、胸が躍った。

歴史にのまれた墓

歴史書によると、張角はお札と聖水で病気を治して民衆の支持を集めた。布教を始めて十余年で数十万人の信者を持つまでになったという。

太平道の教えはこうだ。病は天の罰。病人はまず自分の罪を懺悔《ざんげ》した上で、護符を沈めた符水を飲むと病が癒える――。太平道は、仏教、儒教とともに「中国三大宗教」と呼ばれる道教の源流の一つとされる。平等思想が説かれ、経典には「ともに策を合わせ、ともに太平を致《いた》さん」「財を積むこと億万、あえて窮せるものを救わず、人をして飢寒に死せしむるは、罪除かれざるなり」といった文言があり、世直しを目指していたという。

政治が腐敗し、外戚《がいせき》と宦官《かんがん》の争いが続いていた後漢末。病人だけでなく、重税と飢饉に苦しみ、故郷を捨てた流民たちも太平道に救いを求めて張角の信者となった。やがて教団が大きくなると、張角は数十万人の信者を36の「方《ほう》」という支部に分け、それぞれの組織に「渠師《きょすい》」というリーダーを置いた。

中国には古来、王朝の交代を天帝の意思として正当化し「天子の徳が衰えれば、姓が違う別の有徳の人物に天命が下り、新たな王朝を開く」という思想がある。「易姓革命《えきせいかくめい》」と呼ばれ、具体的には、有徳者から位を譲られる「禅譲《ぜんじょう》」と、権力を武力で奪い取る「放伐《ほうばつ》」の二つの方法があった。

中国各地に広がる民衆の不平不満を受け、張角は太平道の国家建設を目指して、後者の放伐を志したのだろう。「方」を軍隊化し、武装させた。そして184年、漢の天下が終わり自分たちの天下が始まることを指す「蒼天已《そうてんすで》に死す。黄天《こうてん》まさに立つべし」をスローガンに、一斉に蜂起した。目印に黄色い頭巾を巻いていたため、後漢の朝廷は彼らを「黄巾賊《こうきんぞく》」と呼んだ。張角は当初、184年3月5日に挙兵する手はずを進めていたが、弟子が寝返って計画を密告。後漢の首都・洛陽に潜伏していた信者たち千人が処刑されてしまった。そこで、急きょ全国に檄文を飛ばして決起したという。黄巾軍は地方の役所を襲撃し、洛陽に迫る勢いとなった。歴史書には「張角が反乱を起こすと各地の賊徒も次々に挙兵した」と記されている。

慌てた朝廷は皇后の兄の何進《かしん》を大将軍に任命。洛陽の防備を固めさせ、将軍たちを鎮圧に向かわせた。また、黄巾軍の討伐を名目に、各地の豪族や若者が義勇兵として旗揚げした。それが後に、三国時代の群雄割拠につながることになる。その中に、洛陽の官僚だった曹操《そうそう》(当時30歳)や地方役人だった孫堅《そんけん》(当時28歳)、そして劉備《りゅうび》(当時24歳)がいた。後に劉備の軍師となる諸葛亮《しょかつりょう》は当時4歳。彼の郷里も戦火に焼かれたと伝わる。

やがて、反乱軍は鎮圧されたが、残党は10年以上活動を続けた。

張角の墓がある七級村に伝わる逸話では、黄巾の乱が起きた年に張角は病死。黄巾軍の将軍だった張角の兄弟たちが官軍に殺害された後、張角らの遺体は農民たちが奪い返してひそかに埋葬した。人々が四十九日(七七日)法要に当たる「七祭」で張角らを弔ったことから、この地は「七祭《チージー》」という名前になったが、朝敵を埋葬したことがばれないよう「祭《ジー》」に発音が似た文字で改称を重ね、現在の「七級村《チージーー》」

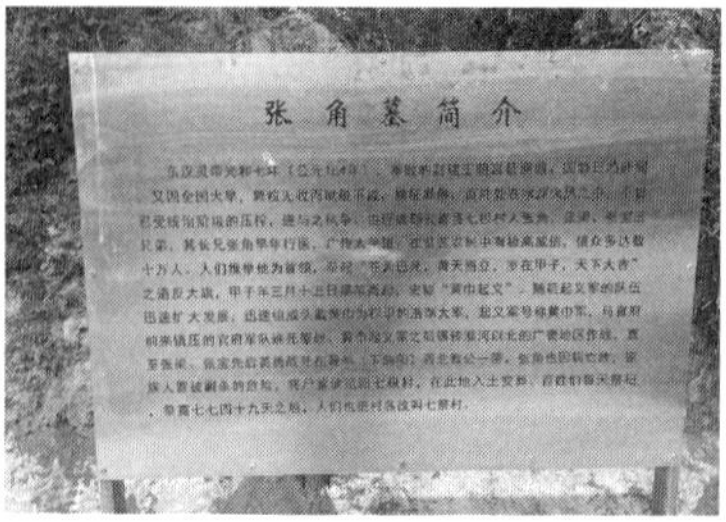

張角の墓の手前に立つ案内板

七級村に残る張角の墓。規制線に囲まれた高さ2〜3mほどの塚だった

になったという。

墓所はかつて7千㎡もの広さがあったと伝わるが、日中戦争時に旧日本軍の砲台が建てられたり、この章の【2】で詳述する文化大革命で破壊されたりして、張角の墓の塚が残るだけだった。

塚の周りには、真新しい銀色の案内板があり「張角墓」と書かれていた。すぐ隣に「漢中山王墓《ちゅうざんおう》」という石碑もあった。この中山王とは、劉備につながるとされる漢の皇族だ。反乱を起こした張角と、討伐で名を上げた側の縁者の碑が並んでいることに歴史の皮肉を感じた。

「史跡を損壊すると罪に問われる」と書いた警告板もあり、塚の周囲はセメントで固められていた。2022・8・16と日付が刻まれている。2022年に整備されたばかりのようだ。なぜセメントで固めているのか。張角の墓に詳しい中国の歴史研究者によると、魔よけのため、住宅の建材として張角の墓の土を勝手に持って行く人が後を絶たなかったという。

この研究者は、張角が時代を超えて庶民に慕われる理由を「異常気象による飢餓に苦しみ、政治の腐敗に不満を募らせた民衆が立ち上がるきっかけをつくった革命家だった」と説明する。革命家という言葉がさらりと出てくるところに、中国らしさを感じた。張角＝「民を惑わす邪教の教祖」という構図は、黄巾軍を鎮圧し、歴史書を書いた勝者側の視点なのかもしれない。

宗教を警戒する当局

中国は、王朝が衰退する過程で農民の生活が困窮し、内乱が起きる歴史を繰り返してきた。そして、歴代王朝のほとんどが農民の反乱が引き金となって興亡した。農民たちの暴動で直接的には政権が倒れなくても、政情不安が増して王朝の権威が失われ、やがて王朝の交代につながったパターンもある。最初の統一王朝となった秦王朝が滅亡したきっかけも、農民の反乱「陳勝《ちんしょう》・呉広《ごこう》の乱」だった。紀元前209年、北方の防衛の兵士として駆り出された農民たちが大雨で先に進めなくなり、目的地に到着する期限に遅れて処刑されるくらいならと蜂起。最初は900人だったがやがて数万の軍勢となった。この混乱の中で旗揚げした劉邦《りゅうほう》が後に前漢王朝を興した。

黄巾の乱以外にも、宗教で結びついた民衆の反乱がいくつも起きている。14世紀半ばの元王朝末期、白蓮《びゃくれん》教などの宗教結社が起こした「紅巾《こうきん》の乱」、18世紀末から19世紀初めの清の時代の「白蓮教徒の乱」、19世紀半ばの清の時代に発生し、2千万人以上が命を落とした「太平天国の乱」、そして、日本や欧米諸国の8カ国連合軍が中国に出兵し、植民地化が進むきっかけとなった1900年の「義和団事件」もそうだ。中国メディア関係者は「共産主義も当初は一種のカルト宗教のようなものだったが、労働者の支持を得て革命を成功させて、現代の王朝になった」と語る。

中国共産党は農村を支持基盤として発展した。20世紀前半の中国国民党との内戦で、中国共産党の創立党員の1人だった毛沢東《もうたくとう》は「農村から都市を包囲する」というスローガンを掲げて農民の支持を集め、革命を推進した。1940年代には農民や労働者であることが中国共産党の入党の条件で、1949年の中華人民共和国建国時は約449万人の党員の約半数が農民だった。

毛沢東の没後、最高指導者となった鄧小平《とうしょうへい》氏（1904〜1997）が打ち出した改革・開放政策で社会の表舞台に躍り出た民間企業家の入党を2002年に認めて以降、農民や労働者のための「階級政党」という中国共産党本来の性格は薄まった。それでも、現代の習近平指導部も農村を重視しているのは間違いない。

中国政府は2020年にすべての人が衣食住を享受できる「脱貧困」を達成したと宣言した。かつてに比べれば農村の暮らしが向上しているのは確かだ。だからこそ農民たちは中国共産党を支持してきた。内陸部の「脱貧困村」を取材すると、80代の女性が「昔は年に1〜2回しか肉を食べられなかったけど、今はたまに食べられるようになった」と話していた。ただ、現地の経済発展は政府の手厚い財政支援に支えられてきた側面が強い。日本を上回るスピードで少子高齢化が進み、人口減少社会に突入した中国が今後、右肩上がりに経済成長を続けることは難しい。新型コロナウイルス禍の打撃や不動産バブルの崩壊が追い打ちをかけ、地方政府の財政悪化が深刻化している。農村への経済的支援が今後も続くかは不透明だ。

経済成長に伴って都市と農村の格差も拡大の一途をたどっており、貧富の差は日本の比ではない。超高層ビルが天を突く北京や上海ではポルシェやフェラーリなどの高級外車が頻繁に行き交う一方で、内陸部を中心に貧しい農村がまだまだ残っている。農民たちの不満がマグマのようにたまり続ければ、かつての王朝のようにいつか爆発する恐れがある。だからこそ、黄巾の乱の時代と同じく、不満を持つ貧しい人々が宗教団体と結びつき、政府批判や世直しを求める声を上げ始めることを中国当局は強く警戒しているのだ。

私は以前、「宗教はアヘン」というイデオロギーを持つ社会主義国の中国では、信仰を持たない人が大半だと思っていた。しかし、実際に暮らしてみると、信仰心を持つ人々が多いことを知った。北京最大のチベット仏教寺院の雍和宮《ようわきゅう》では、若い中国人女性たちが石畳にひざまずき、長い線香を手に熱心に祈りを捧げていた。何を祈っているのだろうか。何人かに尋ねてみると、金運アップ、幸福な人生、家族の健康などさまざまな願いの言葉が返ってきた。雍和宮では、若者の失業率が記録的に高まるなど中国経済が冷え込むに連れて、参拝客が増えてきたという。境内にあるお守りや数珠、腕輪などの売り場には長蛇の列ができていた。

チベット仏教寺院の「雍和宮」で祈りを捧げる若者たち＝北京市

中国の憲法は信教の自由を保障している。しかし現実には、あらゆる宗教が中国共産党の管理下におかれている。非公認の宗教組織は「邪教」として取り締まりの対象になる。異様に見えるが、考えてみれば、日本も戦前・戦中は似たようなものだった。国家神道の下で当局の意向に従う宗教団体だけが活動を公認され、従わなければ苛烈な弾圧を受けた。

中国当局は現在、キリスト教のカトリックとプロテスタント、仏教、イスラム教、道教などを公認。国内には非公認宗教を含め、信仰を持つ人が3億人を超すとされる。ロシア正教会の流れをくむ「東正教」も、ロシア系少数民族オロス族の信仰として黒竜江省《こうりゅうこう》や新疆《しんきょう》ウイグル自治区、内モンゴル自治区で当局の承認を得ているが、正式な指導者は不在のままだ。中国最北部・黒竜江省の省都ハルビンの繁華街にある聖ソフィア大聖堂を訪れると、中国にいることを忘れるほど美しい緑のドームと重厚なレンガ造りのロシア建築だったが、教会としての機能は失われ、現在は歴史博物館として、結婚写真などの人気撮影スポットになっていた。

中国各地に点在する三国時代の英雄たちを祭る廟《びょう》も、中国共産党の管理下にある宗教施設と、「ここは宗教施設ではありません」と掲示された観光施設に厳格に分けられている。

2012年に発足した習近平指導部は宗教を潜在的脅威と捉え、宗教よりも中国共産党の指導を優先させる「宗教の中国化」を加速させてきた。少数民族のウイグル族（人口約1200万人）や回《かい》族（唐や宋の時代に中国に渡来したアラブ人らが起源とされ、人口約1100万人）が信仰するイスラム教を「テロを起こす宗教過激主義の温床」と警戒。共産党員数（約9900万人）を上回る数がいるとされるキリスト教徒に対しても、政府公認教会の監視や、非公認組織「地下教会」への弾圧を強化した。

2018年施行の宗教事務条例では「境外勢力（外国勢力）の支配」の排除を明記した。習近平指導部は「外国の反中勢力は宗教を利用して中国政府を転覆しようとしている」として、海外ともつながる宗教活動が反共産党的な動きと連動することを警戒。当局が認めない聖職者のいるキリスト教会を閉鎖してきた。キリスト教徒である北京市内の30代女性は「共産党は宗教自体を良く思っていない。信仰者への締め付けは今後もっと厳しくなると思う」と嘆いた。

前述した雍和宮の参拝者のように、現代中国では新型コロナウイルス禍や深刻化する格差社会を背景に信仰に救いを求める人が増えている。当局は代表的な邪教と扱われている気功集団「法輪功《ほうりんこう》」や新興宗教だけでなく、プロテスタント系の家庭教会への弾圧も強めており、一部の教会が破壊されたり信者が逮捕されたりしている。

２０２２年３月には、「宗教の中国化」の一環で、インターネット上の宗教活動を厳しく制限する新法が施行された。インターネットの管理を厳格化して思想統制を強める狙いがあったとされる。

新法は「インターネット宗教情報サービス管理弁法」。当局の許可がなければ、どんな組織も個人もウェブサイトやスマートフォンのアプリでの布教、セミナー、儀式などの宗教活動はできないと定めた。党の指導に反する教えは許されず、信者を愛国的に導くことを求める。詐欺防止を理由に募金も禁じ、違反すれば刑事責任を問われる。さらに、中国国籍を持つ国内在住者が代表や責任者を務める組織のみが宗教活動の許可を受けられると規定。中国で外国人が立ち上げた組織もインターネットを使う宗教活動ができなくなった。

「邪教」への注意を呼びかける看板＝甘粛省蘭州市

中国当局がそれらの強権的な宗教政策を「正しかった」と宣伝するきっかけとなったのが、２０２２年７月に日本で起きた安倍晋三元首相銃撃事件だった。逮捕された男が、事件の動機は世界平和統一家庭連合（旧統一教会）への恨みだと供述したことを受け、中国公安省系のサイト「中国反邪教ネット」は当局が１９９７年に邪教と認定した旧統一教会を法輪功とも絡めて批判した。

中国共産党系の新聞、環球時報《かんきゅう》（英語版）も事件後に「安倍氏の暗殺は中国のカルト一掃の正しさを示した」とする論評を掲載した。「（逮捕された男が）もし中国で暮らしていれば、政府は彼が正義を追求するのを助け、この宗教団体を撲滅しただろう」と主張。旧統一教会と政治家の接点が多い日米などが「（カルト排除への）中国の努力を『宗教上の自由への迫害』だとゆがめている」と非難した。

中国の宗教事情に詳しい北京の大学教員は「現世利益を説く新興宗教は反体制運動につながる恐れがあり、当局は特に警戒している」と話す。三国志の研究者は「邪教とされた張角の人気が現代で高まりすぎると、当局から目を付けられかねない」と案じている。三国志ゆかりの人物の墓が各地で史跡となっている中国で、張角の墓が長い間放置されてきたことも、この流れと無関係とは思えない。

ただ、庶民の多くはその流れを知らない。

小鳥がさえずり、田畑が広がる七級村。「こんなところに三国志の史跡があったなんて」。張角の墓を一緒に探してくれたタクシー運転手に張角のことを説明すると、うれしそうにスマートフォンで墓の写真を撮り始めた。時代に翻弄されてきた張角の墓が再び壊されることがないように願い、手を合わせた。

塚の周囲はセメントで固められ、足元に「2022.8.16」と刻まれていた。張角の墓を守るように案内板や警告板が配置されていた

【2】桃園の誓いの村で中国の義理人情を学ぶ（涿州）

三国志の幕開け「桃園の誓い」　人民解放軍がまさかの痛烈批評

「同年同月同日に生まれることを得ずとも、願わくば同年同月同日に死せん事を」。三国志演義は黄巾の乱勃発後、劉備・関羽《かんう》・張飛《ちょうひ》の3人が世のため人のために義兄弟の契りを結ぶ「桃園《とうえん》の誓い」から物語が始まる。その舞台は、北京に隣接する河北省涿州《たくしゅう》市。中国各地に点在する三国志ゆかりの地の中で最も現代の首都に近い現地に向かった。

劉備の師、盧植の意外な子孫

北京の中心部から西南へ70km余り。車で1時間20分ほど走ると、「安全検査」と書かれた検問所で停車させられた。北京と涿州の間の「関所」だ。当時はゼロコロナ政策が続いていた時期で、身分証と新型コロナウイルスの感染リスクの有無を示す防疫アプリ「健康コード」の提示を求められ、10分間近くチェックを受けたが、無事に解放された。

さらに5分ほど走ったところに「盧《ろ》氏宗祠《そうし》（＝盧一族の祖廟《そびょう》）」と書かれた朱色の門があった。黄巾の

後漢末の将軍、盧植をはじめとした盧一族の祖廟「盧氏宗祠」

北京市と河北省涿州市の間にある公安検査所

乱の追討に功績を挙げた後漢の将軍、盧植《ろしょく》の墓が残っているという。政治家や儒学者としても知られ、故郷の幽《ゆう》州涿《たく》郡で私塾を開いて近隣の若者たちに学問を教えたこと、門下生の一人に、まだ無名だったころの劉備がいたことが正史にも記されている。盧植は劉備の学問の師ということになる。

盧植は、黄巾の乱を起こした張角を追い詰めたが、後漢の宮廷で権勢をほしいままにしていた宦官の讒言によって失脚させられたとされる。

青々とした豆畑の中に伸びる道の先に、れんが状の石とセメントで囲まれた塚と「盧植墓」という墓碑があり、真新しい花が供えられていた。日本では弥生時代末期だった1800年余り前の人物の墓が、今も大切に残されていることに感動した。

ふと見ると、墓碑の手前に大きな石碑があり、「同祖連孫　和睦相交(先祖は同じで子孫がつながっており、むつまじく付き合う)」という文字と「大統領　盧泰愚《ノテウ》」という名前が刻まれている。驚いた。1987年に韓国で民主化宣言をし、1988～1993年に大統領を務めて2021年に88歳で死去した韓国の元大統領は、盧植の子孫だったというのだ。

劉備、関羽、張飛の3人が出会った場所とされる「鼓楼大街」

後漢末の将軍、盧植の墓（奥）と盧泰愚・韓国元大統領の名を刻んだ石碑（手前）

中国と韓国は1992年に国交を樹立した。当時韓国大統領だった盧泰愚氏が訪中した際に建てられた石碑だろうか。韓国の盧武鉉《ノムヒョン》元大統領も盧植の氏族とされる。中国と韓国の歴史的つながりの深さを感じた。

1990年代初頭の中韓の接近は東アジアにおける冷戦構造崩壊の象徴となった。当時の米国とソ連に代わって、米国と中国の「新冷戦」時代を迎えた現代。日中韓の「三国志」は、どんな物語を紡ぐのか。悠久の歴史とこれからに、しばし思いを巡らせた。

3兄弟出会いの地

ビルが立ち並ぶ涿州市の中心部に入ると、市政府の役場のすぐそばに「鼓楼《ころう》大街」と書かれた商店街の門があった。三国志演義で、まだ10～20代だった劉備、関羽、張飛が出会った市場があったとされる場所だ。記念碑や像は見当たらないが、けんかしている関羽と張飛を劉備が仲裁する三国志演義の冒頭の場面を眼前の風景に重ねてみる。まだ何者でもなかった3人の若者のここでの出会いから三国志の物語が始まったと思うと胸が熱くなった。

付近には「桃園路」という道路や、劉備の「仁義」、関羽の「忠義」、張飛の「杖義（正義）」を意味する「三義」という名前の小学校まであり、三国志ファンの心をくすぐる。

　街から少し外れると、田園風景が広がり、古い平屋建ての集落が点在していた。スマートフォンの地図アプリで現在地を確かめると「楼桑《ろうそう》村」と表示され、さらに劉備の字《あざな》・玄徳を冠した「玄徳路」と

劉備の故郷であることを示す楼桑村の石碑。健康増進用の運動器具が設置されていた

張飛が使っていたと伝わる古井戸。観光客が中をのぞき込んでいた

いう道もあった。ここが劉備の故郷なのだ。地元の人によると、かつては村の名の通り大きな桑の木があった。20世紀初頭の清王朝末期ごろまで、子どもが20人も乗れるほどの巨大な切り株が残っていたという。

　一面にトウモロコシ畑が広がり、焼きトウモロコシの販売車が香ばしい匂いを漂わせながらゆっくりと通る。そんな村の中に「漢昭烈帝《しょうれつてい》劉備故里」と書かれた大きな石碑が立っていた。「劉備家」という名前の白酒《バイジュウ》（コーリャンなどが原料で、アルコール度数が高い中国特産の蒸留酒）が供えられており、若き日の劉備についての説明板もあった。設置日は2021年12月と意外に新しい。三国志ツーリズムに力を入れ始めているのだろう。

　人けはないが地元住民の憩いの場になっているのか、石碑の傍らには、中国各地の公園でよく見かける健康増進用の運動器具があった。

桃園で義兄弟の杯を交わす劉備、関羽、張飛の像がある「張飛廟」

そこから2㎞ほど離れたところに張飛のふるさとの村と、張飛を祭った「張飛廟」があった。三国志演義には、張飛の家の裏で桃園の誓いが行われたと書かれている。物語の原点の地に来たのだ。

入場料を支払って中に入ると、桃などの果樹が生い茂っている。3兄弟が桃の木の下で酒を酌み交わす場面を再現した大きな像、肉を売っていた張飛が使っていたという井戸、張飛の家を再現した建物があり、テーマパークのようだった。

張飛の家はテレビドラマの撮影用に建てられたものらしく、張飛愛用の武器として三国志演義に登場する「蛇矛《じゃぼう》（刃の部分が蛇のように曲がっている矛）」の再現模型も置いてあった。長さは約4mで、重さは数十kgある。張飛になりきった気分で、片手で持ち上げようとした。が、重すぎて無理だった。笑い声がして振り向くと、何組かの家族連れが桃をかじりながら見学していた。閑散としていた劉備の故郷の村とは対照的に、張飛廟は目玉の観光地となっている

廟の祭神として祭られている張飛の像

三国志演義で張飛が愛用したとされる武器「蛇矛」。重さは数十kgあり、片手では到底持ち上げられない

ようだ。

張飛を祭る廟があり、なんだか厳粛な雰囲気に包まれている。中国共産党の許可を得た宗教施設であることを示すプレートが掲げられていた。祭神はもちろん張飛。壁には、劉備や関羽をはじめ、三国志演義を彩る武将たちも描かれているが、主役はあくまで張飛で、彼の英雄譚《たん》の名場面が描かれていた。ここでは張飛こそが主人公なのだ。

近くに劉備・関羽・張飛の3義兄弟をたたえる建物「三義宮《さんぎきゅう》」があった。6世紀末から7世紀はじめの隋《ずい》王朝時代に建てられたものが起源という。私が訪れた時は新型コロナウイルス対策で閉館されており、内部はうかがえなかった。1966年に毛沢東が発動した文化大革命（文革）で破壊し尽くされ、1990年代に再建されたという。

文化大革命は毛沢東が1966年に発動した大規模な政治運動。毛の後を受けて1959年に第2代国家主席となった劉少奇《りゅうしょうき》（1898〜1969）から中国共産党や行政機関の実権を奪い返すため、毛沢東が「紅衛兵《こうえいへい》」と呼ばれる若者など大衆を扇動して権力闘争を展開した。1976年に毛沢東が死去して文化大革命が終結するまで、中国の政治、経済、社会、文化など各方面で大混乱を招いた。紅衛兵が知識人や幹部らに暴行を加えて文化財を破壊。死者1千万人以上と

文化大革命で「打倒劉少奇」を叫んでデモ行進をする若者たち＝1967年4月、北京市

劉備と関羽、張飛の義兄弟を祀る「三義宮」。隋の時代に創建されたが文化大革命で破壊され、1990年代に再建された

もされるが、被害の詳細な実態は今も分かっていない。人命とともに三国志関連を含む多くの歴史遺産が失われた文化大革命の無残さを思った。

中国共産党は毛沢東の誤りを指摘し、文化大革命を「内乱」と全面否定してきた。ただ近年、毛沢東の偉大さを強調する習近平指導部の下、文化大革命への否定的評価を薄める動きが目立っている。習近平指導部は文化大革命を全面否定することまではせず、「苦難の探索」だったという歴史観を広めようとしているとの見方がある。

現代の「義兄弟」

河北省保定《ほてい》市の中学教員カップルの劉備さん（男性）と関羽さん（女性）が婚約し、ＳＮＳで報告した。すると、張飛さんや趙雲さん、馬超さん、黄忠さん、周瑜さんら2人と同じく三国志の英雄と同姓同名の人々が身分証の画像付きで次々と名乗りを上げ、婚約パーティーに集った――。中国でこんなニュースが話題になった。

劉さんが経緯をまとめた動画をＳＮＳに投稿したところ拡散され、多くの中国メディアが取り上げた。ところがその後、一部メディアの取材に劉さんは、自身の下の名前は「備」ではなく、妻の本当の姓は「関」ではなく「王」だと明かした。動画は夫妻が自分たちの映像を加工し、身分証の画像はインターネット上で拾ったものだった。夫妻は普段からジョーク動画を作って生徒や友人たちを楽しませていたが、予想外の大反響となり、テレビ局からも出演依頼を受けて、怖くなったという。

日本なら彼らの投稿が「炎上」し、夫妻が激しくバッシングを受けかねない。ただ、中国の三国志ファンたちのおおらかさか、その気配はない。中国のSNSには「(劉備、関羽と)3人で義兄弟の契りを交わした張飛が、(2人の結婚で)とり残されて悲しまずに済む」と明るく笑い飛ばす投稿もあった。

義兄弟といえば、中国にはかつて、血縁や地縁と並ぶ共同体「幇《パン》」が存在した。「脇から助ける」という意味で、宗教・秘密結社から同業者の相互扶助組織までさまざまな形態があるが、幇のおきては絶対。戦乱や競争の激しい大陸で生き抜くため、強い団結力で外部勢力に対抗した。民を救うために立ち上がった3兄弟の契りも幇の一種と言える。幇は中国の裏社会とも密接な関係がある。台湾を拠点とする「竹聯幇《ジュリエンパン》」や「四海幇《スーハイパン》」など現代のチャイニーズ・マフィアも「幇」の名を冠している。

現代の中国にも「義兄弟の契り」は存在するのだろうか。北京に戻って街の人に聞いてみると「ヤクザぐらいしかないんじゃないか」(28歳男性)、「世界観、価値観、人生観の『三観』が一致する友を求める人は少なくない」(60歳男性)といった声があった。

人民解放軍が痛烈批判

「(三国志演義の)桃園の誓いは、最も成功しなかった政治勢力だった」

2016年の春、中国共産党総書記であり国家主席でもある習近平氏がトップを務める中国人民解放軍の機関紙、解放軍報が劉備・関羽・張飛の3義兄弟を痛烈に批判する論評を掲載した。

論評は、三国志演義で描かれた数々のエピソードを基に、3義兄弟の契りを「劉備を中心に小さなサークルが形成され、仲間だけを優先させる姿勢が及ぼした害は大きかった」と批判。当時、習近平氏はまだ1期目で、全国人民代表大会（全人代＝国会）の開幕直前だった。中国共産党中央に反発する派閥をつくらないよう、党内や軍幹部にくぎを刺す習近平指導部の意向があったとされる。

酒に酔って度々失敗した張飛や、赤壁の戦いで敵の大将だった曹操を勝手に見逃した関羽を劉備があまり責めなかったこと、後に臣下となった諸葛亮や趙雲らより義兄弟を重んじた例など、三国志演義の場面を挙げて「身内に甘いやり方をすれば必ず失敗する。彼らの政治勢力は魏・呉・蜀漢の3カ国で領土が最も小さく、存続期間も最も短かった」と指弾した。そして「習総書記が繰り返し強調してきたように、党や軍内部で小さなサークルを作ってはならないということだ」と結論づけた。

政敵を排除して一強体制を築き上げた習近平氏は2022年秋の中国共産党大会で自らの権威を高め、歴代の政権では異例となる長期政権を実現。業績や行政手腕が疑問視されてきた人物も含め、自身の地方幹部時代の忠実な側近や部下だけで3期目の最高指導部を築いた。これによって、習近平氏の「一極体制」が完成したと言われる。習近平氏に苦言を呈することができる人物は見当たらず、忖度《そんたく》のまん延が懸念される。北京のメディア関係者は「かつての解放軍報の論評がブーメランのように習指導部に帰ってくる」と皮肉った。

【3】臥龍青春の里で現代の皇帝の悲哀を思う（襄陽）

三国志屈指の「聖地」天才軍師ゆかりの街へ　名馬が越えた〝崖〟

現代中国を代表する大都市の北京、上海、広東省広州からほぼ等距離（約1100㎞）にある湖北省襄陽《じょうよう》市。ここは、三国志演義で天才軍師として描かれる諸葛亮が、後に蜀の初代皇帝となる劉備から「三顧《さんこ》の礼《れい》」で迎えられるまでの若き日を過ごした地として知られる。

偉容を誇る古城

郊外の空港からタクシーで襄陽の市街地へ向かうと、れんが積みの灰色の壁が見えてきた。2千年以上の歴史を持つ「襄陽古城」だ。長江《ちょうこう》（揚子江《ようすこう》）最大の支流である漢江《かんこう》と山に四方を囲まれた難攻不落の城として知られた。昔は、街全体が全長7㎞超の城壁に囲まれていたという。

かつて中国の都市の大部分は、襄陽古城のように城壁の中に街区があった。日本の城下町の多くは城の本丸や二の丸などの周りを城壁や堀で囲んでいるだけだが、中国では街全体を城壁で囲む城郭都市が一般的だ。中国語で都市を「城市」と表記する意味がよく分かる。

古代中国でさまざまな戦いの舞台となった「襄陽古城」。城壁の上を歩くことができる

「襄陽古城」の城門「臨漢門」

さらに言えば、現代中国の住宅や団地、村も、高い塀や柵で囲われたものが多い。入り口は一つで、門扉があったり、障害物を置いたりしているものが少なくない。いわば城郭都市のミニ版だ。自分の家を囲み、玄関を人通りのあるところに露出させたくないという防衛本能を感じさせる。数千年の長い歴史の中で戦乱が相次いだ影響だろうか。

襄陽古城の現存する城壁は明清時代に修築されたものだ。ただ、呉の初代皇帝である孫権《そんけん》の父・孫堅《そんけん》が、襄陽を当時支配していた劉表《りゅうひょう》との闘いで戦死するなど、三国時代にも数々の攻防戦があった地だけに、城門をくぐると三国志の世界に足を踏み入れた感覚でゾクッとした。

漢江沿いに残る城門「臨漢門《りんかんもん》」に上り、城壁の上を歩いた。壁と言っても乗用車が通れそうなほどの幅がある。城壁の上から見渡した城内には、明や清の時代の建築様式を取り入れた商店街があり、「○○演義」と三国志を意識した店名の洋服店や土産物店、食堂などが軒を連ねる。はやりの中国ポップス（C―POP）が大音量で流れ、客引きが声を上げていた。

街の中に「荊州《けいしゅう》」と書かれた石の門があった。襄陽を含む一帯は三国時代、その名で呼ばれていた。「三国志演義全１２０回のうち荊州

地元政府が1983年に「馬躍檀渓」を重点保護文物に指定したことを示す石碑

「襄陽古城」の城壁の内側には商店街や住宅街が広がっている

は計72回登場します」。近くを通った中国人の団体客にガイドが説明していた。激烈な争いが繰り広げられた三国時代屈指の要衝は今や湖北省を代表する観光地。あちこちに立つ案内板には中国語、英語、韓国語、そして少し怪しい日本語も併記されていた。

劉備が跳んだ崖

案内板を見ると、近くに三国志にちなむ史跡「馬躍檀渓《だんけい》遺跡」がある。

官渡《かんと》の戦いで華北を統一した曹操から逃れ、荊州の劉表を頼った劉備は、新野《しんや》（現在の河南省南陽市）に駐屯した。三国志演義で、荊州の乗っ取りをたくらむ劉表の部下、蔡瑁《さいぼう》から暗殺されそうになった劉備が、愛馬で崖から激流を跳び越えて命拾いした場所だ。

2元（約40円）のレンタル電動自転車で走ること15分。1983年に地元政府が重点保護文物に指定したことを示す石碑が建っていた。だが、崖はない。あるのは幅3mほどの乾いた溝だけ。馬なら十分飛び越えられそうな幅で真実味を感じた一方、この程度なら、なぜ追っ手はあきらめたのかと思ってしまった。

ただ、そもそも檀渓のエピソードは三国志演義の創作だ。山西省に

暗殺されそうになった劉備が馬で激流を跳び越えて難を逃れたとされる「馬躍檀渓」の史跡。幅3mほどの乾いた溝があった

は、同じく三国志演義に登場する架空の人物で中国四大美女の一人、貂蝉《ちょうせん》の墓もある。史実ではない物語の舞台まで政府公認の史跡となっていることに驚いたが、大陸的な懐の深さを感じた。

襄陽古城を出て漢江を渡ると、ビル群が天を突く新市街があり、その中心部には高層マンションを背に羽扇を胸に当てて悠然と立つ巨大な諸葛亮像があった。三国志演義の華である天才軍師は、この街の人々の誇りなのだろう。諸葛亮の名を冠した広場や「諸葛亮中学」まであった。どんな英才たちが学んでいるのか、想像するだけで愉快な気分になる。

中国には郷土ゆかりの偉人や物語の登場人物の名が付いた学校が多い。日本でも近年、空港の公式愛称として、幕末維新のヒーロー、坂本龍馬の名を冠した高知龍馬空港（高知県）や、人気漫画の作者の出身地であることにちなんだ鳥取砂丘コナン空港（鳥取県）、米子鬼太郎空港（同県）などがあ

劉備に「三顧の礼」で軍師として迎えられるまで諸葛亮が暮らしたとされる「古隆中」

天才軍師の名を冠した「襄陽市諸葛亮中学」

るが、学校名となると少ない。自分の好きな英雄の名が付いた学校なら、子どもも教員もさぞかし愛校心が沸くに違いない。

700年前から観光地

襄陽の市街地からタクシーで20分。「古隆中《こりゅうちゅう》」と呼ばれる地域に、諸葛亮が故郷の山東省から移住して暮らしていたとされる草庵の跡があるという。207年冬から翌年春にかけて、当時27歳だった諸葛亮の学識の高さを知った劉備が、彼を軍師として迎え入れるために3度訪れた「三顧の礼」の舞台だ。

襄陽古城のような風雪を感じさせるたたずまいの史跡が待っていると思いきや、一帯は「隆中文化園投資有限公司」という企業がテーマパーク化していた。入場料は大人87元(約1740円)だった。

私が現地を訪れたのは2022年9月。園の入り口でまず目に飛び込んで来たのが、赤地に金文字で「二十大《にじゅうだい》を喜んで迎える」と書かれた看板だった。二十大とは2022年10月に開かれた第20回中国共産党大会のこと。5年に1回開かれる中国共産党の最重要会議である党大会の1カ月前で、入場ゲートの前には「党の歴史を学び、思想を理解し、実践し、新たな局面を開く」というスローガンを掲げたモニュ

襄陽市の新市街では、巨大な諸葛亮像が街を見守っていた

メントもあった。共産党と諸葛亮に一体どんな関係があるのか。答えは、後で判明することになる。

きれいに整備された園内は起伏のある里山。ニシキゴイが泳ぐ池やこけむした石橋、アゲハチョウが舞う小道の間に、諸葛亮を祭る「武侯祠《ぶこうし》」や三顧の礼が行われた場所を再現した「三顧堂」などが点在していた。中国の伝統楽器、七弦琴《しちげんきん》の優美な音色が、草木の間に隠されたスピーカーから流れている。咲き誇る花の香りも芳しい。木陰から諸葛亮が歩いてきそうな雰囲気だ。

それもそのはず。古隆中は、15世紀後半の明の時代には既に観光地化していたという。並大抵の観光地とは年季が違うのだ。

古隆中VS臥龍崗
諸葛亮「隠棲の地」を巡る論争

ただ中国国内には、若き日の諸葛亮が劉備に出会うまで暮らしていたとされる場所がもう1カ所ある。「諸葛亮隠棲《いんせい》の地」を巡る論争が長らく続いてきた。

襄陽の古隆中から北に120㎞の河南省南陽市郊外の「臥龍崗《がりゅうこう》」こそが、その場所という説がある。臥龍とは天に昇る機会をうかがいながら水底に臥《ふ》せる龍で、若き日の諸葛亮の例えだ。

現地には、唐の時代から既に諸葛亮を祭るほこら「武侯祠」があったとされ、今もほこらや「諸葛草廬《そうろ》」「諸葛井」などの「史跡」が残っている。諸葛亮が227年、魏の討伐に向かう際に蜀漢の2代皇帝劉禅《りゅうぜん》に上奏した「出師《すいし》の表《ひょう》」の中に「臣（諸葛亮）は本布衣《もとふい》、躬《みずか》ら南陽に耕す（=私はもともと無位無官の身で、南陽で耕していました）」と諸葛亮自身が書いていることが根拠とされる。私が北京で親しくなった南陽市出身の60代男性も「諸葛亮は南陽に住んでいました。郷土の英雄です」と誇らしげに語っていた。

ただ、後漢末の時代には、臥龍崗があった地域だけでなく古隆中も同じ「南陽郡」に属していた。また、裴松之《はいしょうし》が正史の注釈に引用した「漢晋春秋《かんしんしゅんじゅう》」には、「亮は南陽の鄧県に住んでいた。そこは襄陽城の西二十里にあり、隆中と呼ばれていた」と記されている。さらに言えば、古隆中は劉備が身を寄せた劉表の支配地域にあったが、臥龍崗がある場所は三顧の礼の当時、曹操の支配地域だった。劉備がいかに軍師を求めていたとしても、敵の領土内に何度も足を運んだとは考えにくい。素直に考えて、襄陽の古隆中が諸葛亮の隠棲の地だったと思うのだが、中国はメンツを重んじる国。南陽市出身の友人にその考えをぶつけることはやめておいた。

一方で日本では、弥生時代に存在したとされ、三国志にもその名が記されている女王卑弥呼《ひみこ》の「邪馬台国《やまたいこく》」がどこにあったのかが「日本史最大の謎」とも言われる。邪馬台国の位置を示す三国志の記述をどう読み取るかがカギだが、同じように三国志にまつわる記述を基に「諸葛亮隠棲の地」論争が繰り広げられてきたことは、歴史のロマンだ。

中国で知り合った三国志研究家が、こんな話を聞かせてくれた。

清王朝の時代、襄陽出身の顧嘉衡《こかこう》（1813〜1891）という人物が南陽の知事になった。南陽の人々は「諸葛亮隠棲の地」論争について彼の考えを聞かせてほしいと迫った。襄陽の古隆中こそがそうだと言えば角が立つし、南陽の人々に迎合すれば故郷を裏切ることになる。窮地に立たされた彼は南陽の武侯祠にこんな対聯《ついれん》（門の両脇などに記す対句）を揮毫《きごう》した。「心在朝廷　原無論先主後主（心は朝廷に在り　原《もと》より先主後主を論ずることなし）／名高天下　何必辨襄陽南陽（名は天下に高し　何ぞ必ず襄陽南陽を弁ずべけんや）」。諸葛亮は心を込めて蜀漢の朝廷に仕え、仕える相手が初代皇帝の劉備であるか、2代皇帝の劉禅であるかなど問題にしなかった。諸葛亮が天下に名高いことには変わりないのだから、襄陽か南陽かを弁ずる必要などないのではないか―。対聯を読んだ人々は感じ入り、郷土の英雄を巡って南陽と襄陽の人々の間で長く続いた対立感情を和らげたという。

そんなエピソードを聞いて、ぶつかり合う意見を一段高いところに引き上げて包摂する巧みさに感じ入った。

後に中国共産党総書記となり、清廉潔白な改革派指導者として中国の庶民から根強い人気を集めた胡耀邦《こようほう》氏（1915〜1989）も1958年、南陽の武侯祠を訪れている。そしてこの対聯を読んで感心し、こんな対聯を生み出したという。「心在人民　原無論大事小事（心は人民に在り　原《もと》より大事小事を論ずることなし）利帰天下　何必争多得少得（利は天下に帰し　何ぞ必ず　多得少得を争わんや）」―。心は人民と

「三顧堂」の中庭に立つ関羽（左）と張飛の像

「三顧の礼」が行われた場所を再現した「三顧堂」

共に在るので、大きなことも小さなことも気にしない。利益は全世界のものであるのに、なぜ、より多いか少ないかで争うのか—。政治家は人民と世界のために働くべきだという気概を感じ、胡耀邦氏が多くの人民に慕われた理由が分かる気がする。ちなみに、約30年後の1989年、学生たちの民主化運動に理解を示した彼の急死が、天安門事件の引き金となった。

随所に三国志愛

古隆中の三顧堂は清の時代に再建されたものだ。スマートフォンを構えて写真を撮っていると、観光客の男性が「入り口の手前の3本の木は孔明《こうめい》（諸葛亮の字《あざな》）に会うためにここにやってきた劉備、関羽、張飛の3義兄弟を表しているんだよ」と教えてくれた。劉備たちが諸葛亮に会うために乗ってきた3頭の馬を再現した実物大の銅像まであった。

三顧堂の中には、三国志演義の物語を基に、劉備と対面した諸葛亮が「天下三分の計」を献策する場面、外で待ちくたびれていら立って諸葛亮の庵に火を付けようとした張飛と、彼をなだめる関羽なども等身大の銅像で再現されていた。園内の随所にある休憩用のベンチは、諸葛亮が晩年に乗ったとされる車椅子をイメージしてか、すべて車輪付き。細部

時代考証に基づいて再現した諸葛亮の草庵

「三顧堂」では、劉備（右）に諸葛亮が「天下三分の計」を献策する場面を再現していた

へのこだわりに中国の人々の三国志愛を感じた。

諸葛亮の本物の草庵は、美しい場所にあり、風水的にも好ましいとして、明の時代の王が自分の陵墓を建てるために壊してしまったという。ドラマ撮影のため、時代考証を基に再建した現在の草庵は諸葛亮の弟の部屋や寝室、台所まで作り込まれていた。

正史などの歴史書によると、諸葛亮は徐州《じょしゅう》琅邪《ろうや》郡陽都《ようと》県（現在の山東省臨沂《りんぎ》市）出身。父の諸葛珪《しょかつけい》は泰山郡の丞《じょう》（副長官）だったが、幼くして母を亡くし、14歳の時に父も死去した。このころに起きた黄巾の乱で、一家は離散。兄の諸葛瑾《しょかつきん》は父の後妻である継母と共に江東に渡った。諸葛亮は弟の諸葛均《しょかつきん》と共に叔父の諸葛玄を頼った。各地で戦乱が相次いだ時代。家を失った流民たちの中に、諸葛亮もいたことになる。

叔父の諸葛玄《しょかつげん》は、当時の群雄の1人で後に皇帝を名乗った袁術《えんじゅつ》から豫章《よしょう》（現在の江西省北部）の太守に任命された。諸葛亮や諸葛均たちも叔父の任地に赴いたが、後漢王朝の献《けん》帝は別の有力者を太守に任命。争いが起き、諸葛玄は殺されたと記す歴史書もある。正史によると、諸葛玄は知人だった劉表が治める荊州へ身を寄せ、諸葛亮が17歳の時に諸葛玄は死去。後ろ盾を失った諸葛亮は襄陽の隆中に居を構え、弟の世話や晴耕雨読の生活を送りながら10年間、学問を続けたという。

三国志演義では天才軍師として華々しく描かれている諸葛亮だが、歴史書に刻まれている彼は、漢王朝の再興という理想を追いながらも、常に現実を冷静に見つめるリアリストという印象だ。歴史書で彼の前半生を辿《たど》ると、彼がなぜそうなったかが分かる気がする。諸葛亮は恵まれた環境で悠々自適に学んだわけではなく、乱世のうねりに巻き込まれながら生き抜き、現実の厳しさを肌身で感じながら、自身を鍛えていったのだ。

正史には、若き日の諸葛亮が自らを紀元前の春秋《しゅんじゅう》・戦国時代の名宰相・管仲《かんちゅう》や、名将・楽毅《がくき》になぞらえていたことも記されている。諸葛亮は学者ではなく政治家を志していたのだろう。そして27歳の時に主君となる劉備に出会い、そこから歴史に残る大活躍が始まる。

三国志演義では、諸葛亮に会う前の劉備は荊州へ攻め込んできた曹操軍と戦う。「新野の戦い」と呼ばれるその合戦に、劉備は軍師として迎え入れたばかりの徐庶《じょしょ》の献策で勝利。曹操は徐庶の母を人質に取り、徐庶は泣く泣く劉備の下を離れることになる。軍師の大切さを思い知った劉備は徐庶を引き留めるが、徐庶は友人の諸葛亮を推薦し、去って行く。

正史には、徐庶が新野の戦いで活躍したことは記されていない。ただ、徐庶が諸葛亮を紹介し、三顧の礼をもって迎え入れるように助言したことは歴史書にも記されている。

諸葛亮の兄の諸葛瑾は江東の地で呉の孫権の姉婿に高く評価された。孫権も名外交官・魯粛《ろしゅく》と並んで彼を重臣として厚遇した。その魯粛と諸葛瑾の交友関係が縁となり、諸葛亮は魯粛を仲介役として劉備と孫権の同盟を実現させることができた。諸葛瑾が、実弟が軍師を務める劉備に寝返るのではないかと孫権に告げ口した者もいたが、孫権は「瑾が私を裏切らないのは、私が瑾を裏切らないのと同じだ」と言い切ったという。孫権が呉の皇帝になると、諸葛瑾は呉の大将軍に任命されている。

弟の諸葛均については歴史書にほとんど記録がないが、諸葛亮とともに劉備に仕えたとされる。

ちなみに魏には、諸葛亮と同郷・同族の諸葛誕《しょかったん》という武将がいた。正史によると征東大将軍に任じられている。三国時代に魏・呉・蜀漢のそれぞれで諸葛一族が枢要な地位を占めていた事実は興味深い。

古隆中に話を戻すと、古隆中の名所の多くは後世の造作だが、「六角井」は唯一、三国時代にさかのぼれる遺構で、諸葛亮が実際に使っていた井戸だと案内板に書かれていた。真偽は不明だが、本物感を漂わせる風格がある。井戸の中をのぞき込み、１８００年前に思いをはせた。

後世に再建されたものが多い古隆中で唯一、かつて諸葛亮が使った井戸とされる「六角井」

天才軍師を利用する共産党

園内には、元《げん》王朝の時代に整備された建物「隆中書院」もあり、理想の政治家としての諸葛亮の生涯や偉業を展示する施設になっていた。

中国には、日本の「三人寄れば文殊《もんじゅ》の知恵」に当たることわざで「三人の皮職人（凡人の意味）は、諸葛亮に勝る」という言葉があり、今でも使われている。

驚いたのは、隆中書院の中で、劉備、諸葛亮のライバルの司馬懿《しばい》、三国志を書いた陳寿、さらに清王朝の第４代康熙帝《こうきてい》（１６５４〜１７２２）など、歴史上の人物が諸葛亮について語った言葉を紹介す

「隆中書院」のそばには若き日の諸葛亮の像が立っていた

理想の政治家として諸葛亮の偉業を展示した「隆中書院」には、中国共産党の功績を学ぶコーナーがあった

るコーナー。孫文や毛沢東の評価もあったが、それらの何倍ものスペースを割いて、習近平国家主席がかつて演説で「家に余分な財産を蓄えず、外で不要な財産を稼がず」「学ぶことで才能は開花する。志がなければ、学問の完成はない」という諸葛亮の言葉を引用したことを展示していた。

さらに奥には、壁一面のスクリーンと机の上に並ぶタブレット端末で中国共産党の功績を学ぶ部屋まであった。園の出口には習近平氏の大きな写真パネルが掲げられていた。諸葛亮の延長線上に中国共産党と習近平氏が存在するかのように演出し、天才軍師まで権威付けに利用している印象を抱いた。

日中の「民主主義」

曹操の魏、孫権の呉、劉備の蜀漢がそれぞれの大義を掲げて争った三国時代。

1800年後の現代の米中対立を「民主主義」と「権威主義・専制主義」の戦いと位置付ける向きがある。北京で、中国外務省の役人とそんな話になった時、「それは日本を含む西側諸国の一方的な見方です。民主主義にもいろんな形があります」と力説された。「民主主義は、米国が原液を生産し、全世界で一つの味しかないものとは違います。米国にはコカ・コーラがあり、中国には北冰洋《ベイビンヤン》があります。コカ・コーラだけが炭酸飲料じゃない」

北冰洋は「北京っ子のソウルドリンク」と呼ばれ、60年以上の歴史を持つオレンジ味の国産炭酸飲料だ。中国の炭酸飲料市場は長年、コカ・コーラとペプシコーラの2強時代が続いたが、近年、自国文化を再評価する「国潮《グオチャオ》」ブームに乗って人気を取り戻した。中国外務省の役人はこう言葉を継いだ。「民主主義の形が米国式ではないから中国に『権威』『専制』のレッテルを貼るのは、それこそ民主主義に反する行為ではないですか」

日本語と中国語で「民主主義」と「人権」も辞書の上では同義だ。ただ、中国で政治や人権問題の取材をしていると、この二つの言葉が放つイメージが日本の感覚とは違うように感じる――。そんな疑問を、政府関係者ではない中国人の友人たちにも投げ掛けてみた。友人の1人は「民主主義は、社会に活力があって娯楽があること。人権は、ちゃんとご飯を食べられること」と語り、別の友人は「民主主義は、人民を大切にすること。人権は、生活ができてそれなりの自由があること」と答えた。

2021年10月、中国の議会制度を巡る会議で習近平氏がこんな演説をした。「国民が選挙運動の時だけ聞こえの良いスローガンを聞かされて優遇され、選挙後は何も言えず疎外される。これは真の民主主義ではない」。確かにその通りだと私は思った。司法の独立や報道の自由がなく、経済成長の源泉である民間の活力が中国共産党や政府にとって不都合になると盆栽や庭木のように刈り込む中国式の民主主義の現実に首を傾げたくなる一方で、日本の民主主義の現状について考えずにはいられなかった。

習近平氏ゆかりの池も

襄陽市には、目玉観光地である古隆中を上回る人出でにぎわう場所があった。習近平氏のルーツの地とされる庭園「習家池《しゅうけいけ》」だ。

「ここに習主席のご先祖が祭られているんだよ」。習氏宗祠という額が掛かる石造りの荘重なほこらの前で、若い父親が男児とスマートフォンで記念写真を撮っていた。古い建物と思いきや、風雪は感じられない。約2千年前、習一族の先祖とされる後漢時代の豪族の習郁《しゅういく》が造ったとされる池と、古いあずまやが残る程度だった習家池は、習近平氏が国家副主席になった2008年から整備が始まり、ほこらが造られたという。

園内の案内板は「習一族は不朽の業績で地方経済、政治、文化、社会建設に突出した貢献をした」と持ち上げていた。習近平氏が中国共産党総書記に就任した2012年に枯れ木から新芽が突然生えたという話まで流布されていた。中国では、時代が改まる時や聖人が生まれた時、新たな皇帝が即位する時に「瑞兆《ずいちょう》」(めでたいことや吉事の前兆)が起きるとされてきたが、まさに瑞兆の宣伝だ。

前述したように、毛沢東が発動した政治運動「文化大革命」は1千万人を超す死者を出したとされる。毛沢東に権威と権力が集中した反省から、中国共産党が党規約で「いかなる形式の個人崇拝もこれを禁止する」と明確に禁じてきた個人崇拝が、息を吹き返しつつある。

習近平総書記のルーツの地とされる「習家池」にある習一族の先祖を祭るほこら

中国共産党の党大会は従来、最高指導部人事が最大の関心事だったが、２０２２年の第20回党大会は習近平氏の権威がどこまで高められるかが焦点だった。日中外交筋は「習氏が目指すのは3期目どころか終身支配だ」と語った。

現代中国は人口の１割にも満たない共産党員が14億人を統治する「共産党王朝」だ。それでも改革・開放政策を主導した鄧小平氏は個人崇拝を禁止し、集団指導体制と任期制を取り入れて歯止めをかけてきた。しかし、習近平氏は２０１８年の憲法改正で連続2期10年までだった国家主席の任期制限の規定を撤廃し、自身の3選に道を開いた。共産党規約の改正はされていないものの、自分以外の最高指導部メンバーを自身の部下に位置付ける実質的な変更も進めた。

そして迎えた２０２２年の第20回党大会では、習近平氏を礼賛する言葉が相次ぎ、習近平氏は党総書記として前例のない3期目続投が決まった。党・国家・軍の3期目トップの地位を手にした習近平氏は最高指導部を側近で固め、後継者は確定させなかった。集団指導体制も任期制も事実上、形骸化してしまった。そして、真の習近平時代が始まった。

習氏父の巨大陵墓

兵馬俑《へいばよう》で有名な世界遺産・秦の始皇帝陵から北へ約80㎞。陝西省《せんせいしょう》富平県《ふへいけん》にある約7千㎡の巨大な陵墓も習近平氏にちなむ「聖地」の一つ。その地に眠るのは習近平氏の父の習仲勲《しゅうちゅうくん》・元副首相(1913~2002)だ。

現地を訪れると、濃い緑や鮮やかな花が目にまぶしい。敷地は掃き清められ、葉っぱ1枚落ちていなかった。抗日戦争や国共内戦を戦い、中国共産党の八大元老の一人だった習仲勲氏。彼の党への忠誠ぶりを毛沢東がたたえた言葉と大きな白い座像があり、参拝者が絶えない。

2007年に習仲勲氏の墓を古代の皇帝陵並みの規模に大改造し、隣に記念館まで建てたのは、当時、陝西省のトップ(共産党陝西省委員会書記)に就いたばかりの趙楽際《ちょうらくさい》氏(1957~)。文化大革命期、都会の若者らを農村に送り込む「下放《かほう》」政策で習近平氏が実際に暮らした農村も教育基地に整備した。趙楽際氏はその後、異例の出世を遂げた。2017年には最高指導部(党中央政治局常務委員会)のメンバーに入り、2022年には中国共産党の序列3位にまで上り詰めた。

絶大な権威と権力を手にした習近平氏を「現代の皇帝」とひそかに呼ぶ人は中国国内にも少なくない。ただ中国に生きる人々が一様に彼を尊崇しているわけではない。過去の王朝下と同じく、自分の暮らしや家族を守るために為政者に従い、我慢強く、たくましく生きているというのが、中国各地を見て回った私の実感だ。

ヨーロッパほどの広大な中国大陸を一つにまとめるには、強大な権力が必要なのは分かる。情報の統制や人民の監視も、秦王朝以来の「伝統技」なのかもしれない。中国で長く勤務した日系企業の幹部からは「いろいろと問題があるのは確かだが、中国共産党の支配がなければ今の中国をまとめるのは無理だろう。共産党の統治がなければ国中がやりたい放題になり、日本にとっても大変なことになったかもしれない」「中国は巨大な国。結局は皇帝を目指さないと権力基盤が保てなくなる。三国時代もそうだが、皇帝がいないと軍閥《ぐんばつ》が乱立し、国が分裂する。いわば皇帝による支配が宿命づけられた国だ」という持論を聞いた。

第20回党大会の期間中に公表予定だった2022年7〜9月期の国内総生産（GDP）など主要な経済統計の発表は、何の説明もなく突如延期された。党大会直前に「独裁国賊習近平を罷免せよ」などと習近平氏の強権体制を糾弾する横断幕が北京の高架橋に掲げられた後には、市内各所で身分証チェックが強化された。庶民の暮らしや国家の国際的信用より、習近平氏と党のメンツを優先する姿勢が強まっているのは明らかだ。

雨は「不都合な事実」か

こんなこともあった。

2021年7月1日、北京の天安門広場で中国共産党創建100周年記念式典が開かれた。その前夜、中国当局の担当者から招待状を手渡された。プラスチック製かと思うほど硬く分厚い上質の紙に

中国共産党創建100周年記念式典の招待状。開会時間に修正痕があった

凹凸のあるエンボス加工が施され、党の赤い旗を模した鮮やかなデザインやロゴマークがあしらわれていた。

習近平氏の威信をかけた政治イベントである証しと感じながら中を見ると、案内文の「午前8時開会」の「8」に小さな修正紙が貼られている。下に何が書いてあったか知りたくなるのが記者魂。剥がしてみると「9」の数字が現れた。開会時間を急きょ早めたようだ。理由は当日になって分かった。

リハーサルが始まった7月1日午前5時過ぎ、会場に朝日が差し込み、午前7時ごろは熱中症が心配になるほどの日差しだったが、天候は徐々に悪化。メインイベントの習近平氏の演説が始まった午前8時半ごろ、雷が鳴って雨が降りだした。午前9時過ぎには雨が強まり、参加者は赤い雨がっぱを着て1時間5分に及ぶ演説を聞いた。やがて雨はやみ、式典の最後にハトと風船が空に放たれるころには晴れ間が広がった。

開会を早めたのは、前日までの気象予報で晴れの式典が雨の幕開けとなる恐れが判明したためで、ロケット弾を放って雨雲を散らしたとの情報を後になって聞いた。約7万人の参加者に会場で事前配布されていた記念バッグには、小さな党旗や帽子、熱中症予防の飲料水3本のほかに雨具やタオルも入っており、用意周到ぶりにも驚いた。

中国国営中央テレビ（CCTV）が繰り返し放映した式典の特番では、雨具を着た観衆の姿は全てカットされ、雨は降らなかったことになっていた。この日の演説で「中華民族の偉大な復興」という自身のスローガンを21回も使った習近平氏と「党の輝かしい歩み」に、雨は不都合な事実だったのだろう。習近平氏はこの日の演説で、文化大革命や天安門事件のような党の負の歴史や課題には一切触れなかった。

多難な「現代の皇帝」

中国の発展の速さや規模は私が赴任前に想像していた以上で、情報通信技術（ＩＣＴ）の実用化やインフラ整備など多くの分野で日本はとっくに追い抜かれていると強く感じた。環境汚染対策も進み、国民の生活レベルは向上する一方、貧富の格差や経済成長の鈍化、少子高齢化、言論統制や人権問題など根深い課題の存在も中国各地の取材で実感した。

中国の発展の源泉だった多様性と民間の活力への統制がさらに強まり、忖度《そんたく》がまん延すれば、習近平氏が唱える独自の発展モデル「中国式現代化」の先行きはおぼつかない。中国共産党の一党独裁を支えてきた経済成長は失速し、中国は人口減少時代に突入した。「現代の皇帝」の前途は多難だ。

「新時代の10年にわたる偉大な変革は中華民族の発展の歴史における一里塚だ」。２０２２年の第20回党大会で習近平氏は自身の2期10年の活動報告を約1時間45分かけて読み上げ、自らがキーワードとして掲げてきた「新時代」という言葉を22回使って業績を自賛。長期支配を正当化した。

２０１７年の第19回党大会では、北京の人民大会堂の壇上で当時91歳の江沢民《こうたくみん》元中国共産党総書記（１９２６〜２０２２）が習近平氏の演説にほとんど拍手をせず、異彩を放った。２０２２年の党大会の会場に江沢民氏の姿はなく、習近平氏が演説を区切るたびに10秒ほどの拍手が会場を包んだ。

「もし今、中国で直接選挙による大統領選を実施しても習氏は圧倒的な得票で勝つだろう」。北京の外交筋が中国での習氏の人気ぶりを私に語ったことがある。習近平氏は2012年の総書記就任後、中央や地方の幹部の汚職を次々と追及し、国民の留飲を下げると同時に、政敵を排除して求心力を高めてきた。

「取り締まりが厳しくなって自由は減った。でも腐敗は減って役人は仕事をするようになった。何より月収がこの10年で4倍に増えた」。北京で料理宅配サービスに従事する出稼ぎ労働者の男性(45)は話した。経済成長が続き、庶民の所得が右肩上がりだったことが習近平氏への支持につながった一方、政権批判が国民の耳に入らないよう、メディア統制は徹底された。新型コロナウイルス禍で加速した若い世代の「内向き」志向も相まって、海外メディアを批判的に捉える人も増えた。北京の街角で取材した時のこと。北京で流行しているお店に関する、決して敏感な内容ではないテーマの質問だったが、女子大学生にインタビューを申し込んだら、私が日本メディアの記者と知って「あなたは境外勢力(反中国的な外国勢力)ですか?」と警戒されて驚いた。

ただ、厳しい行動制限を伴うゼロコロナ政策の悪影響もあり、2022年春から経済が急失速。歩調を合わせるかのように、習近平氏の人気に陰りも見え始めた。前述したように、第20回党大会直前の同年10月には北京市内の高架橋「四通橋」に習近平氏を批判する横断幕が掲げられた。首都・北京では極めて異例な事件だった。そして党大会後の11月下旬には、ゼロコロナ政策に抗議する若者たちが北京中心部の公園に集まり、白い紙を掲げた。当局の言論抑圧やSNS統制に対して「白紙なら削除

表現の自由を象徴する白い紙を掲げ、ゼロコロナ政策への抗議や政府批判の声を上げる人々＝2022年11月27日夜、北京市中心部

できないだろう」という表現の自由の行使だった。「白紙運動」や「白紙革命」とも呼ばれた。

北京で抗議活動があったのは、各国大使館や外資系企業のビルが立ち並ぶ繁華街。新疆ウイグル自治区の区都ウルムチで3日前の11月24日に起きた火災の犠牲者を悼む人々が、川沿いの広場に花束やろうそくを持ち寄ったのがきっかけだった。10人が死亡した火災は、厳格な防疫対策で被害が拡大したとされ、ＳＮＳで情報を知った市民が続々と加わった。

デモ参加者が配る白い紙を手に大通りへ歩き始め、「ＰＣＲ検査はもうたくさんだ」「隔離を解除せよ」という叫びはやがて「報道の自由がない」「個人独裁は要らない」「投票用紙が欲しい」と、習近平指導部批判に広がっていった。

私が北京特派員として中国に赴任する前、前任の川原田健雄特派員が香港の民主化運動をたびたび現地で取材していた。私も香港に出張して若者たちの熱と力を日本の読者に伝えたい。そう願っていた。しかし、赴任2カ月前の2020年6月に反政府活動を取り締まる香港国家安全維持法が施行され、若者たちのデモは封じ込められてしまった。民主化運動を現地で取材できなかったことがずっと心残りだった。北京に駐在する他社の特派員たちからも香港に出張した体験を聞くたび、現場の熱気を想像してきた。そんな自分が、自由を求めて白い紙を掲げる若い男女たちを習近平氏のお膝元の北京で目撃することになり、驚いた。

彼ら彼女らの叫びに加えて印象的だったのは、マイクを握って事故防止を呼びかける日本の警察官「DJポリス」ならぬ「BJ(Beijing=北京)ポリス」の存在だ。群衆を巧みに誘導し、行進する人々の列に安全確保を装って隙間を作り、集団を分断して沈静化を図っていた。参加者が疲れ始めた頃、私服警官風の男が「そろそろ帰ろう」と声を上げて帰宅を促す場面もあった。北京の外交筋は「彼らは、香港を含めさまざまな現場のデモ対策を研究した精鋭部隊」とみる。

不動産バブルの崩壊、都市と農村の格差の拡大、少子高齢化で2022年に突入した人口減少時代、経済の失速…。北京の経済アナリストは「習近平氏は、政治的に絶対的な権力を手にしても、特効薬のない難題がめじろ押しのかわいそうな皇帝だ」と指摘する。

政敵や異論を徹底的に排除して自身に権威と権力を集中させたことで調整役が不在となり、習近平氏に正確な情報が届かず、適切な政治判断ができない恐れも指摘されている。北京の外交筋は「経済が急激に冷え込んでいるのは間違いないが、中国の巨大さゆえに、景気がまだ落ち込んでいない地方や好調な分野の情報だけが届き、庶民の不満の声は習近平氏の耳には届かず、『経済は、まだ大丈夫。国内も安定している』と誤った現状認識を抱きかねない」と話した。

三国志演義では後漢王朝末期、国力が低下して圧政に苦しむ民衆の反乱が各地で勃発したものの、皇帝の身の回りの世話をする宦官の中で「十常侍《じゅうじょうじ》」と呼ばれた側近たちが霊帝には「問題ない」という報告ばかりを上げたこと、霊《れい》帝が後継者を明確に定めていなかったために十常侍と外戚の将軍との間で跡目争いが起きたことが描かれている。習近平氏も自身への権力集中を加速させ、最高指導部を自分に忠実な腹心で固める一方で、明確な後継候補を置いていない。習近平氏の「終身支配」が現実味を帯びる中、中国メディアの記者が私に小声で語った言葉が忘れられない。「もし今、習近平氏が病気で急死するようなことがあれば、国政は大混乱するだろう。もしこのまま終身支配が続けば、習氏が80～90代で死去した時に、彼とその他の最高指導部メンバーの間での『ジェネレーションギャップ』が次の中国に大きなひずみを生み、負の遺産となるだろう」

曇りガラスと党大会

習近平氏を批判する横断幕が掲げられた四通橋はその後、名前を記した標識が撤去され、スマートフォンの地図アプリでも表示されなくなった。白紙運動に参加した若者たちは監視カメラの映像などで次々に身元が特定され、当局に拘束されるなど厳しい制裁を受けた。私自身も中国滞在中の3年間、当局の統制の強さに何度も驚かされた。

２０２２年10月の第20回党大会の前後には、こんなことがあった。

北京市中心部の人民大会堂から約７㎞離れた高層マンションの51階にあった私の自宅の窓は、その年の9月下旬に突然、改造されていた。内側に特殊なフィルムを張り、一瞬でガラスが曇って視界を

（右）平常時の窓ガラス。（左）白く曇った際の窓ガラス。運用は当局次第で住人は一切操作できない＝北京市

遮ることができる機能が付いたのだ。当局の指示で、党大会の会場となる人民大会堂が見える全ての窓を改造したという。マンションの管理会社の関係者は「10月の党大会に向けた警備強化で、上に忖度した役人が過剰な対策を決めた」と申し訳なさそうに言った。

そして党大会の前夜、予告もなく窓が真っ白になった。外の天気も分からず中国の技術力の高さに驚愕《きょうがく》した。カーテンを閉める必要もないほど外が見えず、住人は操作できない。党大会が終わった翌朝、目が覚めるとガラスが透明に戻っており、カーテンを開け放したままの窓から秋晴れの陽光が差し込んでいた。外は見えるようになったが中国の未来への視界は晴れないままだった。

リンゴ日報と春秋左氏伝

中国・春秋時代の斉《せい》の国で、宰相が私怨《しえん》で王を殺した。歴史記録官がその事実を公文書に記し、激怒した宰相に殺された。後を継いだ記録官の弟も同じことを書き殺害された。3番目の弟も兄たちに続き、権力者におもねらず記述したため、宰相はついにあきらめた。

中国の古典「春秋《しゅんじゅう》左《さ》氏伝《しでん》」にあるこの物語を、思い起こさずにはいられない出来事があった。

香港の日刊紙でほぼ唯一、民主化を訴えて中国共産党や香港政府への批判的な論調を堅持し、多くの市民から支持されてきた蘋果《ひんか》日報（リンゴ日報）が、２０２１年6月24日付の発行を最後に廃刊に追い込まれた。中国当局は翌月に中国共産党創建１００年を迎えるのを前に、香港国家安全維持法を振りかざして民主派に圧力をかけ、報道の自由も奪った。

６月24日、リンゴ日報の最終紙面をデジタル化したＰＤＦデータが民主派の若者から届いた。１面の見出しは「香港人と雨の中のつらい別れ『私はリンゴ日報を支持している』」。紙面は世界各地に拡散されたという。どんな権力者も真実を覆い隠し続けることはできない。新聞記者の一人として襟を正す思いで、紙面を目に焼き付け、このことを記事にした。

港人雨中痛別
蘋果日報
「我哋撐蘋果」

香港の民主派の若者たちがSNSで拡散した最後の「蘋果日報（リンゴ日報）」の1面

【4】孫呉の古都で郷土愛と外交力に感じ入る（南京、武漢）

長江の風吹く要衝　孫呉の長命を支えた名外交官

広大な中国大陸で魏・呉・蜀漢の三つの国が知恵と武力を尽くして攻防戦を繰り広げた三国時代。最終的に統一を果たしたのは魏から禅譲を受けた晋《しん》だが、３カ国で最後まで生き残ったのは孫権が初代皇帝となった呉だ。首都・建業《けんぎょう》（江蘇省南京市）に長江（揚子江）の要衝、江夏（湖北省武漢市）。ゆかりの地を訪れると呉の末裔《まつえい》たちのプライドが息づいていた。

３人の英雄が眠る地

空を覆うような大きなプラタナスの街路樹が続く南京の街。その郊外に南京で最も有名な観光地、鐘山風景区はある。辛亥革命で清王朝を倒した「革命の父」孫文《そんぶん》（１８６６～１９２５）、明王朝の初代皇帝の洪武帝《こうぶ》（１３２８～１３９８）、そして孫権。中国の歴史を語る時に欠かせない３人の英雄の墓が集まった景勝地だ。

梅の名所としても知られる緑濃い丘に登り、入場料70元（約１４００円）を支払い、孫権の墓を目指す。

洪武帝の墓、明孝陵は世界文化遺産に登録され、園内は整備が行き届いている。地元の男性によると、孫権の墓は明の時代、明孝陵を造営する際に撤去されかけた。しかし最終的に「孫権に（洪武帝の）陵墓を守らせる」という考えに落ち着いて、破壊を免れたという。

呉の初代皇帝の墓だけに巨大な陵墓が残っているかと思いきや、たどり着いた先には「孫権墓」と刻まれた石碑があるだけだった。孫権の墓の正確な位置は分からなくなっているのだという。

傍らの案内板には、日本語で「黄龍元年（２２９年）に武昌で帝位に就き、国号を呉とし、まもなく建業（今の南京）に遷都した。死後、その前夫人と鐘山の麓のこの丘に埋葬された」と書かれていた。新型コロナウイルス禍前は日本から多くの観光客が訪れたそうだ。

孫権の墓があったことを示す石碑＝江蘇省南京市

「呉」史観の展示

さらに歩みを進めると、立派なひげをたくわえて中空を見つめる孫権の大きな立像があり、その先に「東呉大帝孫権記念館」があった。約１７００㎡の敷地に孫権の生い立ちや業績、南京の街の歴史を展示した館内では、孫一族の視点、いわば「呉」史観で三国志が語られていた。

三国志演義では、孫権・劉備の連合軍が曹操の大軍を迎え撃った「赤壁の戦い」（２０８年）で、蜀の天才軍師、諸葛亮は呉の将軍の周瑜《しゅうゆ》から、10万本の矢を用意するよう求められた。諸葛亮は濃霧の中、わ

ジオラマで赤壁の戦いを再現したコーナー＝江蘇省南京市

「草船借箭」の故事を紹介する「東呉大帝孫権記念館」の展示＝江蘇省南京市

ら束を並べた船で敵軍の陣に接近。盛んに射かけられた矢で必要分を調達した。「草船借箭《そうせんしゃくせん》」と呼ばれる故事だ。だが、館内では「213年の曹操軍と孫権軍の攻防の際の出来事が原型」であり、この作戦はもともと呉が発案したものだったと説明していた。

赤壁の戦いを再現した巨大なジオラマも、呉軍の活躍ぶりを描き、その後の劉備と孫権の領土争いも、呉に正義があったことを印象付ける展示だった。三国時代で最も在位が長かったのが孫権で、最後まで王朝が続いたのも呉だったと誇らしげに書かれていた。南京の人々にとっては呉の英雄たちこそがヒーローなのだろう。

中東風の民族衣装に身を包んだ商人と呉の人々が交易する様子を再現した等身大のマネキン人形の展示もあった。呉は「海のシルクロード」を通じて異国との交流も盛んな海洋国家だったのだ。

三国時代の中国の人口は、曹操の魏が支配した黄河の北側の華北地方に集中していた。戸籍人口をみると、魏は約430万～450万人（263年）、呉は約230万人（280年）、蜀漢は約94万人（263年）だった。兵力確保のためか、正史には孫権が230年、「衛温《えいおん》と諸《しょ》葛直《かっちょく》に兵1万を率いて夷州《いしゅう》・亶州《たんしゅう》を探させた。両将軍は夷州から数千人を連れて帰ってきた」という記述がある。夷洲は現在の台湾と見ら

呉の国の海外交易を再現した展示＝江蘇省南京市

れる。亶州は現在の日本列島の本土や南部の島を指すという説もある。正史のこの部分には、紀元前に秦の始皇帝の命令を受けた徐福《じょふく》が、不老不死の仙薬を求めて童男童女とともに海を渡ったことも記されている。この伝承は九州を含め日本各地に残っている。魏志倭人伝以外にも、三国志に当時の中国と日本のつながりを想起させる記述があることは興味深い。

和服用織物を意味する日本語「呉服」も、古代にこの地域から日本に織り方が伝わったことに由来する。展示には、魏や蜀漢とは異なる独自の文化を築き上げてきた自負がにじんでいた。

孫権の呉から孫文が初代臨時大総統を務めた中華民国まで、計10の「王朝」が延べ約４５０年にわたって南京に首都を置いた。

南京の名は日本人にもなじみ深い。南京錠、南京豆、南京玉すだれ…。これらは南京が発祥というわけではない。かつて日本では海外から渡来したものや珍品に、世界的大都市だった「南京」の名前を冠していたことに由来する。南京には「南京ダック」という名物料理があり、北京ダックの起源とされる。パリパリに焼いた皮を食べる北京ダックに対し、南京ダックは塩味の効いた分厚い肉をいただくのが特徴だ。

江蘇省のメディア関係者は「南京人は南京出身であることに誇りを持っている。三国志の時代がどうだったかは知らないけど、北京は『北の田舎の街』というイメージがある」と話す。

劉備、関羽、張飛の像＝湖北省武漢市

亀山公園の曹操の像＝湖北省武漢市

中国では近年「南北格差」が深刻化している。全長千㎞超の淮河《わいが》と中国中部を東西に貫く秦嶺《しんれい》山脈を結ぶ北緯35度あたりを境に「北方」と「南方」に分かれ、この10年ほどで南の経済規模は北の約2倍に達した。「南方」に当たる江南地方（上海、江蘇省、浙江《せっこう》省）から華南経済圏（香港、広東省、福建《ふっけん》省など）はかつて、呉の版図だった。現代では経済発展が著しく、他の地域を圧倒している。

武漢、国境隣接の係争地

２０１９年12月、新型コロナウイルス感染症が初めて流行したことで、その名が世界に知られた湖北省武漢市。三国時代は「江夏《こうか》」と呼ばれ、激戦の末に呉が治めた。大陸の中央に位置し、長江と最大の支流・漢水の合流点にあるため、三国が国境を接する係争地で、緊張の舞台だった。

市内の亀山公園には、孫権と兄の孫策《そんさく》の像や、劉備・関羽・張飛の３義兄弟の立像などが点在する。以前は三国志に関する展示館もあったが、残念ながら閉館していた。

同盟を組んだ呉と蜀漢にゆかりの地ゆえか、孫権や劉備たちの像には彼らの偉業をたたえる文言が並ぶ一方、彼らと戦った魏の曹操像の説明

三国時代を象徴する巨大な鼎（かなえ）＝湖北省武漢市

孫策と孫権の像＝湖北省武漢市

文は「帝を傀儡《かいらい》にして丞相《じょうしょう》（首相）を自称した」と手厳しい。園内の案内図にもなぜか曹操像だけが記載されていなかった。

長命の国を支えた名外交官

悠々と流れる長江を見下ろす園内の丘には、呉の外交官として活躍した魯粛の墓があった。魏に対抗するため、呉と蜀漢の橋渡しをした三国鼎立《ていりつ》の立役者だ。

呉が三国一の命脈を保てたカギの一つは外交の妙にあった。郷土を守るため、ある時は蜀漢と結び、状況に応じて魏に近づく。三国志演義では大義に生きて短命に散ったと描かれる劉備の蜀漢とは対照的に、したたかな外交戦略が呉の強さだった。東アジアの日中韓や、対立する米中と日本の関係は「現代の三国志」と見ることができる。日本の置かれた状況を考える上でも、呉の外交力にヒントを見る思いがした。

誰が置いたのか、魯粛の墓前には真新しいタバコ1本と色鮮やかな杏《あんず》の実が供えられていた。時代を切り開いた名外交官が今も人々に愛されているのを見ると胸が熱くなる。

長江にかかる長江大橋を渡ると、武漢のシンボル「黄鶴楼《こうかくろう》」がそびえていた。高さ51・4mの5階建て。その名の通り黄色い楼閣だ。孫権が

周瑜と劉備が祝杯を挙げたとの伝承も残る「黄鶴楼」＝湖北省武漢市

呉で活躍した魯粛の墓＝湖北省武漢市

２２３年に築いた物見やぐらが起源で、焼失や倒壊を重ねて現在の姿になったという。

　上りは一方通行の階段で楼全体を見て回れる。エレベーターもあるが、乗れるのは幼児、70歳以上か身体障害者のみ。観光客は文句も言わず黙々と階段を上っていた。楼の内部には、赤壁の戦いに勝利した後、周瑜と劉備が黄鶴楼で盛大な祝宴を張った様子を描いた大きな壁画があった。周瑜は劉備の存在を警戒し、宴に乗じて捕らえようとしたが、劉備は諸葛亮の助言で難を逃れたとされる。赤壁の戦いは黄鶴楼の原型ができた時期より15年も前であり、それは架空のエピソードだが、別の場所での周瑜と劉備の会見は正史の三国志にも記録されている。

　最上階まで上ると長江から吹く川風が、汗ばんだ身に心地よかった。悠久の大河を前に歴史のロマンにひたった。

鐘山風景区にある孫権の石像＝江蘇省南京市

「黄鶴楼」の最上階から眺めた武漢の街並み＝湖北省武漢市

消されたコロナ〝震源地〟

前述したように、武漢は新型コロナの集団感染が世界で初めて起きた地としても歴史に刻まれるだろう。2019年12月の初の集団感染から2年半以上がたった2022年7月、〝震源地〟とされた地域を訪れると、多数の感染者が確認された「華南海鮮卸売市場」は高い壁で覆い隠され、市場関係者の居住区は取り壊されていた。

市中心部の漢口《かんこう》駅から東へ約700m。海鮮市場は、全域が高さ4mほどの水色の壁に囲まれていた。2020年の元日から閉鎖されたままだ。市場が入る建物の2階部分が壁の向こうに見えるが、人の気配はない。2年前のものだろうか。窓に張られた春節(旧正月)飾りが剥がれかけて風に揺れていた。

中国メディアは前年の4月、当局が市場を取り壊す計画だと報じた。近くで路上の清掃をしていた女性は「確かに取り壊されると聞いたけど工事がいつ

「華南海鮮卸売市場」で働いていた労働者たちの居住区跡を囲む巨大な工事柵＝湖北省武漢市

世界で初めて新型コロナウイルスの集団感染が確認された「華南海鮮卸売市場」は高い壁で覆い隠されていた＝湖北省武漢市

始まるか分からない」と話した。

市場から約500m東。市場関係者が多数住んでいたとされる地域は、人工植物で覆われた高さ10mほどの工事柵で囲まれていた。「国家富強」「人民幸福」といったスローガンも掲げられている。

私の前任の川原田健雄・北京特派員が2年前に同じ場所を訪れた際、一帯は古いアパートや売店が密集する居住区で、市場で働く出稼ぎ労働者たちが暮らしていたという。しかし、私が工事柵の隙間から内側をのぞいた時には、まるで爆撃でも受けたかのような、がれきの山に変わっていた。

中国当局は当初、市場で扱われていた野生動物が新型コロナの感染源との見方を示していたが、その後は否定的な立場に転じた。2021年1月には世界保健機関（WHO）の国際調査団が市場を視察したものの、感染が広がった経緯は判明しないままだった。

市場の壁に、ペンで書かれた落首があった。「不見武陵豪杰墓　无花无酒鋤作田（歴史上の豪傑たちでさえ、その墓は今どこにあるのやら。あるとしたらそれは墓参りの花も酒もなく、ただの畑だ——）」。世界的な災禍の起源があやふやになった現状を皮肉る内容に感じた。

市場でウイルスがまん延した当時を知る人々はどこに行ったのか。

「華南海鮮卸売市場」で働いていた人々の居住区は、爆撃を受けたかのように取り壊されていた＝湖北省武漢市

市場もいずれ居住区のように破壊され、何もなかったことにされるのか。路上で果物を売っていた男性は「知らない。自分たちには関係ないこと」と迷惑そうに言った。

【5】趙雲獅子奮迅の坂で理想の人物像を探る（長坂坡、常山）

三国志トップ級の「推し」趙雲　ゆかりの地で人気の理由を探る

あまたいる三国志の英雄の中、中国でトップ級の人気の武将といえば、蜀漢の劉備に仕えた趙雲だ。私が一番好きな武将でもある。正史の三国志や歴史小説の三国志演義での登場回数はさほど多くないが、戦えば百戦百勝。関羽や張飛と並ぶ勇将で、軍師・諸葛亮の信頼も厚かった。敵の大軍に襲われる中で劉備の妻子を救い出した長坂坡《ちょうはんは》（湖北省当陽市《とうよう》）や故郷の常山《じょうざん》（河北省石家荘市《せっかそう》正定県《せいてい》）を訪ね、〝推し〟が愛される理由を探った。

ゼロからウィズへの回転舞台

中国大陸の中央部に位置し、長江（揚子江）中流域にある湖北省には、三国志ゆかりの地が特に多い。当時、荊州と呼ばれ、魏の曹操、呉の孫権、そして劉備たちが領土を奪い合う係争地だったためだ。

三国志演義では208年、黄河以北を平定した曹操は天下統一を目指し、50万とも70万ともいわれる大軍を率いて南の荊州へ進軍したことが描かれている。居候の客将として荊州に身を寄せていた劉備は千人ほど

当陽の中心部にある趙雲像と「長坂坡公園」＝湖北省当陽市

の部下と南へ逃げたが、曹操軍の残虐さを恐れた十数万の領民が付いてきた。曹操には、別の地域に侵入した際に数十万人を虐殺し、川の流れがせき止められるほどになった過去があったからだ。

正史には、大挙して逃げ出した民衆の荷車が数千台に達したと記録されている。当然、民を連れての移動には時間がかかる。現在の当陽市にあった長坂坡で曹操軍の軽騎兵に追い付かれ、散々に打ち破られた。多くの兵や民が殺され、劉備の妻子も行方不明になってしまう。

三国志演義では、劉備の家族の護衛隊長だった趙雲は劉備の第1夫人の甘《かん》夫人を救出すると、逃げ遅れた第2夫人の糜《び》夫人と生まれたばかりの劉備の長男、阿《あ》斗《と》（劉禅《りゅうぜん》）を探すため単騎で戦場に駆け戻っている。

合戦が相次いだ三国時代。突如侵略してきた軍勢に住み慣れた地を奪われ、日常が一変した人々の驚きや恐怖はどれほどだったろうか。

現代の中国に生きる人々も歴史的な転換を経験した。

趙雲を顕彰する「長坂坡公園」＝湖北省当陽市

「長坂坡公園」の園内にある白い趙雲像＝湖北省当陽市

新型コロナウイルス禍が世界を覆って約３年後の２０２２年12月７日、感染を徹底的に封じ込めるゼロコロナ政策にこだわってきた習近平指導部が突然、防疫措置を大幅に緩和した。２０２３年１月８日には、コロナの感染症分類をインフルエンザと同じ隔離不要なレベルに引き下げ、市民の行動制限や鎖国的な水際対策も撤廃。「ウィズコロナ」に切り替えた。

北京から飛行機とタクシーを乗り継いで約３時間の当陽市に向かう道中で、物思いにふけった。ゼロコロナ政策終了で国内を自由に移動できるようになってから、初めて私が北京市外に出たのがこの旅だった。以前は建物に入るにも公共交通機関に乗るにも、感染リスクやＰＣＲ検査結果を示す防疫アプリ「健康コード」をいちいち見せなければならなかったが、一切不要になった。いろいろなことが自由な国になったと錯覚しそうなほど、ノーチェックでスムーズに現地入りできた。

ゼロからウィズへの転換に日本や韓国、欧米は３年かかったが、中国は約１カ月で果たした格好だ。だが、防疫措置緩和に前後して各地で新型コロナの感染が爆発的に拡大。人口14億の約８割が感染したとも言われ、火葬場がパンクするほど死者も続出した。ただ、回転舞台のようにガラリと変わった日常を中国の人々は受け入れているようにみえる。中国共産党による一党独裁体制で、国民への説明責任がないからこそできる大転換と

長坂坡の戦いでの趙雲の雄姿を描いた「長坂坡公園」の壁画＝湖北省当陽市

も言える。

　1966年から中国社会を大混乱に陥れた文化大革命が、1976年に毛沢東の死と四人組の一斉逮捕で終わった時も、似たような一変ぶりだったのかもしれない。現代中国に、三国時代とさほど変わらぬ「人治《じんち》」の国の要素が大きく残っていることを痛感した。

　湖北省出身の60代男性にそんな話をすると「三国志の時代、いやそれ以前から現代まで、中国人には戦乱と政権交代への処し方や我慢強さが遺伝子レベルで受け継がれている気がする。できるだけ現状を受け入れて、自分と家族を守ることを最優先してきたから」と解説してくれた。

混乱の中の悲劇

　当陽には「長坂坡の戦い」の乱戦ぶりをしのばせる史跡が点在する。糜夫人が阿斗を抱いて下に隠れていたという太子橋の跡もその一つだ。

　橋や川は見当たらず、欄干を模した柵があるだけ。その上に、高齢の女性がミカンの皮を並べて干していた。日本の漢方薬や中国の医薬品に使われる生薬の陳皮《ちんぴ》を作っているのだそうだ。「新型コロナに効くと言われているから」。国策はゼロからウィズに変わったが、自分や家族の健康を重んじる中国の人々に疫病への恐怖心は根強い。

　中国当局は2022年12月で新規感染者の詳細な発表をやめ、感染死の定義も狭めた。感染実態や死者数の把握は困難になったが、彼女も友人を新型コロナで亡くしたばかりという。太子橋の近くには、葬儀用の花輪を売る店があり、新しい花輪をいくつも作っていた。

約1800年前、曹操軍に追撃されるリスクを承知で、難民を見捨てようとしなかった劉備。正史には、民を残して退却を急ぐよう進言した家臣に劉備が放った言葉が記されている。「大事をなすためには必ず人間を基本としなければならない。私を頼ってくれている人々を捨てて逃げることはできない」

三国志演義では、天才軍師と勇将たちの奮闘で劉備が三国鼎立の一角を担うまでになった物語が描かれているが、劉備の人情味が、塗炭《とたん》の苦しみを味わってきた中国の民衆の人気を集めたのだろう。

地元の人によると、太子橋跡から西へ500mほど進むと「娘娘井《ニャンニャンジン》」という史跡があるという。趙雲が糜夫人と阿斗を見つけたところだ。場所がなかなか分からず住宅街をさまよった。橋の下から赤子を抱いて逃げる夫人を想像し、行動を追体験する感覚でいると、洗濯物を干していた中年女性が声をかけてきた。井戸の場所を探していると伝えると、「そこの右の茶色い門の中よ」と教えてくれた。

門は立派な屋根瓦付きで、カギが掛かっていた。「新型コロナウイルス対策で閉まっている」という。ゼロコロナの撤回が地方の町に徹底されるまでにはさすがに時間がかかっていたようだ。壁の飾り窓の隙間から中をのぞくと、地元政府が文化財に指定していることを示す「娘娘井」という黒い石碑と井戸が見えた。

劉備の妻の糜夫人が身投げしたとされる井戸「娘娘井」＝湖北省当陽市

長坂坡名物のチャーハン「長坂坡花飯」（手前）＝湖北省当陽市

長坂坡古戦場の近くには「長坂坡」の名前を冠した薬局や焼き肉店などさまざまな店が軒を連ねていた＝湖北省当陽市

趙雲は糜夫人と阿斗を劉備のもとへ連れて行こうとするものの、足手まといになることを恐れた夫人はこの井戸に身を投げたとされる。だが、実際の井戸のサイズは小柄な女性がギリギリ入るかどうかという小ささだった。ちなみに、長坂坡の戦いで趙雲が劉備の妻子を救ったことは史実で、糜夫人も命を落としてはいないという。

信義のヒーロー

長坂坡の坂は日本語で「坂道」。つまり「長い坂また坂」という地名の通り、娘娘井から南東へ1㎞ほど歩くと、緩やかな坂道が伸び、さらに傾斜のついた目抜き通りに出た。その名も「長坂路」だった。長坂坡薬局、長坂坡焼き肉、長坂坡名酒城…。長坂坡を冠した店がこれでもかと並ぶ。

長い坂を歩きながら、井戸で糜夫人から託された主君の幼子を胸に抱き、趙雲が愛馬にまたがって駆けていく様子を思い浮かべた。趙雲は坂を駆け抜ける中で50人余りの敵将を討ち取り、その勇猛果敢さに驚嘆した敵の総大将、曹操は彼を配下にしたくて「矢を使わず生け捕りにしろ」と命じたとされる。感慨に浸るうち、いつの間にか歩道から車道に踏み出していたようだ。馬の代わりに行き交う電動バイクに警笛を鳴

当陽のシンボルである記念碑「長阪雄風」。趙雲をたたえるため明の時代に建立されたが、現在の石碑は日中戦争後に再建されたものだ＝湖北省当陽市

らされた。

「長坂坡花飯」という食堂で名物のチャーハンを食べた。店員の中年男性に好きな三国志の英雄を尋ねると、即座に「この街の住民の答えは趙雲に決まっているよ」。その魅力を問うと「知勇兼備で頼りになる信義の人」と力を込めた。確かに、当陽の入り口にある道路ののり面にも「長坂雄風（威風堂々）」という趙雲をたたえる言葉とともに「信義当陽」と大きく書かれていた。

中国には儒教の「信義を重んじない人は社会に居場所がなく、何事も成し遂げられない」という価値観が古代からある。信義を守るために自らの命を顧みずに戦い、実際に大切な人々を救い出したことが趙雲を英雄たらしめているのだろう。

当陽の中心部にある長坂路のロータリーには、高さ5mほどの台座の上に、やりを構えて阿斗を抱く趙雲の大きな騎馬像があり、行き交う車やバイクを見守っていた。すぐそばの史跡「長坂坡古戦場」は趙雲を顕彰する「長坂坡公園」になっている。彼の活躍ぶりを描いた壁画や白い像が飾られていた。単騎で敵中を突破する趙雲だけでなく、その雄姿をほれぼれした表情で見つめる敵将の曹操も描かれているのが、ファンの心をくすぐる。

公園は当陽市民の聖地のようだ。丁寧に掃き清められており、中心部に「長阪雄風」と彫った石碑があった。趙雲をたたえる記念碑で、もともとは明の時代の1582年に建立されたという。日本では織田信長が

正定古城の城門の上には若き日の習近平氏の活躍ぶりをたたえる展示があった＝河北省石家荘市正定県

1600年以上の歴史を持つ正定古城。かつての姿を復元した城門があった＝河北省石家荘市正定県

落命した「本能寺の変」が起きた年。中国の歴史の深さをあらためて感じるが、目の前にある石碑は当時のものではない。地元では日中戦争時に旧日本軍がどこかへ持ち去ったと伝わる。

これまで訪ねてきた三国志ゆかりの地も、旧日本軍か、毛沢東が発動した文化大革命によってかつての姿が失われた史跡が目立ち、残念でならなかった。

現在の石碑は日中戦争後の１９４７年に再建されたもの。中国国民党と中国共産党による国共内戦の真っ最中にもかかわらず再整備されたことは、街のシンボルとして地元の人々に大切にされてきた証しと言えるだろう。「われ、常山《じょうざん》の趙雲なり！」。公園の広場では、小学生低学年くらいの男の子が竹の棒を振り回して遊んでいた。

当陽には、趙雲が阿斗を連れて生還した後、張飛がたった一人でやりを構えて曹操軍に対峙した「長坂橋」の史跡や、のちに関羽が孫権軍に敗れて処刑された後に胴体が葬られた墓「関陵」もある。三国志ファンにはたまらない地だ。

「第2の故郷」常山へ

常山趙子龍《ちょうしりゅう》──。中国では趙雲をそう呼ぶ人も多い。子龍は趙雲の字《あざな》。

正定のかつての名前「常山」を冠した常山公園には白い趙雲像があった＝河北省石家荘市正定県

趙雲の故郷にある趙雲廟。りりしい騎馬像をバックに、大勢の観光客が記念撮影をしていた＝河北省石家荘市正定県

そして常山は彼の故郷の名だ。現在では河北省石家荘市の郊外にある正定県に当たる。

北京から南西に約300㎞。高速鉄道とタクシーで1時間半余りの正定を訪れると、街の中心部は長い歴史を誇る「正定古城景区（観光地）」として整備されていた。その入り口には、かつての姿を復元した巨大な城門と城壁があり、約5㎢の敷地内に臨済宗《りんざいしゅう》発祥の寺「臨済寺」などの古刹《こさつ》や仏塔、古城の街並みをイメージした飲食店街「正定歴史文化街」が広がる。

城門のそばに、街の歴史を中国語、英語、日本語、韓国語、ロシア語で紹介する案内板があった。趙雲の2文字を探したが見当たらない。代わりに「習近平共産党総書記から親切にも『第2の故郷』と呼ばれている」と誇らしげに書かれていた。ここは習近平氏が1982年から約3年間、県の副書記と書記を務め、初めて地方での行政トップの経験を積んだ地なのだ。

若き日の習近平氏が街の人々と語らう様子を写した古い写真と、当時の功績を書いた掲示板が街のあちこちに

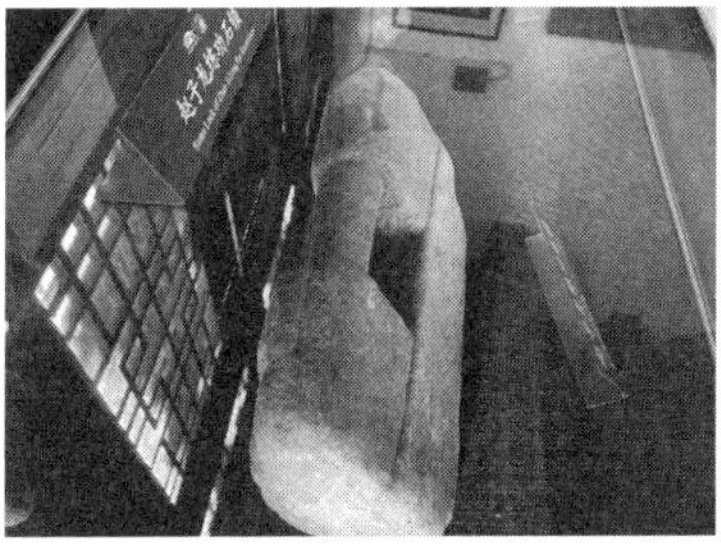

趙雲廟には趙雲が鍛錬に使ったと伝わる石鎖も陳列されていた＝河北省石家荘市正定県

蜀漢の「五虎将軍」の立像が並んだ「五虎殿」＝河北省石家荘市正定県

あった。中国共産党と習近平氏への信義の証しか。地元政府は「趙雲の故郷」より「習主席の第二の故郷」を前面に押し出しているのは明らかだ。

とはいえ、地元政府の庁舎前には巨大な趙雲像が屹立する子龍広場があり、市内には趙雲の騎馬像がランドマークの常山公園、そして趙雲廟もある。

「私情にとらわれず、民を思いやる」「正直で諫言をする勇気があった」「81歳で病死するまで百戦して一度も傷を受けなかった中国の歴史上唯一の常勝将軍」「毛沢東も『正定はいいところだ。趙子龍の出身地だ』と述べた」――。それぞれの場所に刻まれた趙雲への賛辞に、中国の人々にとっての「理想の人物像」が垣間見えた。

趙雲廟は、趙雲の古里とされる場所にあり、大勢の観光客が趙雲の騎馬像をバックに記念撮影をしていた。入場料10元（約２００円）と思えないほど、見どころ満載だった。

劉備、関羽、張飛、諸葛亮と趙雲の5人の像が並ぶ君臣殿には、四川省にある趙雲の墓の土と屋根瓦、長坂坡古戦場の土までガラスケースの中に陳列されていて、趙雲愛にあふれていた。本物とは信じがたいが「趙雲が武術の鍛錬に使った石鎖」まであった。

劉備、関羽、張飛、趙雲の4人の座像を「四兄弟」として並べた四義殿も。趙雲の諡《おくりな》を冠した順平侯《じゅんぺいこう》殿には兵士たちを左右に従えた趙雲の大きな坐像《ざぞう》があり、家族とやってきた小さな子どもがひざまずいて拝礼していた。堂内には趙雲の人生の名場面を鮮やかに描いた壁画が並ぶ。三国時代の武器を展示した参道や弓の訓練ができるコーナーまで用意されていた。

趙雲廟は私が取材で訪れた三国志の史跡の中でも、若い女性の見物客が特に多いのが印象的だった。現実を冷静に受け止め、死地を幾度も突破しながら着実に任務を果たし、長命を保った趙雲。習近平氏の〝聖地〟となりつつある正定でも、趙雲推しの人の多さと時の長さを感じた。私の趙雲愛も深まった。

1800年の時を超えてなお老若男女に愛される趙雲。習近平氏をはじめ現代の〝英雄〟たちは、果たして1800年後の民衆にも敬愛されているだろうか。

正定県の政府庁舎前には子龍公園があり、巨大な趙雲像が町を見守っていた＝河北省石家荘市正定県

【6】関羽の三つの墓を巡り神誕生の謎を追う

（運城、平遙、洛陽、当陽）

中華圏で最も信仰を集める神になった武将・関羽と三つの墓

中国はもとより、日本を含め世界中にある関帝廟《かんていびょう》。蜀漢を建国した劉備の義弟・関羽を祭った施設だが、なぜ三国志の時代のあまたいる武将の中でなぜ関羽が神になったのか。中国国内に点在する関羽の三つの墓を訪ねた。

関羽の古里に最古・最大の廟

劉備と張飛は同じ涿州の出身。では関羽はというと、南西へ８００㎞ほど離れた河東郡解州《かいしゅう》（現在の山西省運城《うんじょう》市）の出身だ。正史には「関羽は河東郡から涿郡へと出奔《しゅっぽん》（逃亡）を余儀なくされた」という記述がある。

解州には解池《かいち》という巨大な塩湖があり、古くから中国最大の塩の産地として知られた。関羽は塩の行商人だったという説や、塩の密売に関わっていたのではないかという説、暴利をむさぼる塩商人を殺してしまって涿州に流れ着き、劉備や張飛に出会ったという説もある。

中国で関羽は「商売の神様」とされてきた。国内はもとより、日本の中華街も含め世界各地に関羽を祭る

関羽の生まれ故郷にある関帝廟の一つ＝山西省運城市

文化大革命で首が削られたという関羽の壁画＝山西省運城市

「関帝廟」がある。その「総本山」ともいえる関羽の墓が、中国には三つある。

その一つが関羽の故郷である運城市にある「解州関帝廟」だ。劉備や張飛の故郷にある三義宮と同じく隋の時代、589年に創建され、歴代王朝が拡張を重ねたという。

現在の敷地面積は26万㎡。東京ドーム（東京都文京区）約5・6個分の巨大さだ。中国国内の関帝廟で最も長い歴史を持ち、最大規模という。現存する建物の多くは明や清の時代に再建されたものだが、訪れてみると、柏の古木が生い茂る園内に、風雪を感じさせる赤いレンガ造りの門や精緻な彫刻が残る主殿、関羽がほぼ暗唱できるほど愛読していたと伝わる「春秋左氏伝」を読む彼の像を祭った春秋殿、鐘楼などが整然と立ち並ぶ。

龍や関羽を刻んだ壁画もあったが、なぜか関羽の首から上が削られている。顔を近づけて眺めていると、通りかかった観光客の中年男性が「十年浩劫《こうこう》（10年の大災難）で壊されたんだよ」と教えてくれた。その時は意味が分からなかったが、十年浩劫とは文化大革命のことだった。

関羽の生まれた場所という運城市内の常平《じょうへい》村には「関公学校」という学校があった。地元の空港は運城関公空港。関羽、関羽、関羽の町だ。市内をタクシーで走っていると、彼方の丘の上に巨大な関羽像がそびえ立っている。丘は遠くにあるはずなのに、距離感が分からなくなるほどの巨像。像は高さが61mもあるという。日本ではちょっと見たことのない大きさの像だ。像のふもとには、さびれたテーマパークのような観光施設があり、関羽の屋敷や私塾を再現していた。テレビドラマの撮影に使われたものだという。

関羽の屋敷を再現した観光地のかなたに巨大な関羽像がそびえていた＝山西省運城市

丘の上の関羽像＝山西省運城市

急な石段を上ること約20分。膝がガクガクし始めたころに丘の上にたどり着いた。三国志演義で関羽愛用の武器として描かれている青龍偃月刀《せいりゅうえんげつとう》を右手に携え、左手で長いあごひげをしごく関羽像が、古里の町を見守っているようだった。ふもとまで乗ってきたタクシーのダッシュボードにも金ピカの関羽のフィギュアが置いてあった。運城市を訪れた当時は世界各地で新型コロナウイルスの流行が続いていた時期。マスクをしていない運転手に「感染は怖くないですか?」と聞くと、「関羽が守ってくれるから大丈夫」と豪快に笑って関羽のフィギュアに手で触れた。

男性は30歳。午前7時から午後10時まで働いて月収5千元(約10万円)。実家は農家で山西省を出たことは一度もなく、北京も上海も、テレビでしか見たことがない。「北京でタクシードライバーをしている友人は月収が2倍だけど、家賃が高くて困ると話していたよ」。5歳と2歳の子どもを育て

常平村の関帝廟には三国志演義で関羽愛用の武器として登場する青龍偃月刀の再現品があった＝山西省運城市

ながら、妻は地元のスーパーでレジ打ちの仕事をしており、1日6時間働いて月収は2500元（約5万円）という。三国志の聖地を巡る旅先で、現地の人々のリアルな暮らしを聞けるのがタクシーに乗る楽しみの一つだった。

ちなみに運城市は、隋王朝の時代の官僚、裴世清《はいせいせい》（生没年不詳）の故郷でもある。607年、「太陽が昇る東の天子が、太陽が沈む西の天子に文書を送る（日出處天子　致書日没處天子）」という一節で始まる国書を携えて日本からやってきた遣隋使・小野妹子《おののいもこ》が608年に帰国する際、小野妹子を送って日本にやって来た人物だ。

関羽像といえば、湖北省荊州市で2021年、関羽の「大きすぎる」銅像の解体・移設工事が行われた。こちらは高さ57・3m。市当局が巨費を投じて建設し、世界最大級の関羽像と呼ばれて観光客に人気だった。しかし24m以下の高さ規制がある史跡保護区内にあったことから、違法建築物と指摘されてしまったのだ。中国メディアによると、解体・移設費は建設費1億7290万元（約35億円）とほぼ同額の1億5500万元（約

関羽の屋敷跡を再現した建物＝山西省運城市

31億円）に上り、中国共産党中央が「公費の無駄遣い」と批判する事態になった。

市政府などによると、この関羽像は青銅製で重さ１２００トン超。建築物の高さ規制がある「古城歴史地区」に２０１６年に建てられた際、建設業者が台座部分の展示施設（２階建て）の高さだけを申請。市側も当時は「関羽像部分は立像で、明確な規制はないという解釈だった」（関係者）が、２０２０年10月に中国政府が違法建築物と指摘し、市政府が解体・移設を決めていた。

解体工事には２カ月ほどを要し、市郊外にある三国時代の史跡の一つ、点将台に移設する計画が発表された。建設から解体・移設まで総額３億元（約60億円）超もの公費が消えることになり、汚職や腐敗を取り締まる中国共産党の中央規律検査委員会は「巨大像の教訓は深刻だ」と批判した。

関羽ゆかりの塩湖と「中国のウォール街」

中国で関羽の人気が高まったのは12世紀ごろの宋王朝の時代とされる。当時、宋は北方の民族からたびたび侵攻を受けていた。１１２７年には首都の開封《かいほう》が北方の金軍に占領されていったん滅亡し、南へ逃れた皇族が南宋を再建した。宋王朝の時代は、それ以前の北宋と、江南を拠点として以降の南宋に分けられる。

三国志に「萬人之敵（一騎で一万人の敵に値する）」と記される勇猛な武将で義に厚く、主君に忠誠を尽くした関羽に救いを求めたかったのか、関羽人気にあやかって国内を安定させるためか、宋王朝の歴代皇帝は関羽に「○○公」や「○○王」など、さまざまな称号を贈った。

晋の陳寿が正史の三国志では魏を正統の王朝としていたのに対し、「朱子学《しゅしがく》」を興した南宋の儒学者の朱熹《しゅき》（1130～1200）が、後漢王朝の血縁とされた劉備の蜀漢を正統な王朝と位置付け、その見解が定着したことも大きかったようだ。朱子学は、元王朝以降、官学となった。元王朝末期から明王朝の初期に成立したとされる三国志演義は、魏の曹操を悪玉、蜀漢の劉備を善玉として描いた。正史には計953字分しか記述がない関羽だが、三国志演義では劉備の義弟にして蜀漢の忠臣として全120回のうち第1回から第97回までたびたび登場している。

関羽の時代からあったという巨大な塩湖・解池＝山西省運城市

関羽が生きていた時代にも既に存在していたという塩湖・解池は、中東のイスラエルとヨルダンの国境にある塩湖・死海のように人が浮かぶことができるため「中国の死海」と呼ばれている。藻《も》の影響で湖面の色合いが鮮やかな赤や紫、緑、黄色などに変わる珍しい湖で、私が訪れた際は、生薬の一種としても使われる硫酸ナトリウムが湖のほとりに固まっていた。解池は約120㎢もの広さを持ち、内陸にある硫酸ナトリウム塩湖としては世界で3番目に大きい。関羽も、この地で同じ光景を目にしたのだろうか。

天下を統一したわけでもない蜀漢の一武将だった関羽が、神とあがめられるようになったのは、実はこの巨大な塩湖と深い関係がある。

関羽と同郷の解州の商人たちは塩の売買で財を成した。四方を海に囲

「中国票号博物館」で「財神」として祭られていた関羽像＝山西省晋中市平遙県

平遥古城の街並み＝山西省晋中市平遙県

まれた日本と異なり、国土の大半が内陸部の中国では人間の暮らしに欠かせない塩が貴重な品。解池が生み出す大量の塩は中国各地で必要とされた。最盛期には、中国で消費される塩の7割以上が解池産だったという説や、宋の時代の税収の半分を塩税が占めたという説もある。

「山西《さんせい》商人」と呼ばれるようになった解州の商人たちは、塩だけでなく穀物や織物の商いでも富を築き、金融業にも進出した。14世紀の明王朝の時代から19世紀の清王朝末期まで、山西商人の拠点として栄えた城郭都市の跡、平遥《へいよう》古城（山西省晋中市）を訪れると、商業銀行の前身となった金融機関「票号」の代表的存在「日昇昌」の建物が「中国票号博物館」になっていた。地元の住民によると、平遥古城は「中国のウォール街」として栄えた時代があったが、近代以降は中国各地の大開発の流れから取り残され、忘れられた町になった。そのおかげで、明の時代に築かれた約6㎞の城壁が今も残り、役所や市場、商業施設や役所の位置も当時とほとんど変わらない状態で保存されている。「中国で最も保存状態が良好な古城（古い町）」として注目を集めるようになり、

伝統武術陳列館にさまざまな武具が展示されていた＝山西省晋中市平遙県

伝統武術陳列館では「古代の著名な武術家」として関羽が紹介されていた＝山西省晋中市平遙県

城壁に囲まれた町全体が1997年に世界文化遺産に登録された。

平遙古城の中には今も多くの住民が暮らしており、歴史的遺構に交じって、古い商家や民家を活用した食堂や土産物店、ホテルが点在する。私も1泊してみた。明け方、まだ人けのない町を散策すると、中世の中国にタイムスリップした感覚を味わえた。

山西商人たちは、明や清の時代には朝廷の資金を扱う政商として政治や経済、文化を牛耳った。そんな彼らが、商売に欠かせない「信義」の象徴として崇拝したのが郷土の英雄、関羽だった。「関羽は解池に住む龍の化身だった」という伝承も生まれた。

平遥古城には、カンフーをはじめ、中国の伝統武術の歴史を紹介する伝統武術陳列館もあった。槍や刀などの武器が展示され、実在した中国拳法の達人たちの肖像画や写真が並ぶ。私はかつて留学先のマレーシアで蟷螂拳《とうろうけん》を修業したことがあり、展示に見入ってしまった。商人たちとその財産を守るためにカンフーの遣い手たちが用心棒として雇われていた。関羽の大きな絵も飾られており、中国各地を往来した山西商人にとって、関羽は旅の守り神でもあったのだ。

関羽を敬う山西商人の台頭に伴って、商売の神様としての関羽が中国国内で広く浸透するようになった。さらに各方面のパトロンだった山西商人たちの意向もあり、関羽は絶対的な善玉となった。明王朝の時代に入ると、1614年に第14代万歴《ばんれき》帝（1563～1620）が「三界伏魔大帝神威遠鎮天尊関聖帝君」の称号を贈るなど、皇帝たちが関羽に「帝号」を追贈したことで、関羽は「関聖帝君《かんせいていくん》」と呼ばれるようになった。一武将だった関羽を祭る廟が「関帝廟」なのはこのためだ。清王朝の時代には国家の守護神にまで祭り上げられたほか、第6代乾隆《けんりゅう》帝（1711～1799）に至っては関羽に「山西関夫子《ふうし》」という称号を贈り、儒教の祖・孔子と同格に位置付けた。山西商人だけでなく、世界各地に飛び出した華僑も「信用第一・商売繁盛」の祈りを込めて関羽を祭った。中国本土や台湾、香港など中華圏では、孔子廟は学問の神を祭る「文廟」、関帝廟は武の神を祭る「武廟」と呼ばれており、関羽は、現代の中華圏で最も信仰を集めている神と言えるかもしれない。

「関羽の墓は中国に三つある。その一つがここだよ」。関帝廟の本家本元と言える解州関帝廟にタクシーが着いた際、運転手は誇らしげに言った。実は、解州関帝廟に関羽の遺骨はない。それでも、彼はこう言葉を継いだ。「故郷の関帝廟には、関羽の魂が眠っているのさ」

曹操も対面した？　関羽の首塚

後漢の首都だった洛陽（河南省洛陽市）には、三大関帝廟の一つ、「関林《かんりん》」がある。ここは、関羽の首塚だ。洛陽の中心部からタクシーに乗って関林に向かった。

「敦煌莫高窟《ばっこうくつ》」（甘粛《かんしゅく》省酒泉《しゅせん》市）、「雲崗石窟《うんこうせっくつ》」（山西省大同市）とともに「中国三大石窟」と呼ばれる洛陽市の「龍門《りゅうもん》石窟」に向かう途中に、関林はある。

「ここが関林だよ」。タクシーの運転手に告げられ、車を降りたが、目の前にあるのはお化け屋敷やメリーゴーランド、輪投げコーナー。門前町ならぬ門前遊園地だった。観光客目当ての移動遊園地だろうか。輪投げの景品に、中国でも大人気のアニメ、ドラえもんや、ポケットモンスターのキャラクターのピカチュウに混じって関羽の人形もあった。「古代と現代のヒーローという点では同じか」と、思わず吹き出してしまった。

その先に「関林」という扁額《へんがく》を掲げた門があった。

林といっても、関帝廟が山林の中にあるわけではなかった。中国の墓は身分に応じて呼び名が異なる。兵馬俑が出土した秦の始皇帝陵のように、皇帝や皇后は「陵」。そして「林」は聖人の墓を指す。例えば、山東省にある孔子の墓は「孔林《こうりん》」と呼ばれている。前述した通り、中国では、関羽が孔子と並ぶ存在であることを実感した。

「関林」の門前に広がる移動遊園地＝河南省洛陽市

入り口の近くに、こんな説明文があった。

> 219年冬、関羽は孫権の部将に殺された。220年の正月、曹操は諸侯並みの礼をもって関羽の首をここに埋葬し、関羽を祭るための寺院を建立した――。

当時、曹操と孫権、劉備が中国を三分する状態になったばかりだった。

219年秋、三つの勢力が奪い合った要衝の地・荊州に駐屯していた関羽は、劉備の命を受けて曹操のいとこ・曹仁が守る樊城《はんじょう》を攻め、落城寸前となった。樊城から当時の後漢王朝の都となっていた許都《きょと》まではわずか200km余り。一時は遷都を考えるほど曹操は追い詰められたが、劉備と同盟関係にあった孫権が裏切って曹操と同盟を結び、関羽を背後から攻撃した。

関羽の首塚＝河南省洛陽市

三大関帝廟の一つ「関林」＝河南省洛陽市

208年の赤壁の戦いを勝利に導いた劉備と孫権の同盟の立役者、魯粛は既に死去しており、蜀漢との同盟に反対していた呂蒙《りょもう》が実権を握っていた。そして関羽軍は呂蒙軍に敗れ、関羽は麦城《ばくじょう》の近くで処刑された。孫権は関羽の胴体を当陽（湖北省当陽市）に葬るとともに、首を洛陽にいた曹操に送った。

三国志演義には、劉備が義弟の関羽を殺されたことに激怒することを孫権が計算し、怒りの矛先を曹操に向けさせようとしたこと、一方の曹操はそれを見抜き、かつて関羽を臣下にしようとしたこともあるほど関羽に好意的だったこともあって、洛陽に手厚く葬ったことが描かれている。

物語の中で、曹操は関羽の首が入った箱を開け、関羽に「しばらくであった」と声をかけた。すると関羽の首がカッと眼を見開き、曹操は気を失った。曹操は自ら拝礼して関羽の葬儀を盛大に執り行ったが、以来、夜ごと関羽が夢枕に立つようになり、頭痛や悪夢に悩まされ続けた。そして死の床に就いたというエピソードがつづられている。

関羽の首が曹操の元に送られたこと、曹操が関羽を丁重に弔ったこと、その後間もなくして病死したことは歴史書にも記されている。これらの史実を巧みにつなぎあわせ、物語をつむいだ三国志演義の妙手に感じ入りながら、関林の大門をくぐった。

「関陵」の入り口＝湖北省当陽市

「関林」に広がる桃の木は造花だった＝河南省洛陽市

関林の境内には、参拝客がたく線香の香りと白い煙がたちこめていた。

明の万歴帝の時代、1593年に建てられた啓聖殿の中では、金ピカの関羽像に向かって老若男女がひざまずき、深々と頭を垂れている。劉備の怨みを買うことを避けるためか、自分の家臣にと熱望した関羽の死を痛んでか、はたまた関羽の祟りを恐れてか、曹操が関羽を丁重に祀ったことが、1800年余り後の人々にとっての祈りの場を生んだのだ。史実と物語と現代が交錯し、確かにつながっていることに胸が熱くなった。

境内の一番奥にある関羽の首塚は、木々とレンガに囲まれていた。コインを入れる穴があり、訪れる人々が穴から硬貨を落とし込んでは手を合わせる。そして、首塚の正面に抱きつくように両手を広げ、なでながら祈りを捧げていた。ここは観光地というより信仰の地だ。

三国時代の武器を展示するコーナーもあり、青龍偃月刀や蛇矛などが飾られていた。それぞれ持ち上げることができるが、とにかく重い。子どもたちがうれしそうに、でも顔を真っ赤にしながら持ち上げようとしていた。

庭いっぱいに広がる桃の木が鮮やかなピンクの花を開いている。そばには3兄弟の人形が揃って拱手《きょうしゅ》(右手の握りこぶしを左手で包み込む中国式の敬礼)をしている。私が関林を訪れたのは1月。なぜ桃の花が咲いているのだろうと驚き、よく見ると全て造花の演出だった。粋なことをするなぁと感じ入った。

三つ目の墓は当陽に

三大関帝廟の残る一つは、趙雲ゆかりの湖北省当陽市にある「関陵《かんりょう》」。ここは関羽の胴が埋葬されたと伝わる場所だ。

孔子と同格の「林」に続き、ここでは皇帝や皇后の墓に使われる「陵」の字が使われている。あまたいる三国志の英雄の中でも、関羽の別格ぶりをあらためて感じる。

現地に足を運ぶと、拝殿など12個の建物が立ち並ぶ境内は、関羽愛に溢れていた。三国志演義では関羽の養子として描かれているが、史実では実子とみられている関平や、三国志演義の創作とみられる関羽の重臣の周倉を従えた拝殿の巨大な関羽像を始め、台湾の研究者から贈られたものという大きな銅像など数十体の大小さまざまな関羽像が配置され、青龍偃月刀の模造品や愛馬・赤兎馬《せきとば》の木像も祭られていた。

「関陵」の奥部にある関羽の胴塚＝湖北省当陽市

一番奥にある関羽の墓には厳粛な空気が漂う。塚の周りは龍など細かな彫刻を施した石の柵で囲まれていた。関陵は、孫権が関羽の鎮魂のために建てたものが起源という説もあるそうだ。首が洛陽の曹操の元に送られたあと、地元には「わしの首を返せ」と叫ぶ関羽の霊が出たという伝説があるという。その逸話にちなんだものか、デスマスクのような関羽の顔の像が拝殿の壁に埋め込まれ、偉容を放っていた。

当陽には、青龍偃月刀にちなむ偃月湖《えんげつこ》という湖もあった。湖の名前まで物語に寄せているのが面白い。

「関陵」の関羽像の裏に埋め込まれていた関羽の顔面＝湖北省当陽市

【7】曹魏ゆかりの地で日中のつながりに驚く（亳州、邯鄲）

悪玉か英傑か…曹操は三国志随一の地下道マニア？

三国志の英雄で最も毀誉褒貶《きよほうへん》の激しい人物と言えば魏の太祖《たいそ》、曹操だろう。三国志演義では冷酷で残忍な悪玉として描かれる。中国では今も「説曹操、曹操就到」（曹操の話をすると、曹操が来る＝うわさをすれば影が差す）ということわざが使われている。希代の軍人・政治家・詩人として近年再評価されている曹操ゆかりの地を巡り、中国の理想のリーダー像を考えた。

タイムトンネル風の地下道

曹操は20歳の時、後漢の都の洛陽で官僚となり、１８４年に起きた反乱「黄巾の乱」の討伐で功績を挙げた。５年後、董卓《とうたく》が後漢最後の皇帝、献帝を擁立して政権を握ると挙兵。黄巾の乱で鎮圧した敵兵を帰順させ、名士や優れた武将を積極的に登用した。献帝を自らの本拠地に迎え入れて中国の北方を平定。２０８年に後漢の丞相となり、「赤壁の戦い」で孫権と劉備の連合軍に敗れた後、娘を献帝の皇后にして２１６年に魏王となった。２２０年に死去後、息子の曹丕《そうひ》が献帝に退位を迫って後漢は滅

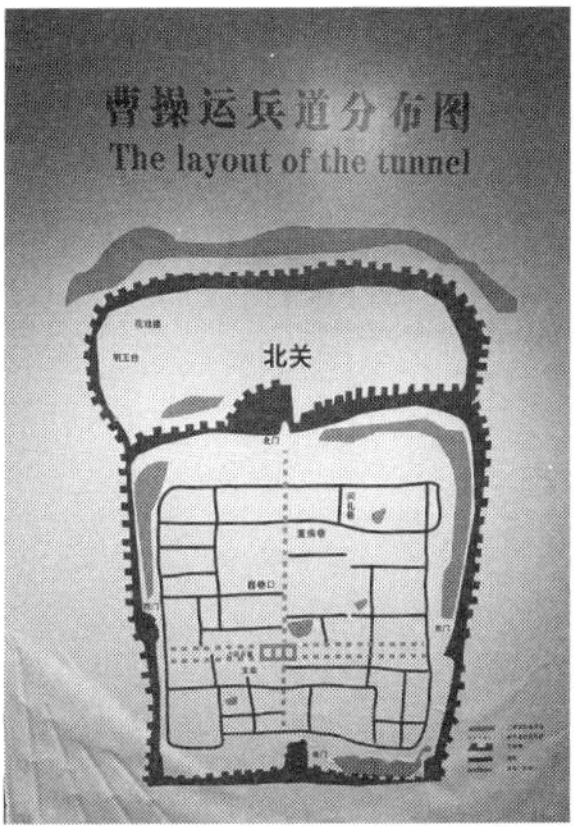

亳州の旧市街の地下には、推定8kmにわたって曹操が築いた軍事用地下通路が張り巡らされているという＝安徽省亳州市

「曹操地下運兵道」と書かれた看板。人気の観光地になっている＝安徽省亳州市

亡し、魏を建国した。

曹操は兵法の研究者でもあった。「敵を知り、己を知れば、百戦して殆《あや》うからず」で知られる中国春秋・戦国時代の兵法書「孫子《そんし》」が現代まで残っているのも、曹操が研究して自ら筆をとって注釈を付け、部下たちの教科書としたおかげだ。

中国には世界遺産、万里の長城にちなんだ、さまざまな「長城」がある。湖南省などに残る明代の「南方長城」(南の長城)、インターネット検閲システム「防火長城」(サイバー万里の長城)…。曹操の故郷、豫《よ》州《しゅう》沛《はい》国《こく》譙県《しょうけん》(現在の安徽省亳州《はくしゅう》)に残る「地下の万里の長城」もその一つだ。

北京から南へ約750km。曹操公園や魏武祠《ぎぶし》、曹一族の墓など曹操にまつわる名所が点在する亳州の旧市街に「曹操地下運兵道」という大きな看板があった。後漢末期、曹操が敵の目をかわして兵を移動させるために掘ったと伝わる地下道で、市内でも人気の観光地になっていた。

「曹操地下運兵道」の内部。上下2層構造の箇所もある＝安徽省亳州市

旧市街の古城の麓《ふもと》に案内板があり、日本語で「ここから降りて継続的に地下長城軍事奇跡の展示室を観覧してください」と書かれている。言葉遣いは変だが、不思議とすごみが伝わってくる。

トンネル状の入り口を抜けると、万里の長城を思わせるれんが造りの地下通路が延びていた。大人１人が通るのがやっとの幅で、ひんやりとした空気に包まれる。

通気孔や灯火置きが随所に設けられ、侵入してきた敵兵が頭を打って負傷するのを狙って急に天井が低くなる仕掛けや、敵兵を転ばせるための板や段差などのわなもあちこちに。上下２層構造の通路や２本の通路が並行して敷設されている箇所もある。公開されていたのは７００ｍだけだったが、総延長は推定８㎞。これまでに発見された中国の軍事地下通路では最古にして最大規模を誇る。

弓で飛ばした弾丸や刀、声を漏らさずに進軍するために口に含んだ「枚《ばい》」という箸状の道具、墨液が

この建物の下に、地下通路があった＝安徽省亳州市

曹操の故郷、亳州市内にある曹操の座像＝安徽省亳州市

冬でも凍らないように温められる硯《すずり》もここで出土したという。曹操は地下道を使った戦術をたびたび用い、戦いに勝利したとされる。当時の日本は女王卑弥呼が治めた邪馬台国のころだったことを思うと、曹操の軍事技術や用兵の先進ぶりに驚く。

曹操の地下道は当時、その存在自体が「国家機密」とされていたため、記録は残っておらず、今も謎に包まれている。

南宋時代の1240年に黄河の氾濫によって埋没し、一度は忘れ去られた。日中戦争下の1938年、日本の侵略に備えて地下道を掘った際に発見され、その後に毛沢東が防空壕《ごう》の建設を奨励したことで発掘と復元が進んだという。新たな戦争によって見つかった1800年前の軍事施設。現代では迷路探検を楽しむ家族連れの笑い声が響いていることに心がなごんだ。

地下通路の入り口に設けられた展示コーナーには、歴史書の三国志を著した陳寿の言葉を引用して、毛沢東が1958年に曹操を「非常の人」「超世の傑」とたたえたことが紹介されていた。三国志演義などの影響で曹操＝悪玉の印象が根付いたが、近代に入って曹操のイメージが好転し始めたのは、文豪の魯迅《ろじん》（1881～1936）が1927年に曹操を英雄として評価したことに加え、毛沢東の曹操評がきっかけだった。

「銅雀台」の敷地跡の鳥瞰図＝河北省邯鄲市

華佗の像と中国医薬の卸売市場＝安徽省亳州市

少年時代から三国志を愛読していた毛沢東は、日中戦争時代は旧日本軍を魏、国民党を呉、共産党を蜀漢に例えていたが、自らが最高権力者となって1949年に中国を建国して以後は、曹操を「傑出した政治家・軍事家・詩人だった」と評価し、自身になぞらえている。

市内には、曹操が軍を駐屯させながら兵士たちに耕作をさせた「屯田《とんでん》」跡がある。曹操は戦乱で荒れた農地を耕して食料と兵力の供給基地にする屯田制を使い、各地を転戦する中で故郷を後方基地にした。

後に租や調と呼ばれる税制を確立するなど、中国や日本の中央集権国家体制に大きな影響を与える革新的な政策を生み出した曹操。故郷では彼の遺構が観光の目玉となって人を集め、今も恩恵をもたらしている。

ちなみに亳州は、曹操と同じ時代に生き、麻酔薬を使って開腹手術をしたという伝説の名医、華佗《かだ》の故郷でもある。市内には彼の像が立ち、生薬の巨大な卸売市場が営まれていた。

三国志演義では、曹操が配下に加えたがった関羽の傷を手当てしたほか、頭痛に苦しむ曹操に開頭手術を勧めて「わしを殺す気か」と疑われ、投獄されて殺されたというエピソードが登場する。歴史書の三国志にも、曹操の典医だったが拷問の末に殺されたと記録されている。彼と曹操が同郷だったことは興味深い。

「金虎台（金鳳台）」の下には地下通路の入り口があった＝河北省邯鄲市

曹操の「遺伝子」は日本にも

三国時代に鼎立した魏、呉、蜀漢。曹操が太祖となった魏は、元々は現在の河北省と河南省の境界付近にあった郡の名前だ。

中国の北方を平定した曹操は２１０年、新たな拠点の鄴《ぎょう》（現在の河北省邯鄲《かんたん》）に宮殿「銅雀台《どうじゃくだい》」を造営した。２１６年には後漢最後の皇帝、献帝から魏王に封じられた。王都の鄴には、高さ約30ｍの楼閣、銅雀台と高さ約20ｍの二つの台があり、渡り廊下でつないでいたという。

邯鄲を訪れると、当時の名残か「三台村」という地域に、台の一つである金虎台《きんこだい》（金鳳台《きんほうだい》）が復元されていた。当時のものより規模は小さいが、１９９４～１９９５年に放送された中国の人気テレビドラマ「三国演義」のテーマ曲が大音量で流れる門を入ると、数十段の急な石段の上に建物があった。

そしてここにも、曹操が掘らせたという地下道があった。よほど地下道にこだわりがあったのだろう。曹操の心中を垣間見る気がして楽しい。入ってみると、迷路のような亳州の運兵道とは異なり1分ほどで建物の裏口に出た。「曹操が関羽を臣下に誘った際、兵力を多く見せるために兵士や軍馬にトンネルをくぐらせて回遊させたそうです」。銅雀台跡の発掘調査をした歴史研究者の張子欣《ちょうしきん》さんが教えてくれた。その名も「転軍洞《てんぐんどう》」という。

台の上にある建物は曹操の偉大さや街の歴史を伝える文物陳列館だった。都市の建設者や詩人としての彼の功績も展示されていた。

曹操は、儒教だけが尊いとされていた後漢の価値観を打破。音楽や文学、書画など多様な文化に価値を見いだした。文学の才能を人事の基準に取り入れ、仏教や道教も栄えたという。案内スタッフの女性が「曹操は中国文化の源流です」と誇らしげに語った。既成概念にとらわれず新しい時代を切り開いた曹操。私が抱く織田信長のイメージと重なった。

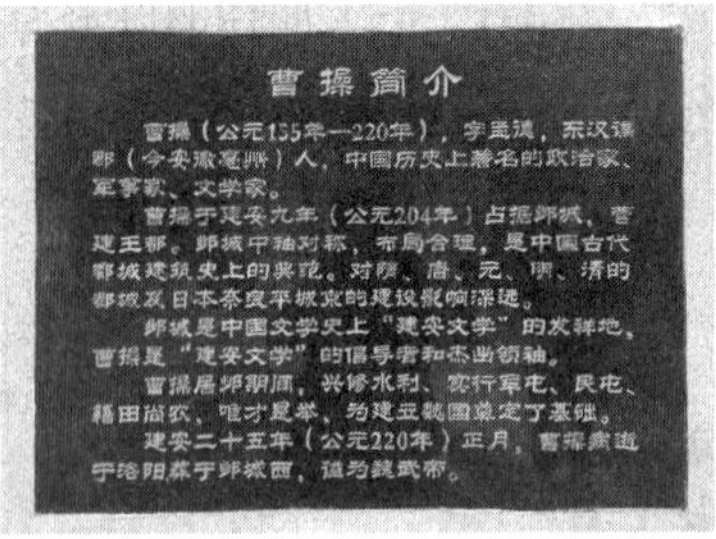

「銅雀台」跡の入り口に立つ曹操像の台座に彼の略歴が刻まれていた。「日本奈良平城京」という文字があって驚いた＝河北省邯鄲市

銅雀台跡の入り口に大きな曹操の石像があった。そこに刻まれている曹操の紹介文を読んで驚いた。「曹操が造った鄴城は、中国で最初に左右対称に区画整理された都市で、隋や唐、元、明、清の都だけでなく、日本の奈良県の平城京にも影響を及ぼした」と書かれていた。以前、北京の友人が「中国人が日本の京都や奈良に魅せられるのは、戦乱や文化大革命で失われたかつての中国の面影を体感できるから」と話していたのを思い出した。福岡県太宰府市でも、古代大宰府に関係する区画整理の跡が見

「金虎台（金鳳台）」の上から曹操が造営した宮殿「銅雀台」の敷地の跡が一望できた＝河北省邯鄲市

つかっている。

銅雀台跡から西へ14㎞ほど車を走らせた河南省安陽には、2008年に発見された曹操の墓「高陵」がある。発見者の一人で河南省文物考古研究院の潘偉斌《はんいひん》さんに話を聞くことができた。「曹操は合理主義的な思考の持ち主で、遺言で薄葬（簡素な埋葬）を命じていました。見つかった墓は確かに簡素でした。本来は玉《ぎょく》で作るものが石製など、華美な埋葬品がなかったおかげで、盗掘されても大きな被害を受けませんでした」

潘さんは曹操研究の成果をまとめた書籍の出版準備を進めていた。タイトルは「曹操の忠心　劉備の奸《かん》心」。三国志演義を書いた羅貫中は、物語を面白くするために蜀の劉備を善玉に仕立て、曹操をおとしめた。史実の曹操は軍人としても政治家としても詩人としても超一流の人物で、後漢に忠義を尽くして死ぬまで自分が皇帝になろうとはしなかった。一方の劉備は裏切りの連続で、義兄弟の関羽と張飛しか信用せず、最後は自分が皇帝になった――と手厳しい。

実力重視で人材を登用した曹操。歴史書の三国志には彼のこんな言葉が刻まれている。「たとえ兄嫁と密通したり賄賂を受け取ったりしたような者でも、才能のある者は抜《ばっ》てきせよ」。中国の改革・開放政策を主導した鄧小平氏の言葉「白猫であれ黒猫であれ、ネズミを捕るのが良いネコ」に通じる。

黄巾の乱の鎮圧後に帰順させた敵の「黄巾賊」を、曹操は「青州兵《せいしゅうへい》」と命名した。その数は30万人とも言われ、曹操軍の中核的存在になった。曹操は、後漢王朝に反乱を起こした太平道の信仰を認め、自分の死後は自由に行動するなどの要求をのんだと言われる。合理主義者・曹操の一面がよく現れている。

長い歴史の中で戦乱と政権交代が続いた中国各地を取材する中で、私が出会った人々には、小気味好いほどのドライさを感じることが少なくなかった。前述したように現代中国でよく使われる言葉に「上有政策、下有対策(上に政策あれば、下に対策あり)」がある。中央政府が新たな政策を打ち出しても、地方政府や民衆は抜け道を探り、政策を骨抜きにする策を見つけるという意味だ。世の中の変化をあっさり受け入れ、したたかに対応する。ただし、自分と家族、一族の生命や財産が侵されそうになったら猛然と決起する――。そんな印象を中国の人々に抱いた。

満州国の天守閣

中国東北部の吉林省長春《ちょうしゅん》市を訪れた時のことだ。

1932年に建国された日本の傀儡国家「満州国《まんしゅうこく》」の首都、新京《しんきょう》だった街だ。中心部を歩くと、日本の城の天守閣のような建物が見えて驚いた。満州国を支配した関東軍の司令部跡だった。「泣く子も黙る」と威勢を誇った関東軍。その暴走が満州事変となり、泥沼の日中戦争、太平洋戦争につながった。漢族、満州族、朝鮮族、モンゴル族、日本民族の「五族協和」が満州国の大義名分だったが、天守閣のような司令部跡を目にすると、新たな領土を獲得して城を築いた戦国大名の気分だったのだろうと思わずにいられなかった。

長春市の中心部に残る関東軍司令部跡＝吉林省

天守閣に近づいて、また驚いた。門に「中国共産党吉林省委員会」という大看板が掛かっていたからだ。憎き日本統治時代の象徴として破壊することはせず、現在の統治者である党の牙城として再利用していた。使えるものは使うという割り切り方に、うなってしまった。

一方、街の随所にある満州国の遺物や博物館の展示はすべて「偽満（偽満州国）」と表記されていた。ドライだが被害を受けた過去は忘れない。人間関係はウェットなのに過去を水に流して忘れがちな日本とは対照的な中国の気質の一端を垣間見た。

ちなみに、三国志演義の著者・羅貫中が明の時代に晩年を過ごした地は、曹操の墓がある安陽の隣の鶴壁《かくへき》にある。これも歴史の妙味だ。中国で30年以上にわたってビジネスを続けてきた日系企業の幹部は「羅貫中は、仁義の人として劉備をヒーローにすることで当時の政権を批判し、庶民の留飲を下げた」と語る。そして「中国は巨大で多様性に富む国。皇帝を目指さなければ権力基盤が保てず、いずれ自分が殺される。曹操が本当に皇帝になるつもりがなかったとは思えない」と話す。

三国志の時代から約１８００年後の現代中国にはどんなリーダーが必要か。安陽の地で20代の男性に尋ねると、こんな答えが返ってきた。「曹操のように一人で何でもできる英雄は乱世には必要だけど、今は平和な時代。中国の発展には、私心なく有能な人材を登用して多様性を認める指導者が必要です」

今は治世か乱世か。若き日に「治世の能臣、乱世の奸雄」と評された曹操ならどう考えるだろうか。

「銅雀台」跡の入り口に立つ巨大な曹操像＝河北省邯鄲市

【8】曹操が眠る陵で英傑の足跡と功績を仰ぐ（安陽）

1800年の時を経て公開された英傑の墓

河南省安陽市で、曹操の墓をそっくりそのまま博物館にした「曹操高陵《こうりょう》遺跡博物館」が一般公開されている。2008年に発掘された墓から出土した文化財の数々を展示する現地を訪ねた。傑出した軍人や政治家としてだけでなく、詩人としても高く評価されていることにちなみ、曹操が作った詩を完璧に暗唱できれば50元（約千円）の入館料が無料になることも話題を呼んだ博物館だ。

本物の墓――曹操の遺骨発見

北京から南西に約450㎞。高速鉄道に乗って約3時間半で安陽市に着いた。曹操の墓があるのは殷都《いんと》区の西高穴村。「殷都」という地名の通り、亀の甲や動物の骨に刻んだ甲骨文字などが見つかり、世界遺産に登録された殷王朝（紀元前17世紀〜同11世紀ごろ）の都市遺跡「殷墟《いんきょ》」から車で30分足らずの場所だ。

正史の三国志には曹操の遺体は「高陵に葬る」と記録されている。その所在地は中国古代史の謎の一つとされてきた。

例えば魏王となった曹操が本拠地とした鄴の所在地、河北省邯鄲市には「曹操の七十二疑塚」がある。曹操が生前、盗掘を防ぐために72カ所もの偽物の墓を作らせたという伝説が残る場所だ。ただ、近年の発掘調査で三国志よりも後の時代のものと判明している。

「本物」発見のきっかけは盗掘だった。

墓は2007年冬に被害に遭い、2008年秋に盗掘団が当局の摘発を受け、遺物が押収された。地下に眠る文物を保護するため、河南省文物考古研究院は2008年12月に緊急発掘調査を開始。2009年に本物と確認された。墓室からは60歳前後の男性1人と女性2人の遺骨が見つかっており、曹操、その妻で魏の初代皇帝となった曹丕の母の卞《べん》夫人、曹操の長男・曹昂《そうこう》らを産んだ劉夫人のものとみられている。

現存する三国時代の墓は少ない。2010年には中国の「十大考古学的発見」に選ばれ、2013年には中国の国宝・重要文化財に当たる全国重点文物保護単位に指定されている。

発見の決め手は遺言

発見者の一人で、河南省文物考古研究院の潘偉斌さんによると、曹操の墓と断定する決め手となったのは、その場所が古い記述と合致しており、墓が造られた時期が後漢末だったこと、「魏武王常所用挌虎大戟（ぎのぶおうつねにもちいるところのかくこだいげき）」と刻まれた石牌が見つかったこと、そして「副葬品が粗末だったから」だという。

正史には、曹操が自身の葬儀を簡素にするよう遺言した「遺令」が刻まれている。

「天下はいまだ安定していない。葬儀が終われば皆は早々に喪を解くように。将兵は持ち場を離れてはな

「殷墟」で公開されていた貴族の墓地の内部。墓主を死後も護衛するため生きたまま埋められたという人の骸骨が立たされていた

らない。役人は職務を遂行せよ。遺体を飾る必要はなく普段着のままで葬り、金や玉、珍しい宝の類いを副葬してはいけない」

前述の通り、曹操は合理主義的な考えの持ち主だった。後漢末の時代に定着していた儒教と一線を画す新時代の空気を作ろうとした。

三国志の時代に詳しい現地の歴史研究者が「蜀漢の劉備の墓が丘のようになっているのとは対照的に地下に墓があるのも、先祖を顕彰するため土を盛る儒教式の埋葬に否定的だったからではないか」と教えてくれた。

ちなみに、殷墟では殷王朝時代の貴族の墓がいくつも公開されている。それぞれの墓室の前には、立ったままの状態で土に埋もれた本物の人骨があり、ギョッとした。護衛役の兵士たちのものだという。陝西省西安市にある秦の始皇帝陵では、焼き物で作られた等身大の兵士や馬たちの俑（土偶）「兵馬俑」の兵団が皇帝を護衛しているが、ここでは生身の奴隷や捕虜たちがいけにえとして埋められた場合もあったのだ。

数千年もの間、そこに立たされ続けている骸骨と目が合ったような気がして、身震いした。

墓を丸ごと博物館に

２０２３年４月にオープンした曹操高陵遺跡博物館は、曹操の墓の発掘現場の上に建屋を作り、遺跡を丸ごと観光施設にしていた。面白いのは、曹操が作った詩を完璧に暗唱できれば50元（約千円）の入館料が無

「曹操高陵遺跡博物館」

曹操の騎馬像と「曹操高陵遺跡博物館」

料になることだ。開館後は大勢の観光客が来場。曹操が作った「短歌行《たんかこう》」の暗唱に挑戦する子どもたちなどの様子が地元メディアで報じられた。

三国時代に尊ばれたとされる黒と赤を基調にした建屋は、漢の時代の建築様式にならって深い軒が印象的だ。

手で触れられそうな近さで、発掘された遺跡の地表が広がる。順路を進むと、ガラス張りの歩道の上から発掘現場を眺めることができる。そして、１８００年の時を超えて姿を現した墓の入り口が、地面から天井まで巨大なガラスで囲まれた建屋の中にあった。発掘時の様子を記録した写真パネルや、同じ時代の他の墓と曹操の墓の特徴を比較した表もある。

現在、各地でさまざまな時代の遺跡の発掘が進む中国では、最新技術を駆使した発掘調査自体を観光振興に生かす取り組みが進む。

例えば四川省広漢《こうかん》市。世界四大文明の一つの黄河文明とは異なる長江流域の新たな古代文明の遺跡発掘作業が進んでおり、独特な形の青銅製仮面などの出土品で知られる三星堆《さんせいたい》遺跡（紀元前２８００～同６００年ごろ）では近年、想定を超す１万３千点もの祭器などが出土した。文字は未発見で、どんな民族だったのかなどいまだに謎は多い。

長江上流の三星堆は１９８６年、目が飛び出した青銅製の仮面や巨大な人物像などが大量に発見されて注目を集めた。中国政府は中華文明の起源

「曹操高陵」と書かれた墓碑の前に、若い女性が花束を供えていた

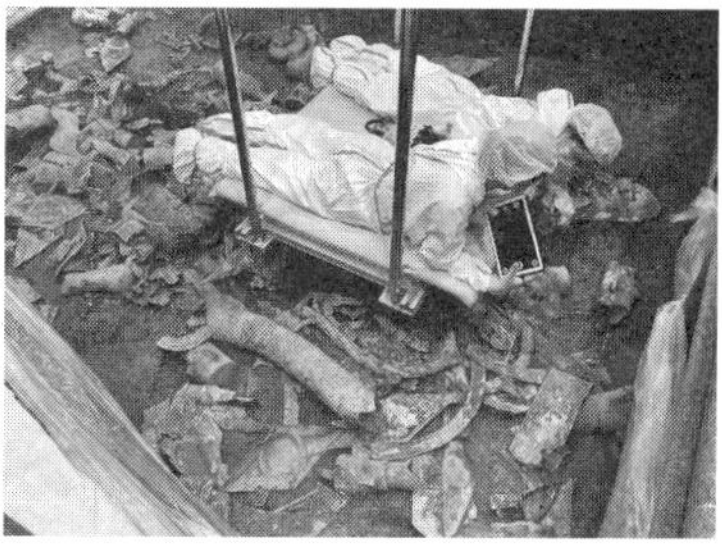
三星堆遺跡の発掘現場＝四川省広漢市

に関わる重要遺跡と位置付け、発掘調査を進めてきた。
2019年以降、祭祀《さいし》に使ったとみられる長方形の穴が新たに6カ所見つかり、金の仮面の一部や幅約130㎝の青銅の仮面、鳥の形をした金の装飾品、彫刻された象牙や陶器、玉器、絹織物など洗練されたデザインの出土品の発見が相次いでいる。
発掘現場では、一帯を保護するためガラス張りの建屋で覆い、内部の温度や湿度を管理。白い防護服姿の作業員たちが上からつるした台に寝そべり、地面からむき出しになった青銅器などを慎重に発掘していた。出土品を傷つけないよう、最新式スキャナーで土の中を探査したり、高精細のデジタル顕微鏡を使ったり。猛暑で気温が38度に達した日もあるというが室温は20度に保たれていた。四川大学の黎海《れいかい》超《ちょう》教授は「発掘現場をそのまま考古学の実験研究室にする新たなモデルだ」と胸を張る。
中国の多様性や歴史の深さを示す発見だけに、当局は、1980年代以降の出土品を展示する博物館とは別に「文物保護修復館」を新たに建設。ガラス張りの部屋の中で出

実物そっくりに作られた模擬墓室への入り口

2008年に発見された曹操の墓の入り口。3面ガラス張りの建屋で保護されている

土品の復元や調査など「すべての作業を観光客の目の前で行う」（郭漢中《かくかんちゅう》文物保管部副部長）施設で大きな話題を呼んでいる。

花束と頭痛薬

曹操高陵遺跡博物館も、遺跡の保護と観光振興を融合させた施設だ。墓の入り口のそばに「曹操高陵」と書かれた真新しい墓標があり、その手前に花束が三つ、手向けられていた。見物客は女性が多い。曹操へのラブレター、どら焼き、そして頭痛に苦しんで亡くなったと伝わるからか、中国製の頭痛薬が供えられていた。

　墓の入り口の周囲をガラス越しにぐるりと見て回った先にゆるやかなスロープがあり、本物そっくりの模擬墓室の入り口につながっていた。まず、実物の墓の外観を見学した後で、模擬墓室の内部を観賞する巧みな造りだ。現地を訪れた当時は記録的な猛暑に見舞われており、この日の気温は42度。暑さで頭がボーッとしたせいもあってか、墓の外を見学して内部へ移動していく間、本物の墓に潜り込むような不思議な感覚になった。

　しかし、模擬墓室に入ると、そこはエアコンがキンキンに効いた現代の博物館の内部だった。細部の質感まで丁寧に再現された模擬墓室をクリアな頭でじっくり眺めることができた。

細部の質感までリアルに再現された模擬墓室

スーパークローン文化財

中国では近年、石窟や壁画を実物大で精巧に複製した「スーパークローン文化財」が注目を集めている。北京市内の美術館でも、中国三大石窟の一つで世界文化遺産の甘粛省敦煌《とんこう》市の仏教遺跡・莫高窟を再現した「敦煌芸術大展」が開かれた。

入場料１２０元（約２４００円）。「ちょっと高いけど一見の価値があるよ」という友人の勧めで見学した。

現地では、文化財保護のため見学可能な石窟は限られており写真撮影も厳禁。だが、この展示場には、教科書で見た有名どころが集まり、撮影もＯＫ。数㎝の距離まで顔を近づけてじっくり鑑賞できる。３次元レーザー計測や高精彩画像撮影など最新のデジタル技術と文化財修復師の職人技を駆使しており、どれも本物にしか見えず圧巻だった。

安くはない入場料金だが、会場は家族連れなどで混雑しており、石窟を再現したコーナーは入場制限が行

曹操の墓から出土した石牌の展示コーナー

曹操の墓から出土した石牌の一部

われるほどだった。技術力だけでなく生活レベルの高まりも感じた。

中国政府が文化財を資源として活用するためにデジタルアーカイブ化を進める一方、保護を名目に本物を非公開にするとの見方もある。中国メディアで働く友人は「複製やデジタル展示ばかりを見る時代が来るかもね」と、寂しげだった。

非常と超世の人

一方、曹操の墓の上に建てられた曹操高陵遺跡博物館の場合は、模擬墓室のすぐそばに本物がある。高揚感が、ひと味もふた味も違う。

模擬墓室の先にある広大な展示室の入り口には、三国志の著者の陳寿が記した「非常の人、超世の傑」（類いまれな才の持ち主であり、時代を超えた英雄）という曹操評が掲げられていた。

戦禍で焼け落ちた農村、荒れ果てた農地…。曹操が生まれ育った後漢末の荒廃ぶりを巨大なスクリーン映像とジオラマ、等身大の人形たちを使って表現したコーナーから展示は始まり、計400点余りの出土品がガラスケースの中に並ぶ。曹操の墓発見の決め手となった石牌の本物が他の展示品に交じって惜しげもなく飾られている。

曹操が愛用したという石の枕や曹操の食卓を復元したコーナーがあった。

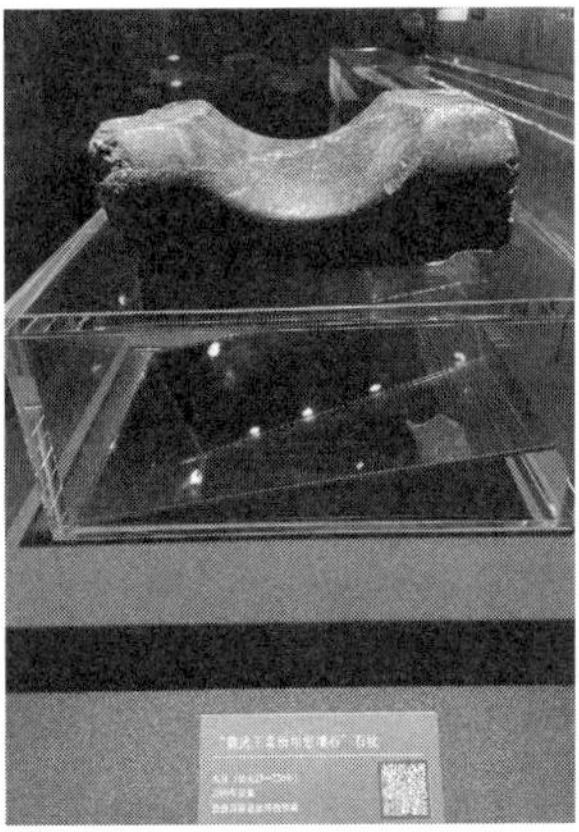

曹操が愛用していたという石の枕

「白馬の戦い」を再現した巨大ジオラマ

覇者の愛用品にしては確かに質素な焼き物の食器で、曹操の倹約ぶりを物語る。一方で精巧な銅細工もあり、超大国ぶりがうかがえた。

同時に、子どもの頃から読みふけってきた物語の中の英雄だった曹操が、実在した人物として立ち上ってくる感覚だ。

巨大なスクリーン映像と実物大のジオラマ、今にも動き出しそうな躍動感のある兵士や武将たちの人形たちが並ぶコーナーでは、曹操が宿敵の袁紹《えんしょう》と真っ向勝負した「白馬《はくば》の戦い」や「官渡の戦い」を再現。

矛《ほこ》や刀や戟《げき》、矢尻など当時の武具や甲冑《かっちゅう》の出土品や復元品は数多く陳列されている一方で、曹操が呉の孫権と劉備の連合軍に大敗を喫した「赤壁の戦い」についての展示がほとんどないのは、「曹操推し」の博物館ゆえか。

屯田制や税制、左右対称の都市計画、倹約令、薄葬の指示といった曹操が打ち出した先進的な政策や、地下道を掘るなど曹操の戦術の数々も解説していた。

曹操が鄴に造営した壮大な宮殿「銅雀台」の復元図をコンピューターグラフィックス（CG）で描いた映像もあった。赤と黒を基調にした四層の櫓《やぐら》や壮麗な瓦ぶきの建物、宮殿同士を空中でつなぐ渡り廊下が曹操の権威と権力を象徴している。三国志の時代の日本は、弥生時代の末期から古墳時代。佐賀県の吉野ヶ里歴史公園（神埼市・吉野ヶ里町）に復元された竪穴住居や櫓と比べると、同時代の建築物とはとても思えない。当時の中国と日本の国力の差を思い知った。

地球半周分の遠征

敵味方問わず、天下から有為な人材を好んで集めた曹操。彼の下に集った代表的な武将や文官も紹介されている。徐晃《じょこう》、張遼《ちょうりょう》、夏侯惇《かこうとん》、荀彧《じゅんいく》、賈詡《かく》、郭嘉《かくか》、程昱《ていいく》、典韋《てんい》、許褚《きょちょ》…。三国志の時代を代表する、そうそうたる将官の名前が並ぶ。が、若き日の曹操を支え、のちに裏切って呂布《りょふ》の軍師となって処刑されたと伝わる陳宮《ちんきゅう》の名はない。反逆者は決して許さないということか。

曹操が鄴に造営した宮殿「銅雀台」などの復元図

天下統一への戦いに明け暮れ、中国大陸を駆け巡った曹操。「曹操一生開疆拓土的足迹（曹操の生涯にわたる新領土開拓の足跡）」と題する展示では、曹操の一生をデジタルマップで表現していた。中国大陸の当時の地図上で、鄴や許昌、洛陽など曹操の歴代の拠点から遠征先までのルートが赤い線で伸び、官渡の戦い、赤壁の戦いなど戦役の場所と年月が表示される。画面の片隅で総移動距離がどんどん増えていく。220年に洛陽で没した日までに2万2482kmに達した。地球半周以上の距離で、驚愕《きょうがく》する。

曹操の一生の足跡をデジタルマップで表現した展示もあった

館内には白い漢服（漢族の伝統衣装）を着た女性の展示ガイドたちがいた。前述したように中国では近年、自国文化を再評価する「国潮」ブームが起きており、北京の故宮や万里の長城、各地に点在する三国志の史跡などで漢服のコスプレで記念写真を撮る若者をよく見かけた。ガイドの衣装も「国潮」のようだ。

文学者としても名を成した曹操。彼が残した詩や文章を紹介し、建安文学の創始者としての偉業も解説している。館内の片隅にあるテーブルには気分が高揚した見学者が一筆書けるように墨汁と筆が用意されていた。ペンでなく筆というところが中国らしくもあり、心憎い仕掛けだ。

古今東西の人物評

「曹操は傑出した政治家であり、軍事家であり、傑出した詩人でもある。曹操は中国北部を統一し、魏を建国した。当時、黄河流域は中国の中心だった。彼は東漢（後漢）の悪政の多くを改革し、強権を抑制し、生産を発展させ、屯田制度を実施し、さらに荒れ地を整えるよう督促し、法治を施行し、質素倹約を提唱したため、大きく荒廃した社会は安定、回復、発展し始めた。これらは評価されるべきではないか。驚嘆すべきことではないか」。展示の最後に曹操をたたえる毛沢東の言葉が掲げられていた。

三国志演義の影響で悪玉のイメージが強い曹操だが、曹操の人生最期のメッセージを体現した墓と博物館を見終えて、毛沢東の言葉がすとんと腹に落ちた。

その先には、曹操に関する現代の書籍を集めた図書室があり、曹操を評価する古今東西の人々の言葉があちこちに記されている。福岡市の九州帝国大学（現九州大学）医学部を卒業した中国人の作家で歴史家の郭《かく》沫若《まつじゃく》（1892〜1978）、韓国の朝鮮日報や英国のロイター通信など世界各国の著名人やメディアによる曹操への賛辞が紹介されていた。

実は、入館する前から気になっていたことがあった。中国には歴史や文化、特産品などさまざまなジャンルの博物館がある。その多くでは、展示の最後に中国共産党の賛辞、なかでも習近平国家主席の語録を交えた展示が必ずと言っていいほどある。が、曹操高陵遺跡博物館にはそのコーナーがなかった。

この博物館は当初、2022年5月に開館予定だったが、関係者は「展示の仕方を巡って開館が1年遅れた」と明かす。中国史の英雄である曹操と習近平氏をどう結び付けるのか、その展示の仕方を巡って準備に時間がかかったのではないかと推察していたが、杞憂《きゆう》だったのかもしれない。

曹操への敬意と愛情に満ちた展示を堪能し、博物館を出ると、熱気球で墓跡を上空から見学できる設備や大型商業施設の建設が進んでいた。歴史上の傑出した偉人とはいえ、1800年も前の人物の墓にここまでの巨大施設を作る中国。そのすさまじい体力を感じずにいられなかった。

【9】赤壁の古戦場で現代の大戦の爪痕を知る（赤壁）

赤壁の戦い「古戦場」今はテーマパークに　対岸に隠れた生々しい記憶

赤壁の戦いから1800年目の2008年に建てられた記念塔。魏・呉・蜀漢の「三国鼎立」を象徴する3本足の巨大な鼎が載っている

古代中国で魏の曹操、呉の孫権そして蜀漢の劉備ら群雄が割拠し、あまたの争いが繰り広げられた三国時代。最も有名な戦いが曹操軍と孫権・劉備連合軍が長江（揚子江）で激突した「赤壁の戦い」（208年）だ。破竹の勢いだった曹操の天下統一を阻み、三国鼎立を生んだ古戦場と伝わる地が、中部・湖北省のその名も赤壁市にある。現地を訪れると、約1800年前と現代の「大戦」の深い傷痕があった。

関羽の巨大ロボットがお出迎え

現代中国を代表する大都市の北京、上海、重慶、広東省広州からほぼ等距離にある交通の要衝で「中国のへそ」と呼ばれる湖北省武漢。前述の通り、2019年12月、新型コロナウイルスの集団感染が世界で初

テーマパーク「三国赤壁古戦場」の正面ゲート。掲げられている文字は江沢民元国家主席の筆によるものだ

米SF映画「トランスフォーマー」風に中国の大手自動車メーカーの大型トラックを改造して制作された関羽のロボット

めて起きたとされるこの街から車で南へ約2時間のところに、赤壁市赤壁鎮《ちん》はある。

鎮は日本の「町」に当たる。町の中心に、3本足の大きな鼎《かなえ》を載せて「記念赤壁大戦」と書いた塔がそびえていた。赤壁の戦いから1800年目の2008年に地元政府が建てた記念碑という。そしてその先に、三国志の世界を再現した広大なテーマパークがあった。三国志演義で読みふけった物語の場面が、急に現実の出来事として感じられてゾクリとした。

古城を模したゲートに大書された「三国赤壁古戦場」の文字は、江沢民氏の筆によるもの。中国政府が認定する国家級観光名所のうち最高ランクの「5A級」に指定され、園内の案内板には中国語、英語、日本語、韓国語、ロシア語が併記されていた。

140元（約2800円）の入場料を払って中に入ると、巨大な関羽のロボットが仁王立ちしていて驚いた。自動車がロボットに変形する米SF映画で中国でも人気の「トランスフォーマー」さながらに、中国の大手自動車メーカーの大型トラックを改造して制作したものだ。

奥に進むと、関羽を祭る道教寺院があった。観光客が合掌してひざまずき、赤い顔の関羽像に礼拝していた。その厳かな雰囲気と、仁王像さながらに聖域を守るロボット関羽のギャップに中国らしさを感じて、ほおが緩む。

虚実混ぜた演出

園内には、董卓が溺愛した絶世の美女・貂蝉と配下の呂布が密会する様子を見て驚愕する場面など、英雄や美女、兵士たちの等身大の立像があちこちで三国志演義の名場面を再現し、ファンの心をくすぐる演出が凝らされていた。

「天下に英雄といえば君と余しかいない」。曹操が劉備に酒を飲みながら語り、驚いた劉備が箸を落とす場面も再現してあった。立像の顔立ちがどれもリアルなのは、中国国営中央テレビが1990年代に制作したテレビドラマ「三国演義」の出演俳優たちをモデルにしているからだという。

劉備と関羽、張飛が義兄弟となった「桃園の誓い」コーナーには桃の花が咲き誇っていた。よく見ると本物の木に造花を付けている。観光ガイドの男性が「こうすれば一年中、満開の春を味わえるでしょう」とにっこり

三国志演義の「酒を煮て英雄を論ず」の名場面を再現したコーナー。曹操と箸を落とした劉備の像があった

愛を誓い合う呂布（左）と絶世の美女・貂蝉。二人の密会を目撃した董卓の像もかなたに見える

龐統が植えたと伝わる巨木「千年銀杏」

「桃園の誓い」を再現した場所

笑った。洛陽の関林と同じ演出だった。

古代中国の兵法書「三十六計」と三国志で描かれたさまざまな戦いの実例を紹介するパネルや、赤壁の戦いの展示施設「赤壁大戦陣列館」も楽しい。劉備の軍師・諸葛亮が曹操軍を欺いて10万本の矢を入手した「草船借箭」の故事や、空っぽの城に伏兵がいると見せかけて敵兵を撤退させた「空城の計」を実物大のセットで体感できる場所もあり、胸が躍った。後年、諸葛亮が呉軍をかく乱するために敷いた「八卦《はっけ》陣」と名付けられた迷路まである。さらに、赤壁の戦いを再現した大きな軍船の内部は、なんと従業員の寮になっていた。

園内には、赤壁の戦いを巡る数々の史跡や名所も点在する。

劉備のもう一人の軍師・龐統《ほうとう》が住んでいたという鳳雛庵。彼が植えたと伝わる巨木「千年銀杏《いちょう》」や曹操軍の軍船を鉄の輪でつなげて火攻めをする「連環《れんかん》の計」を着想した藤棚まである。「桃園の誓い」コーナーの桃の花は造花だったが、紫色のフジの花は本物で、甘い香りを放っていた。虚実を交えた演出が心憎い。

呉の総司令官・周瑜が指揮をとったとされる「翼江亭《よくこうてい》」。そして諸葛亮が曹操の水軍を焼き尽くすために祈祷して東南の風を吹かせたという「拝《はい》風台《ふうだい》」もある。14世紀ごろに書かれた三国志演義で創作されたエピソード

諸葛亮が東南の風を呼び起こしたとされる「拝風台」

諸葛亮になりきって「空城の計」が体感できる巨大なセット

などを基に後世に作られたものばかりとはいえ、史実だったと思わせるような荘重な雰囲気を醸している。

長江（揚子江）は長い歴史の中で氾濫を繰り返しており、古戦場の本当の位置も定かではない。現地の男性が「赤壁という地名が付く場所は、ここ以外に2カ所あります」と教えてくれた。しかし、赤壁の断崖の上に立つりりしい周瑜像と一緒に悠久の大河の流れを見つめ、川面を渡る風に吹かれていると、細かいことはどうでもよくなってきた。

ただ、充実した施設にもかかわらず観光客はまばら。園内に数十店舗ある土産物屋もほとんど閉まっていた。地元の50代男性が「新型コロナウイルス禍と政府のゼロコロナ政策が長く続いた影響で、多くの人が買い物や旅行より貯金を優先するようになった」と嘆いた。ゼロコロナ政策は私が赤壁を訪れる3カ月前の2023年1月で正式に終わっていたが、消費は冷え込んだまま。中国経済には傷痕が深く残っていた。

唐の時代に岸壁に書かれたとされる「赤壁」という赤い文字の修復作業など、園内では観光客を再び呼び込むための改装工事が行われていた。

「ゼロコロナ」の功罪

新型コロナウイルス禍の初期から、中国政府は大規模PCR検査や徹

長江（揚子江）を見つめる周瑜の石像

「拝風台」の中には東南の風を吹かせるため祈禱する諸葛亮の絵が掲げられていた

底隔離など私権も制限する厳格な防疫措置によって感染者を抑え込んだ。北京や上海などの大都市では、日本と同等かそれ以上の高度な医療が受けられる富裕層向けの医療機関がある一方、農村部は医療資源が乏しく、中国全土に爆発的に感染が広がれば死者が続出し、国中が大混乱に陥る危険があったためだ。数百万人の都市でわずかでも感染が拡大すれば、事実上のロックダウン（都市封鎖）が敷かれたり、地方幹部が更迭されたりした。責任を負わされたくない役人の過剰反応も各地で起きたが、防疫対策は徹底され、「14億人が暮らす巨大な無菌室状態」（北京の外交筋）となった。

一時はウイルスの封じ込めに成功したが、2022年春以降に感染力の強いオミクロン株が流行。ゼロコロナ政策に基づいて、多くの地方政府が全住民を対象にしたPCR検査を連日実施した。封鎖措置が各地で続出し、責任を問われた行政トップらの更迭も相次ぎ、経済活動に深刻な影響が出た。

無限ループ。2022年3月下旬から約2カ月、ロックダウンが続いた上海の市民の間では、そんな言葉が悲嘆ととも

ゼロコロナ政策下の北京では連日、全住民にPCR検査が繰り返された

に交わされた。ゼロコロナ政策に市民の不満と不安が高まる中、当局は感染者が14日間確認されなかった居住区で外出や移動を認めるようになった。が、繰り返されるＰＣＲ検査で数千人以上の住民のうち一人でも陽性と分かれば、さらに14日間、封鎖が延長される。検査をするたび新たな陽性者が見つかり、出口の見えぬトンネルが続くというわけだ。

私が暮らしていた北京でも、市政府が市街地の全住民２千万人弱に一斉検査を繰り返し、商業施設に入る際や公共交通機関を利用する際には48時間以内の陰性証明の提示が求められた。市内のあちこちに無料検査所が設けられ、連日、行列ができた。数人分を一つの試験管に混ぜて分析する方式で、中国メディアによると検査費は１人当たり３・４元(約68円)。安いとはいえ、北京の市街地の全住民が１回受けるたびに約13億６千万円もの公費が消えた計算になる。

２０２２年４月時点で３億７千万人余が何らかのロックダウン(都市封鎖)下にあったとされ、検査費は１日だけで数百億円に達した。その結果、地方政府の財政悪化が加速。最大の経済都市である上海の一部でも、公務員の給与の遅配が発生したと言われている。

対岸に残る爪痕

後漢末期の２００年、名門出身で圧倒的な財力と兵力を誇る袁紹と、まだ小勢力だったものの後漢の皇帝を擁する曹操が、現在の河南省鄭州市付近での「官渡の戦い」で雌雄を決した。

曹操は機動力と知略を駆使して勝利。当時、三国志の舞台となった地域の中国の人口は黄河流域の華北地方に集中しており、曹操は事実上、天下の3分の2を手中に収めた。8年後、天下統一を目指して南進した曹操を孫権と劉備が同盟を組んで長江の水上で迎え撃ったのが赤壁の戦いだ。

三国志演義では、諸葛亮が孫権を説得して同盟を決意させたことになっているが、歴史書の三国志には、呉の外交官として活躍した魯粛が発案したという説と、諸葛亮の発案という説の二つが書かれている。

公称80万、実質約20万の曹操軍に対し孫権軍は約3万、劉備軍は数千~約2万で兵力差は圧倒的。勝利を確信できなかった劉備は自陣を遠くに置き、積極的には戦わなかったと記録されている。龐統の連環の計も、諸葛亮が東南の風を吹かせたのも史実ではなく創作だ。

「赤壁」の赤い文字が刻まれた岸壁。対岸に見えるのが烏林だ

周瑜は、曹操軍が水上での戦いには慣れていないことを周到に分析。呉の武将が投降すると見せかけ、赤壁の対岸の烏林《うりん》（現在の湖北省洪湖《こうこ》市烏林鎮）に停泊していた曹操軍の軍船を焼き打ちにして夜襲をかける戦略を立て、成功させた。烏林の炎が赤壁の断崖を赤く照らしたという。つまり、赤壁の戦いとはいうものの、主戦場は烏林だったとも言える。

スマートフォンの地図アプリで探してみると、烏林にも史跡があるようだ。観光客はほとんど訪れないという現地に向かった。

赤壁から烏林へは、長江をまたいで2021年に開通した「赤壁長江道路大橋」を通って車で約20分。田園の中に住宅が立ち並んでいる。史跡の場所がよく分からず、歩いていた男性（76）に尋ねると、同乗して案内して

烏林には「白骨場」という史跡もあった。曹操軍の兵士の遺体が集められ、人だまも出たという

赤壁の対岸にある烏林の草むらに「紅血巷」と書かれた石碑があった。曹操軍が敗走した道は、兵士たちの血で川のようになったという

くれた。

草むらに「紅血巷《こうけつこう》」という石碑があった。曹操軍が敗走した道は兵士たちの血で川のようになったという。無数の遺体が白骨化し、人だまが出たという「白骨場」の石碑もあった。曹操軍の壊滅的な惨敗ぶりが「白骨」の文字から立ち上り、華やかなテーマパークにはない生々しさがある。

そんな烏林の一角に曹操を祭っている「曹公祠《そうこうし》」というほこらがあった。中に入ると、地元の人々が手作りしたという曹操と武将たちの像が並んでいた。案内してくれた男性が「曹操は厳しい軍紀を敷いて住民に迷惑をかけないよう兵に徹底した。だからこの地の人々は曹操を慕ってきた」と説明してくれた。

テレビドラマの俳優をモデルに作られた美男美女ぞろいのテーマパークの立像とは違い、手作り感にあふれたお世辞にもかっこいいとは言えない造形だが、かえって庶民の熱情が伝わった。庭にはミカンがたわわに実り、曹操像に爽やかな香りを届けていた。

烏林の住宅街には、マージャンを楽しんでいる中高年の

烏林の住民たちが曹操を祭るために建てた「曹公祠」

女性たち、賭けトランプをしている壮年の男性たちはいたが、なぜか若い人の姿を見かけない。町の古老に疑問をぶつけると「ここにある仕事は農業くらい。コロナでますます仕事がなくなった。若い人たちは都会に出たまま帰らない」とつぶやいた。

もう一つの「レッドクリフ」

三国赤壁古戦場は、赤壁の戦いから１８００年後の２００８年に公開されて世界的ヒットとなった映画「レッドクリフ Ｐａｒｔ Ⅰ」（原題「赤壁」）と、翌年公開の後編の「レッドクリフ Ｐａｒｔ Ⅱ―未来への最終決戦―」（原題「赤壁２：決戦天下」）のロケ地でもある。

両作品を手がけたジョン・ウー監督（１９４６〜）は、実はもう一つの「レッドクリフ」を制作している。２０２３年５月にウェブ上で公開された「赤壁炎上―もう一つの三国志を紡ぐ、男たちの邂逅《かいこう》」だ。曹操や諸葛亮、周瑜、孫権、劉備、関羽、張飛、趙雲ら名だたる英雄の活躍を描いたレッドクリフとは異なり、一兵卒の視点から赤壁の戦いを描いた30分ほどの短編。私自身も夢中になった歴史シミュレーションゲーム「三國志」シリーズなどで知られるコーエーテクモゲームス（旧コーエー）監修のスマートフォン向けゲームアプリのプロモーション映像だ。「三國志」シリーズのスマホゲームアプリはスマホを含む携帯電話利用者が２０２２年末時点で16億８３００万人（人口普及率１１９・２％）に達した中国市場でも展開され、根強いファンを持つだけに、もう一つのレッドクリフは中国でも話題を呼び、中国の動画投稿アプリでも拡散された。

諸葛亮も周瑜も登場せず、曹操軍の兵士の江川《こうせん》、江流《こうりゅう》という兄弟が主人公。曹操の大軍勢が周瑜と諸葛亮の火計にはまり、大敗したというのが赤壁の戦いの通説だが、この作品は違う。陣中に疫病がまん延していることを知った江川が曹操に進言し、一兵士の真剣な訴えに耳を傾けた曹操が民を守るため、疫病の発生源となった自陣をあえて焼き払うというストーリーとなっている。総監督を務めたジョン・ウー氏はこの作品について「私自身は『レッドクリフ』を撮り直したいとずっと思っていた。今回の作品は、前のような商業化したものではないと信じている。今回はもっと芸術的で、人間性や、未来の希望、生きるための勇気（などのテーマ）を含んだ脚本だ」「（三国志を題材とした映画を作る時）脇役を主役に据えるという視点を持った映画はこれまでなかったように思う」と述べている（YouTube「ジョン・ウーインタビュー『赤壁炎上』制作裏話」より）。時代考証に基づく服装や武具、セットとリアルな戦闘描写、ジョン・ウー氏ならではのアクションシーン、夜の闇と炎を使った映像美が印象的な作品だった。「歴史の物語は、ひとつじゃない」「歴史を動かす主人公はひとりじゃない」「名もなき者が人を巻き込み大軍勢を動かすことも大いに起こりうる」というジョン・ウー氏が作品に込めたメッセージを、赤壁の古戦場でかみしめた。

敗戦理由は疫病

実は正史の三国志には赤壁の戦いについての記録が意外なほど少ない。魏の歴史を書いた「魏書」に「（曹操）公は赤壁に到着して劉備と戦ったが負け戦になった」「その時、疫病が流行して多くの兵士が死んだため引き揚げた」と記す程度だ。著者の陳寿が、魏を正当な王朝とする立場で書いたため、魏の太祖である曹操の大敗北に触れなかったとも言われる。

曹操が戦後に孫権に送った手紙にも「疫病が流行したので自ら船を焼いて撤退した」と書いており、呉の歴史をつづった「呉書」も、周瑜らが曹操軍を徹底的に打ち破ったとした上で、残った船に火を付けたのは曹操と記されている。

後世に「日本住血吸虫病」と名付けられた南方の風土病が曹操軍にまん延したこと、中国史でも有数の「小が大に勝った戦い」だったこと、そして赤壁での敗戦によって曹操が天下統一を断念せざるを得ず、失墜した権威の回復に数年を要したことは、いずれも史実だ。

烏林から武漢に戻る車中。世界史に残るであろう新型コロナウイルス禍が、超大国となって米国に肩を並べようとする現代中国に大打撃を与えたことを連想した。その起源が赤壁の古戦場に近い武漢とされていることに不思議な因縁を感じた。

習近平指導部はゼロコロナ政策が「中国共産党の指導と社会主義制度の優位性を示した」と自賛。2023年3月に開かれた全国人民代表大会(全人代=国会)でも「決定的な大勝利を収めた」と宣言したが、新型コロナ禍の爪痕はあまりに深い。そして、武漢では新型コロナウイルスの大流行の記憶を隠蔽《いんぺい》するかのような動きが進んでいた。

前述したように、世界で初めて集団感染が確認された「華南海鮮卸売市場」は高い壁で覆い隠されていた。近くの雑貨店の店主と雑談をしながら、海鮮市場のことを尋ねると、店主は急に押し黙り、目を伏せて首を2度横に振った。2021年に世界保健機関(WHO)が調査に入った中国科学院武漢ウイルス研究所は、スマホの地図アプリからその存在が抹消されていた。

【10】孔明南征の地で異民族支配の策略を読む

（雲南、ラオス）

諸葛亮と現代…二つの「南征」

三国志演義で蜀漢の天才軍師・諸葛亮が知略を尽くして南蛮王・孟獲《もうかく》を服従させる「諸葛亮の南征」。225年、南中（現在の雲南省、貴州省と四川省南部）で起きた反乱を蜀軍が平定した史実を基にした物語だ。現代中国は人口の9割以上を占める漢族と55の少数民族の多民族国家。少数民族が多く暮らす現地を訪れると、三国時代と今に通じる「少数民族政策」への腐心ぶりが見えた。

「七分の真実、三分の虚構」

三国志演義について、清の時代の学者は「七分の真実、三分の虚構」と評している。蜀漢を建国した劉備が223年に病死して間もなく、諸葛亮が南征をしたのは史実だ。諸葛亮は若き日、劉備に「天下三分の計」を説いた時から、「夷越《いえつ》の地」と呼ばれ、異民族が多く暮らしていた南中の攻略を進言していた。

劉備の悲願だった天下統一に向けて北方の魏と対決する前に、南中を制圧して後顧の憂いをなくし、南方から兵士や物資を調達するだけでなく、軍事家としての自身の腕前を蜀の国内に示す目的もあったとされる。

物語では天才軍師として描かれる諸葛亮は、実際には軍事より内政に優れた人物だった。

彼の南征軍は四川省成都《せいと》から雲南省の昆明《こんめい》まで南下して6カ月間で南中を平定している。雲南、貴州両省には、諸葛亮が訪れたとは考えにくい地も含む広い範囲に南征の史跡や名所が点在する。

貴州省安順市の「藤甲部落《とうこう》」もその一つ。「烏戈国《うか》」の兀突骨《ごつとつこつ》という王が諸葛亮たちの前に立ちはだかり、フジのつるで編んだ頑丈なよろいに身を固めた3万人の藤甲兵が弓矢をはね返して蜀軍を苦しめたと三国志演義に記される地だ。現地では藤甲兵を再現した地元の人々による観光客向けのショーが開かれていたが、歴史書の三国志には、烏戈国も藤甲兵も記述は一切なく、後世の創作だ。

大理石の産地として有名な雲南省大理市にも、諸葛亮が孟獲を捕らえては逃がしてやることを7回繰り返した末に、力の差を見せつけて心服させたという「七縦七擒《しちちょうしちきん》」の石碑がある。

諸葛亮は「用兵の道は敵の心を攻めるのを上策とし、城を攻めるのを下策とする」という戦略で南征を成功させ、「諸葛亮の世が終わるまで二度と反乱は起きなかった」と三国志演義はつづる。が、この地も諸葛亮が実際に来た記録はない。

激戦地は遊園地に

一方、雲南省の曲靖《きょくせい》市には諸葛亮の足跡が残る。市内を流れる白石江は蜀漢軍と孟獲軍が激突した幅10mほどの小川だ。近くに「諸葛亮と孟獲」という全長約60mもの巨大な壁画があった。中央に、向かい合う諸葛亮と孟獲の姿。右側に北から来た蜀軍の兵士たち、左側に孟獲軍の兵士たちの姿が刻まれている。ただ、戦闘の様子は描かれていない。

諸葛亮の蜀軍と孟獲軍が激突したと伝わる白石江。幅10mほどの小さな川で、周囲は遊園地や公園になっていた＝雲南省曲靖市

蜀漢軍と「南蛮王」孟獲たちの軍が激突した白石江のそばに、諸葛亮と孟獲の宴席を描いた全長約60mの壁画があった＝雲南省曲靖市

地元の男性が「少数民族の感情を逆なでしないよう、あえて停戦後の祝宴を題材にしたそうだよ」と教えてくれた。ちなみに孟獲は有力な豪族ではあったものの、漢族だったという説もあるという。

かつての激戦地は公園や遊園地となっており、中高年の女性たちが大音量の音楽で踊る「広場舞《ひろばまい》」を楽しんでいた。観覧車の隣を流れる川にはカモが群れをなし、穏やかな時間が流れていた。

郊外には山野の行軍で喉を渇かせた蜀軍の兵士たちが飲んで死んだという「毒水」の泉もある。タクシーで現地を目指したが、目的地の3㎞ほど手前で未舗装の山道に入り、やがて通行止めで進めなくなった。現代でも悪路の多い場所なのだ。

市の中心部の路地に「諸葛巷《こう》」という標識があった。通りかかった中学生くらいの少年に「諸葛亮の諸葛？」と聞くと、パッと誇らしげな表情になった。「昔はこの近くに諸葛亮を祭るほこらと像があったけど、中華民国時代の戦乱で失われたそうです」

私が現地を訪れたのは4月下旬。約2200㎞北東にある北京よりも肌寒い。「南蛮」と聞くとタイやベトナムのような熱帯を勝手にイメージしていたが、雲南、貴州両省には「雲貴高原」が広がり、海抜2千m弱の高地だった。

牛やヤギが歩く道の先に「南蛮王」孟獲の墓があるという＝雲南省曲靖市

かつて諸葛亮を祭るほこらがあったことにちなんで「諸葛巷」と名付けられた小さな通り＝雲南省曲靖市

諸葛亮は、山岳民族に平野に下りて農業を営むよう奨励する一方、彼らの独自の文化や習慣を重んじて、無理に漢族化させようとはしなかったと伝わる。南中平定後、諸葛亮は行政組織の要職に数多くの現地の人を登用した。この地の人々にとっては征服者である諸葛亮の印象が良いのはそのせいだろうか。孟獲も蜀の高官として起用され、諸葛亮が劉備の軍師となる前に活躍した徐庶と同じ地位に就いたとも言われる。

征服された側の碑

曲靖市の郊外に孟獲の墓があると聞き、車を走らせること1時間余り。牛やヤギが牧人に追われて歩く田舎道を進んだ。孟獲の墓まで1・5kmほどの所に鉄のゲートがあり、立ち入り禁止になっている。空気が乾燥するこの時期は山火事を防ぐため中国各地で「防火期間」とされており、車も人も入れないという。

警備員の男性たちが「せっかく日本人が来てくれて中に入れてあげたいけど、法律だからね」と申し訳なさそうに言って、代わりにスマートフォンで撮った墓や南蛮王孟獲之墓と書かれた石碑の画像を見せてくれた。

スマホをのぞき込んで驚いた。231年に孟獲の子孫が建てたと刻まれた碑文にこんな記述があったからだ。

「南蛮王孟獲之墓」と書かれた石碑。「孔明は非道で、私の領土を3度にわたって侵略した」と「恨み節」が刻まれていた＝雲南省曲靖市（関係者提供）

「南蛮王」孟獲が埋葬されたと伝わる地域に立つ彼の墓＝雲南省曲靖市（関係者提供）

「孔明は非道で、私の領土を3度にわたって侵略した」「部族間の不和があったため7度も捕らえられ、怒りを飲み込んで諸葛亮と盟約を結ばざるをえなかった」。別の石碑には孟獲が子に語った言葉として「私は諸葛亮に辱めを受けた（略）ひざまずくより立って死にたい」とも刻まれていた。

実は墓は本物ではなく、孟獲が埋葬された可能性があるこの地に後世に建てられたもの。石碑は現代になって、地元の公務員が侵略された側の孟獲の思いを代弁すべく建てたものだという。

中国共産党系の日刊紙「解放日報」は孟獲について「彼の英雄性は蜀漢に服従し、それによって辺境の平和と安定を長期的に維持したことにある」と記しているが、現代中国を統治する習近平指導部の新疆ウイグル自治区や内モンゴル自治区などでの少数民族抑圧に置き換えて見ると、支配者や侵略者側の言い分にも聞こえる。心を攻める七縦七擒の美談は物語だけの話かもしれない。事実、孟獲は「南人は二度と反乱しない」と誓ったというが、三国志演義の記述に反して諸葛亮の存命中に再び南中で反乱が起きている。

創られた〝美談〟

正史には孟獲の名前も七縦七擒の話も見当たらない。

三国志演義が成立し、七縦七擒が盛り込まれた元末明初の時代や、物語として洗練された清の時代は、それぞれ、当時の王朝が異民族への対処や民族の同化政策に苦慮した。七縦七擒はいわば、中華思想に異民族が帰属する構図で、異民族を取り込むマジョリティー側の意識を体現しているとも言える。そして現代の習近平指導部も、56民族を「中華民族」とひとくくりにし、事実上は少数民族を漢族に同化させる政策を進めてきた。

中国政府で少数民族政策を担う国家民族事務委員会の主任(閣僚級)は長年、少数民族が務めてきた。しかし、習近平指導部は2020年、漢族を66年ぶりに起用。その後も2代続けて漢族が就いた。

雲南省の少数民族を紹介するテーマパーク「雲南民族大観園」には諸葛亮(左)に恭順を誓う「南蛮王」孟獲の像があった＝雲南省昆明市

雲南省の省都・昆明市。省

小ポタラ宮の扁額＝河北省承徳市

「雲南民族大観園」に立ち並ぶ蜀漢の英雄たちと孟獲（右から2番目）の立像＝雲南省昆明市

内の少数民族の暮らしや文化を紹介するテーマパーク「雲南民族大観園」を訪れると、入り口の近くに、劉備、関羽、張飛、趙雲ら蜀の英雄たちのりりしい立像が並んでいた。そしてその隣には諸葛亮と彼に頭を下げて蜀に臣従を誓う孟獲の像があった。漢族に服従する現地の人々。モニュメントに込められた意図を勘ぐってしまった。

園内には中国有数の茶の名産地として知られる雲南の茶文化を紹介する施設もあり、「茶祖」として諸葛亮をたたえていた。

小ポタラ宮と違和感

中国の歴史は、漢族と異民族との戦いと共存の歴史でもある。

3年に及んだ中国滞在中、私は中国の全31省・自治区・直轄市のうち、チベット自治区だけは訪れることができなかった。海外メディアの記者の入域が厳しく制限されているためだ。現地を訪れ、チベット仏教の指導者ダライ・ラマの宮殿だったラサのポタラ宮や人々の暮らしを取材したいと念願してきた。が、自治区政府の窓口から「政府の招待がなければ入域は認めない」と回答が来た。

帰任の直前、せめてもとの思いで、北京の約250㎞北東の河北省承徳市にある「小布達拉宮(小ポタラ宮)」に足を運んだ。清王朝時代の歴代皇帝の避暑地だった承徳に1770年、乾隆帝が母親の80歳と自身の60歳を祝賀して高さ117mのポタラ宮を模して造ったもの。「小」とはいえど、高さ43mの壮大な建物だった。

興味深かったのは乾隆帝の手による扁額に中国語(漢語)、満州語、チベット語、モンゴル語が併記されていたこと。満州族が統治した清王朝最盛期の皇帝も異民族の懐柔に腐心していたのだ。清王朝はチベット仏教を受け入れ、モンゴル、チベットなどを統治するための中央官庁・理藩院《りはんいん》を設けて少数民族を支配下に置きながらも、ある程度の自治を認めていた。

漢族が事実上支配する現代中国。「現代の皇帝」とも呼ばれる習近平氏が少数民族の言語教育や宗教を統制し、漢族同化政策を進めることへの違和感を、歴史的建造物が教えてくれた。

現代の「南征」？　鉄道で結ばれたラオス

日本とほぼ同じ面積の雲南省はベトナム、ラオス、ミャンマーと国境を接する。このうちラオスとは、首都ビエンチャンと昆明市を最高時速160㎞の中国製列車で結ぶ全長1035㎞の「中国ラオス鉄道」が2023年4月に全面開業した。同月下旬、習近平氏が提唱して10周年を迎えた巨大経済圏構想「一帯一路」を象徴する高速鉄道に乗ってみた。

ラオス国旗を思わせる白地に赤、青をあしらった専用車両「瀾滄《らんそう》(メコン)号」は全面開業から間もない時期だったため、まだピカピカ。外観も内装も中国の高速鉄道とほぼ同じだ。昆明南駅からビエンチャン駅までは、両国境での出入国手続きを含めて約10時間半かかる。

車内放送は中国国内では中国語→英語→雲南省南部の少数民族、傣タイ族語の順で、国際列車なのになぜかラオス語はない。ラオスに入るとラオス語→中国語→英語の順番に変わった。プラットホームの駅名表示も中国側は中国語と英語だけ。ラオス側はラオス語と中国語、英語が並び、中国語のフォントが一番大きいのが印象的だった。

車窓の風景は濃い緑の茶畑やコーヒー農園が広がる大地と漆黒のトンネルを繰り返す。やがてトンネルばかりになった。暇つぶしにスマホの地図アプリを見ると雲南省には孟連、孟定、孟偎…と、なぜか孟獲の一族のような地名が目について楽しい。

中国側の国境にある駅に到着した「瀾滄号」＝雲南省

中国側の国境駅「磨憨《モーハン》」のプラットホームには「中国ラオス鉄道は『一帯一路』における中国とラオスの友好のランドマークとなるプロジェクト」「中国ラオス鉄道を維持・運営し、沿線を開発・建設し、両国の人々のためにゴールデンルートを作ろう」という中国語の看板とともに、こんな標語が掲げられていた。「鉄道を故郷に、辺境の民を党に」。鉄路を延伸することで共産党の統治を広げ固めていく〝現代の南征〟を象徴する言葉だ。

進む沿線の中国化

国境の「友誼《ゆうぎ》トンネル」の中は赤や紫にまぶしくライトアップされ、中国とラオスの巨大な国旗が描かれていた。

ラオスが誇る世界遺産の町、ルアンプラバンの駅舎は、人里離れた山中にあった。外観こそ朱色の三角屋根のラオス風建築だが、駅舎の造りや内部構造は中国国内に張り巡らされた高速鉄道駅と酷似していた。メコン川沿いに素朴な造りの住家や食堂が並ぶこの町では異様な巨大さで、中国の国力を見せつけるような威圧感さえあった。駅舎内の売店では人民元が使えた。

ビエンチャン市内には中国語で「貸地」「売り地」「貸店舗」と書かれた掲示があちこちに＝ラオス

私がルアンプラバンを訪れるのは10年ぶりだった。○○酒店、○○火鍋、○○公司といった中国語の看板が目立つ。以前にはない光景が広がっていた。「売り地」「貸地」「貸店舗」という中国語の貼り紙も点在していた。

約４１４kmに及ぶラオス側の鉄路は総工費約59億ドルで、７割を中国が負担。残りのラオス分も大半は中国からの融資で賄っており、返済が滞って中国に権益を渡す「債務のわな」に陥るリスクも指摘されている。

ラオスはベトナム、タイ、そして中国などに囲まれた世界の最貧国の一つ。ラオス政府関係者は「わが国にとって悲願だった長距離鉄道を整備してくれた中国に感謝している」と語る。

だが、駅前で乗ったタクシーの男性運転手は、スリランカがシーレーン

ビエンチャン駅の売店には、中国の習近平国家主席の著書が一番目立つところに並べられていた＝ラオス

中国ラオス鉄道の終着地点ビエンチャン駅。中国名の「万象」がラオス語より大きく掲げられていた＝ラオス

（海上交通路）の要所にある港を「一帯一路」に基づく中国の融資で建設したものの返済に行き詰まり、権益の大部分を中国側に99年間貸与することで合意したことに触れ「この鉄道もいずれそうなるかも」と苦笑した。

19世紀末、日清戦争の敗北など清王朝の弱体化につけこんだ列強諸国は、清を脅すようにして「99年の租借」を認めさせた。英国（香港がある九龍半島の北部の新界地区）、ドイツ（山東半島の膠州湾《こうしゅう》）、フランス（広州湾）などだ。中国語で「9《ジュー》」発音は、「永久」の「久《ジュー》」と同じため「99年」という租借期間は「ほぼ永久」を意味したことを思い起こした。

植民地化の懸念も

中国ラオス鉄道の終着駅、ビエンチャン。駅舎の真ん中に書かれた「万象」という中国名は、明らかにラオス語より大きかった。中の売店には、一番目立つところに習氏の著書を並べた書棚があった。駅前で客待ちをしていた三輪タクシー「トゥクトゥク」の男性運転手は「中国が造ってくれたから仕方ない。昔はフランス、今は中国の植民地化が進んでいる」とさらりと言った。

ルアンプラバンと同じく中国語の看板があちこちにあり、高速鉄道だけでなく「中国ラオス高速道路」の整備も進んでいた。大学の選択科目で人

中国とラオスを結ぶ高速道路の整備も進んでいた。「中老（中国ラオス）高速公路」という中国語の看板も＝ラオス・ビエンチャン

ラオスの首都ビエンチャンには中国語の看板が立ち並ぶエリアがあった

気の外国語は英語か中国語だという。新型コロナウイルス禍で経済が打撃を受けたせいかシャッターが閉まったままの店舗が少なくない。やはりこの街でも「貸店舗」「売り地」という中国語が目についた。

市内には広大な中華街もあり、日用雑貨から化粧品、スマホ、家電品、玩具、電動バイク、車まで売っている。ラオス政府認可をうたうカジノ風のゲームセンターもあった。いずれの店もオーナーは中国人で従業員はラオス人という。オーナーの中国人たちが屋外でテーブルを囲み、中国茶を飲みながら中国語で談笑していた。中国各地で見た街角の情景がそこにあった。

一帯はラオスの旧宗主国・フランスの空軍駐留地跡で、中国企業がラオス政府から独占的営業権を50年契約で取得したという。入り口の前には国旗の掲揚台があり、中国国旗にも見える赤い旗を挟んでラオス国旗とラオス人民革命党旗がはためく。

その傍らにガジュマルの巨木がそびえ、足元に黄金色のほこらがあった。ラオスの歴史を見つめてきた老木は

国旗掲揚台のそばに立つガジュマルの老木＝ラオス・ビエンチャン

何を思うだろうか。

中国政府は中国ラオス鉄道をさらに南へ延伸させ、将来的にタイとマレーシア、シンガポールまで鉄路で結ぶ構想を立てている。

かつて諸葛亮は魏と戦う力を付けるために武力で南征を果たした。習近平指導部は、エネルギー安全保障のルート確保や国際社会での影響力強化のために巨大な経済力で南へ進もうとしている。自らの〝国益〟を実現するための南征という点では同じかもしれない。

【11】蜀漢が拠《よ》った大盆地で伸びしろを感じる（洛陽、成都、鶴壁）

劉備が理想を描いた蜀の古都に残る歴史の光陰「暗愚」の後継者が残したもの

223年6月、三国志の英雄の一人、劉備が世を去った。彼は「蜀」と呼ばれた現在の四川省一帯を拠点に蜀漢を建国し、初代皇帝となった。その首都で、現在は四川省の省都の成都を訪れると、劉備が天下統一の足場とした理由が分かり、中国が本来持っている多様性と伸びしろを感じた。

洛陽――漢魏古城と卑弥呼

魏王となった曹操が本拠地とした鄴は現在の邯鄲（河北省）だ。孫権が建国した呉の首都の建業は南京（江蘇省）、後漢末期の一時期に都だった長安は西安（陝西省）。北京は幽州広陽郡と呼ばれていた。三国志の時代と現代で名前が変わった都市は多い。そんな中、成都と魏の首都だった洛陽は今も同じ名前で存在する。

成都に入る前に、約千㎞北東にある河南省洛陽市に足を運んでみた。その名を中国史に刻まれた街だけに、中国最古の仏教寺院の白馬寺や中国三大石窟の一つの龍門石窟、中国拳法で有名な少林寺など、市内や近隣には観光名所がいくつもある。そんな市の郊外に魏時代の洛陽の遺跡があると聞き、市中心部でタクシーに乗った。中年の男性運転手が「漢魏故城？　珍しいね！　観光客はめったに行かないところだよ」と返してきた。

タクシーが止まったのは、どこまでも農地が広がる田園地帯の一画。ポツンと「漢魏洛陽故城」という石碑があり、その先に人の背丈ほどの土手が続いている。土を何層にも固めて作ったかつての城壁の基礎部分だという。石碑の裏には、曹操の息子で魏の初代皇帝、曹丕が220年、ここに宮城《きゅうじょう》を創建したと刻まれていた。南北に延びる長方形の広大な跡地に建物は一切なく、発掘調査で見つかった城門や宮殿の柱石跡、土台の跡が野ざらしで展示されている。

洛陽市郊外の田園地帯に広がる「漢魏洛陽故城」。当時の城壁の土台部分が残っている＝河南省

2・5㎞ほど離れた白馬寺は見物客で大混雑していたが、ここには数組の家族連れやカップルしかいない。風の音と鳥のさえずりだけが聞こえる。城門跡から奥部の宮殿跡まで延びる大通りの石畳の上で目を閉じ、かつてここにそびえていた王城の姿を思い浮かべた。

宮殿跡には遺構を保護する屋根があり、地表にブルーシートがかけられている。今も発掘調査が続いているようだ。

実はこの故城は日本にゆかりがある場所だ。3世紀に書かれた歴史書の「三国志」のうち、魏の歴史をつづった魏書の末尾の「倭人条《わじんじょう》」、いわゆる魏志倭人伝には238年に邪馬台国の卑弥呼の使者がこの宮城を訪れたと記されているのだ（最新研究では239年が通説となっている）。時の皇帝は

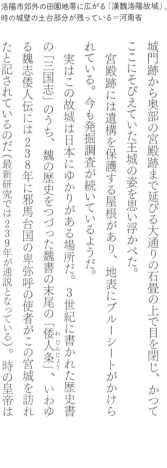

成都市中心部の繁華街・太古里。飛び出すように見える3D広告の巨大なディスプレーがあった＝四川省

卑弥呼の使者に魏の官職を授け、銅鏡や錦などさまざまな品を下賜したという。玄界灘を越えてはるか大陸にやってきた卑弥呼の使者たちも、この大通りを歩いたのだと思うと心が躍った。

河南省の歴史研究者から「錦は蜀錦と呼ばれた絹織物。紀元前の戦国時代の成都で生まれ、蜀の宰相だった諸葛亮の殖産興業策で発展した特産品です」と聞いた。当時、魏と蜀は呉と共に天下を争う戦争状態にありながら交易し、諸葛亮の錦が古代日本に伝来していたのだ。数千年前からの成都の豊かさにも感じ入った。

成都――中国屈指の繁華街

「成都は中国で最も幸せな街と呼ばれています」。成都市の空の玄関、成都天府国際空港に着陸する前の飛行機でこんな機内アナウンスが流れた。「天府」は自然の恵みが多く手に入る場所という意味で、古くから成都の代名詞だったという。

前述したように私は中国で暮らした3年の間に

性暴力被害を告発する「#MeToo」運動の関連書籍を集めたコーナー。客が自由に意見を書いて付箋を貼れるようになっていた＝四川省成都市

100都市以上を訪れたが、成都には首都の北京や最大の経済都市である上海以上の豊かさを感じた。

四川省の面積は日本の約1・5倍、人口は約8372万人（2021年現在）。成都は人口約2100万人で重慶、上海、北京の3直轄市に続く中国で4番目の大都市だ。高学歴の人材が集まり、日中外交筋は「中国で今一番勢いのある都市」と評する。プライベートジェット機の所有者が人口比で中国最多なのも、経済都市・上海や首都・北京ではなく成都なのだという。

市中心部の繁華街・太古里《たいこり》は、東京の銀座より洗練された街並みで深夜までにぎわう。パンダが飛び出してくる3D広告の巨大ディスプレーや世界的な高級ブランド店が立ち並ぶ一方、古寺や庶民が集う茶館と見事に共存している。成都は書店数が中国で最も多い都市でもあり、日本では見たこともないおしゃれな造りの書店も複数あった。

ある書店には性暴力被害を告発する「#ＭｅＴｏｏ」運動の関連書籍を集めたコーナーがあり、客が自分の意見を自由に書いて付箋で貼れるようになっていた。#ＭｅＴｏｏは、欧米発であることなどから中国当局から抑圧された運動で、北京の書店では考えられない光景だった。

成都の大学で学んだ北京出身の男性(28)は「四川は四方を3千m級の山々に囲まれて他の地域と途絶した盆地。古代から温暖な気候と農産物に恵まれ、黄河文明や長江文明とは異なる独自の文明があった。中央を気にしない気風が根強い」と話す。音楽やゲーム、アニメ産業の拠点としても活況を呈しており、2023年7月1日には成都と香港を結ぶ高速鉄道も開通した。中国の経済成長が鈍化したとはいえ、まだまだ伸びしろもある。

劉備の祖先とされる劉邦は巴《は》・蜀・漢中《かんちゅう》を足掛かりに勢力を拡大して天下統一を果たし、漢王朝を開いた。劉備が蜀を拠点にしたのは、劉邦の歩みを強く意識していたことが一因という見方もある。

ただ、当時の戸籍人口が集中していた華北地方を拠点とした曹操、3代にわたって地域に根ざす豪族だった孫権に対し、劉備は裸一貫で皇帝にまでなった。周囲を山々に囲まれた内陸の盆地で肥えた土地が多く、守るにやすく攻めるに難い国だった蜀の地の利を生かす狙いもあったのだろう。

三国志演義は、曹操が天の時、孫権が地の利、劉備が人の和を得て三国鼎立を成し遂げたと描いている。現実には、蜀の地が持つ潜在能力の高さも劉備の強みだったのだ。そして、諸葛亮の殖産興業策が現在の繁栄の礎となった。

文革の爪痕深く

成都市内には「三国聖地」と彫られた大きな石碑が立ち、三国志ゆかりの史跡が点在する。

黄忠村、黄忠派出所、黄忠街…。蜀漢の老将、黄忠《こうちゅう》の名を冠した地域もあった。住宅団地の中に「黄忠祠遊園」という石板が掲げられた公園があり、りりしい黄忠の騎馬像が立つ。関羽との一騎打ちや魏の宿将・夏侯淵《かこうえん》を斬った名場面など黄忠の活躍ぶりを描いた壁画が公園のあちこちにあり、黄忠をたたえる詩も刻まれていた。

近くの茶館ではお年寄りたちがのんびり茶を飲み、おしゃべりをしていた。公園の隣の幼稚園から子どもたちの歌声が響く。黄忠文化広場では木陰で中高年の男女が卓球をしていた。日本の公園とはひと味違う穏やかな空気に包まれている。茶館のお年寄りによると、かつては黄忠を祭るほこらがあったというが、ここも文化大革命で紅衛兵に破壊されてしまったという。紅衛兵は封建社会の象徴としてさまざまな文化財を壊した。老将に何の罪があるというのだろうか。

蜀漢の老将、黄忠を祭るほこらがあった場所には、彼のりりしい騎馬像が立っていた＝四川省成都市

生死を共にすると誓い合った義弟・関羽の死を悲しみ、泣き顔を洗う劉備の像＝四川省成都市

劉諶が自決した場所と伝わる地には道教寺院と茶館があった＝四川省成都市

洗面橋文化広場という公園には、泣き顔を水で洗う劉備の像があった。

前述の通り、関羽が呉軍に殺された後、首は魏の洛陽へ、胴体は呉の領土に埋葬されたため遺体は蜀に帰らなかった。劉備は関羽の衣服を祭る廟を建て、参拝するたびに涙を洗い流したという。共に命をかけて戦った仲間を大切にし、その死に涙を流す。情の厚さが劉備の強みでも弱みでもあり、この時代の他のリーダーにはない魅力だったのだろう。

ちなみに、関羽廟は日中戦争のさなかに失われたという。繰り返しになるが、これまで訪れてきた中国各地の三国志の史跡は日中戦争か文化大革命で破壊されたものが多かった。傷痕の深さを思う。

魏延がいない理由

蜀漢の建国から42年後の２６３年、魏の大軍が蜀の地に攻め込んだ。蜀漢軍は抗戦を続けたが、劉備の子どもで蜀の2代皇帝の劉禅は魏軍が成都に迫ると、あっさり降伏を申し出、蜀漢は滅亡した。

この時、劉禅の子の劉諶《りゅうじん》は降伏に反対し、妻子を殺して自決した。その場所は、道教の寺院と茶館になっており、当時の経緯を記した木板が壁に掲げられている。お香の匂いと煙が漂う場で、中高年の男女がゆったりとお茶を楽しんでいた。蜀漢滅亡時の凄惨な記憶を刻む現場が、成都の人々の祈りと憩いの場になっていることに救われる思いがした。

成都最大の三国志の名所「武侯祠」は、市街地の西南にある。武侯とは諸葛亮の称号。彼を祭る場所だ。

「武侯祠」は成都市の目玉観光地だけに、いつも大勢の観光客でにぎわっている＝四川省成都市

諸葛亮を祭る「武侯祠」＝四川省成都市

付近にはあちこちにチベット文字が書かれ、チベット仏教の仏具やお香、飾りの店が軒を連ねていた。チベット自治区政府の出先機関まであった。武侯祠の近くにはチベット族の人々が多く暮らしており、チベット仏教の僧侶に頻繁にすれ違う。成都はチベットの入り口でもあるのだ。

スマートフォンの地図アプリで「武侯祠」と表示された施設の入り口には「漢昭烈廟《しょうれつびょう》」という額が掲げられていた。昭烈皇帝は劉備の諡《おくりな》だ。元々は劉備の墓「恵陵《けいりょう》」とほこらがある場所だったが、三国志演義が成立した明の時代に、少し離れた場所にあった武侯祠を同じ構内に移設したのだという。

君主と臣下が合同で祭られる形になり、しかも先にあった恵陵よりも武侯祠が有名になってしまった。恐縮する諸葛亮と、「これぞ水魚の交わり」とむしろ喜んでいる劉備の姿を思い浮かべて楽しくなった。

門をくぐり木立の真ん中を進むと、まず劉備を祭るほこらがあった。その手前、中庭を挟んで右手の廊下には馬良《ばりょう》、蒋琬《しょうえん》、費禕《ひい》ら蜀漢を支えた文官14人の極彩色の坐像が並ぶ。左手の廊下には趙雲、黄忠、姜維《きょうい》ら14人の武将の坐像。「馬超だ！」と若い女性がスマホで像と一緒に自撮りをしていた。

気になったのは28体の座像の中に劉備に信頼されて将軍として活躍し

劉備の墓「恵陵」は竹林や木々に囲まれた小高い丘だった＝四川省成都市

た魏延《ぎえん》の像がないことだった。234年に諸葛亮が陣中で病死した際、幕僚長の楊儀《ようぎ》と対立して撤退命令に従わず、楊儀の命を受けた馬岱《ばたい》に殺された。魏延が魏との戦いで功績を挙げたのは史実だが、三国志演義では裏切り者の反骨の相を持つ悪役として描かれているため、像に加えられなかったのだ。

ちなみに、魏延が馬岱に斬られた場所は、陝西省漢中市の中心部にある。携帯電話会社やホテルが入るビルの1階に「古虎頭橋碑」という古い石碑が立っていた。行き交う人々の多くは、ここが三国志の名所だとは知らない様子で、目もくれずに通り過ぎていった。

成都の男性が小声で、興味深いエピソードを教えてくれた。「中国共産党総書記だった趙紫陽《ちょうしよう》氏が武侯祠を訪れた際、魏延の像がないことを知って『なぜか』と質問した」という。まさか、やがて自らが魏延のような扱いを受けることになるとは知る由もなかったはずだ。

改革派指導者だった趙紫陽氏（1919〜2005）は1989年6月に中国当局が学生らの民主化要求デモ

を武力弾圧した天安門事件の数日前、デモ隊に理解を示したとして党内で批判されて失脚。軟禁状態のまま死去した。

政治改革を志向した趙紫陽氏に対し、経済体制だけ改革する路線だった当時の最高実力者の鄧小平氏が趙紫陽氏を意思決定から外し、強硬な保守派の李鵬《りほう》首相（1928〜2019）らとだまし討ちのような形で武力弾圧を決めたとされる。遺族や関係者は趙紫陽氏の名誉回復を望むが、現代中国を統治する習近平指導部は民主派を抑圧して武力弾圧を正当化しており、その兆しは一切ない。

武侯祠の暗がり

28体の座像の先には、劉備の義兄弟、関羽と張飛の坐像があった。張飛はイメージ通りの黒い怒り顔だが関羽はふくよかな感じで面白い。すぐそばに青龍偃月刀も置かれていた。その奥に2人に脇を固められるように鎮座し、金色の衣をまとった劉備像があった。

魏延が馬岱に斬られたと伝わる地に立つ「古虎頭橋」の石碑＝陝西省漢中市

前述した通り、青龍偃月刀は三国志演義で関羽愛用の武器として描かれている。張飛の蛇矛の他、中国でも「三国志最強の武将」とも呼ばれる呂布の武器「方天画戟《ほうてんがげき》」、趙雲愛用の槍などが登場する。ただ、現実には三国時代にそんな武器は存在しなかったとされる。曹操の墓を博物館にした「曹操高陵遺跡博物館」などに当時の武器の出土品や復元品が展示されていたが、どれも思っていたより小さかった。研

劉備を祭るほこら。劉備像（中央）に向かって右側には劉備の孫、劉諶の座像があったが、反対側には不自然な空間が広がっていた＝四川省成都市

究者は「三国志演義に登場するような大きくて重い武器は、馬に乗って片手で振り回せない」と話す。

本物の関羽は一体どんな武器を持って戦っていたのだろう。

戦乱が続いた三国時代は、武器開発の盛んな時代でもあった。弓矢を進化させたボウガンのような「弩《ど》」、長い柄《つか》の先に両刃を取り付けた「矛」、矛に戈《か》という突起を付け、矛で相手を突き刺したり、戈の部分で斬ったり敵を引っかけたりする「戟」などは実際に三国時代に使われたとされる。槍はまだ開発されていなかったという。

劉備に向かって右側には、魏への降伏に抵抗した劉諶が祭られている。しかし、反対の左側には何もない空間がぽっかりと空いていて、黒い壁だけが見える。

私が現地を訪れたのは平日の午後。成都屈指の名所だけに多くの家族連れや観光客で混雑する中、団体客の女性ガイドが「かつてはここに劉禅の像がありました。彼のせいで蜀漢が滅んだと嫌われて壊され、

「阿斗寨」＝河南省鶴壁市の蜀村

劉備を祭るほこらには、蜀漢を支えた武官と文官の計28体の座像が並んでいた＝四川省成都市

作り直してもまた壊されるので、やがて廃祠されました」と説明していた。

劉備たちのさらに奥に「武侯祠」の額がかかる門があり、金色の衣に身を包んだ穏やかな表情の諸葛亮が鎮座していた。魏に徹底抗戦を続けて命を落とした息子の諸葛瞻《しょかつせん》、孫の諸葛尚《しょかつしょう》の像が左右に控える。

劉備が眠る恵陵は、朱色の壁が鮮やかな石畳を進んだ先にあった。竹林や木々に囲まれ、植物が生い茂る小高い丘だった。1800年前に建てられた劉備の墓が眼前にあることに感激した。文化大革命の際、紅衛兵は武侯祠にも突入した。だが、管理人たちが知恵を絞り、恵陵のあちこちに毛沢東語録を貼り付けていたため、破壊を免れたという。

鶴壁ーもう一つの「蜀」

成都から北東へ約1300km。河南省鶴壁市に「蜀村」がある。現地を案内してくれた河南省三国文化研究会副会長の石小生《せきしょうせい》さんによると、「四川省以外で蜀という地名があるのはここだけ」という。

村には、蜀漢滅亡後の一時期、劉禅が幽閉されていた地と伝わる史跡「阿斗寨《あとさい》」がある。阿斗は劉禅の幼名だ。地元政府が当時の砦を復元するなど観光地として整備を進めている。

歴史書には、こんな記録が刻まれている。ある時、魏の実力者の司馬昭

「阿斗寨」に復元された砦から眺めた蜀村＝河南省鶴壁市

デフォルメされた劉禅の人形＝河南省鶴壁市の蜀村

が宴会で蜀の音楽を演奏させた。蜀漢の旧臣たちは涙を浮かべたが、劉禅だけは笑っていたという。「蜀が懐かしいでしょう」と問われた彼が「ここは楽しくて、蜀のことは忘れました」と答えたとも記されている。争いを好まない温厚な性格だったとされる劉禅。在位は三国時代の君主の中で最も長い40年に及んだ。宴会でのやりとりは暗愚の証しか、魏に警戒されないための演技だったのか。真相は分からない。

ただ、現地の人々の劉禅評は決して悪くない。威厳が漂う等身大の立像もあった。石小生さんによると、劉禅が成都から連れてきた職人がこの地の人々に花を育てる技術を教えてくれたおかげで、村は現在も花の一大産地になっているという。

史跡のそばには遊園地があり、楽しげな音楽が大音量で流れていた。風船やおもちゃが売られ、子どもたちがはねるように小踊りをしていた。デフォルメされた劉禅の人形も園内にあった。ここなら彼も「蜀に帰りたいと思わない」と喜ぶかもしれない。

河南省一帯は、中華文化発祥の地とされる黄河流域にある平原で、古代から「中原《ちゅうげん》」と呼ばれてきた。「中原は2千年間にさまざまな戦乱があった地域だけに三国時代の遺物がほとんど残っていない」。石小生さんと一緒に案内してくれた河南省文物考古研究院の潘偉斌さんがつぶやいた。

花を植える人々を見つめる劉禅の像＝河南省鶴壁市の蜀村

「蜀村という村の名前だけでも三国志の面影が残っているのは、歴史の宝物です」

「官渡の戦い」の古戦場も

鶴壁市の浚《しゅん》県は、200年に曹操と袁紹が覇権を争って激突した天下分け目の「官渡の戦い」の舞台として知られる。現地に足を延ばすと、明の時代に作られて2019年に復元されたという古城の中に今も3万人が暮らしていた。古城の中には、関羽を祭る大きな関帝廟があった。官渡の戦いの前哨戦となった「白馬の戦い」で、曹操に一時的に降伏していた関羽が袁紹軍の武将、顔良《がんりょう》を討ち取った様子を描いた立派な壁画があった。浚県で三国志にちなむ名所はここくらいだという。つわものどもが夢の跡。総大将の曹操でも袁紹でもなく、関羽が大きな存在感を示しているのが面白かった。

【12】孔明北伐の道を辿って日本の活路を考える（剣閣、昭化古城、蜀桟道、漢中）

命を賭した諸葛亮の「北伐」は無謀か深謀か

「三国志」時代の蜀漢の宰相・諸葛亮が主君への誓いを果たすため、身命を賭して北の超大国の魏に挑んだ「北伐」。10倍近い国力差を度外視した無謀な長征だったのか。国の活路を開くための深謀遠慮に基づく攻略だったのか。蜀漢の首都だった成都（四川省）から諸葛亮終焉の地・五丈原（陝西省）までの進軍ルートを辿《たど》り、現代の超大国となった中国に向き合う日本の針路に思いをはせた。

難攻不落の要害

成都から北西へ約260㎞。広大な四川盆地の北端にある広元市剣閣《けんかく》県に入ると、道路の左右にびょうぶのような巨大な岩山が広がり始めた。その名も大剣山、小剣山。先端が剣のようにとがっている。断崖絶壁の間を縫うようにくねくね曲がる道を、タクシーは進む。やがて「剣門関」と書かれた大きな石碑が見えた。二つの山の谷間に要塞が築かれ「剣門関を得れば四川を得る」と言われたほどの蜀の重要軍事拠点だ。

タクシーを降りて剣門関の石碑の先に進もうとすると、少し離れた場所で女性が手招きしている。彼女の

地元の人々が「マーボー豆腐の元祖」と語った剣門豆腐＝四川省広元市剣閣県

「剣門関を得れば四川を得る」と言われた蜀の重要軍事拠点「剣門関」の石碑＝四川省広元市剣閣県

背中には食堂が軒を連ねていた。「桃園故里」「雲長《うんちょう》豆腐宴」「姜維《きょうい》豆腐宴」「三鼎《さんてい》酒店」…。一帯には三国志ゆかりの名称を冠し、ファンの心をくすぐる看板があふれていた。女性は客引きの一人。ちょうど昼時だったせいか、彼女自身も麺を立ち食いしながら「剣門関をじっくり見物する前に腹ごしらえしたら？　結構歩くことになるよ」と声を掛けてきた。見ると、すすっている麺がなかなかおいしそうだ。いざなわれるまま店に入り、メニューを見ると豆腐料理がとても多い。郷土料理だという剣門豆腐と麻辣《マーラー》豆花魚を注文した。剣門豆腐は手作りの揚げ豆腐に赤唐辛子入りのあんをかけた料理。赤茶色の汁に漬かった豆腐は見るからに辛そうだが、口に運んでみるとそこまで辛くもない。

中国に着任して間もない頃は本場の辛さにもん絶した。が、やがて慣れ、辛さの奥にある深い滋味を感じられるようになった。四川省では幼児期から唐辛子入りの料理を食べる。中国の友人が「辛さはアスリートと同じで、鍛錬が大事」と豪快に笑って教えてくれたのを思い起こした。しびれるような辛さの粒状の香辛料・花椒《ホアジャオ》の濃厚な香りが口から鼻に抜け、舌に麻辣のしびれが心地よく広がる。

麻辣豆花魚は川魚を使った料理だが、新鮮な白身魚でぷりぷりして身離れもよく、骨からホロリととれる。麻辣のおかげで臭みもなく、ご飯がすすむ。気がつくと汗が噴き出していた。「ゆっくり味わって食べてね」。

「鳥道」の入り口は、かなりの急傾斜だった＝四川省広元市剣閣県

剣門閣に向かう途中の「鳥道」。幅30cmほどの小道の下は断崖絶壁だ＝四川省広元市剣閣県

麺を食べ終わったようで、先ほどの客引きの女性が笑顔で話しかけてきた。「四川料理と言えばマーボー豆腐。マーボー豆腐といえば(四川省の省都の)成都の名物だけど、本当はここが発祥の地なのよ」。彼女によるとマーボー豆腐を発案したのは四川省成都の陳さんという胡麻をふったようなあばた顔のお婆さん。彼女が考案した豆腐なので「麻婆豆腐」という名が付いたが、その陳さんは剣閣県の出身という。だから剣門豆腐がマーボー豆腐の原点なのだとか。真偽はともかく、目の前の剣門豆腐が一層味わい深く感じた。

お腹を満たして、いざ、剣門関へ。要塞跡に向かう途中には、鎖の手すりが両脇についた急な石段をひたすら上へ上へと登って山を越える「鳥道」があった。「ホウ、ホウ、ホウ！」と叫んでやまびこを楽しむ若者の声が聞こえた。かなりの急傾斜で、ほぼ垂直によじ登るような難所が続く。狭い所では道幅が30㎝ほどしかなく、足元のすぐ隣は絶壁。ビル風ならぬ崖風に身体を持っていかれそうになる。鎖をしっかり握らねば滑落しかねず、前後を行く人々に連帯感が生まれていく。「ホウ、ホウ、ホウ!」と一緒に叫んで上を目指した。終着点では、鎖の手すりに恋愛や受験の成就、家族の健康や和楽を願う手書きの札がたくさん下げられていた。

その先に楼閣「剣門閣（剣閣）」があり、「蜀」と書かれた旗が峡谷に吹く風にはためいている。案内板に、諸葛亮の時代に造られて難攻不落を誇ったこと、正面から攻め落とされたことは一度もないことが記されていた。唐の時代の詩人、李白（701~762）が「一夫関に当たれば万夫も開くなし（一人の兵が関所を守れば、万人の兵が攻めても突破できない）」と、この地をたたえた詩も掲げられていた。

歴史を刻む名勝

蜀漢を建国した劉備の死から5年後の228年以降、ここから、諸葛亮が率いる軍勢が北を目指して出征していったのだ。楼閣に上って感慨にふけっていると、大学生風の中国人男性が「写真を撮ってもらえますか?」と声をかけてきた。快諾すると、いきなり楼閣の上の旗を引き抜いて斜めに掲げ、ポーズをとった。たくましさに思わず声を上げて笑いながらシャッターを切った。私も同じポーズで写真を撮ってもらい、笑い合った。

今は穏やかな観光地だが、諸葛亮の死から29年後に魏が蜀漢へ攻め込んだ際、彼の志を継いだ武将の姜維が立てこもり、堅守した激戦地でもある。敵兵10万人を足止めすることに成功したものの、別ルートから魏軍が成都に迫り、蜀漢の2代目皇帝の劉禅があっけなく降伏。それを知って嘆き、剣を大地にたたきつけて

劉禅の降伏を知って嘆き、剣を大地にたたきつけて憤る姜維たちの石像＝四川省広元市剣閣県

諸葛亮の軍勢がここを通って北伐に向い、後に姜維が魏軍から堅守した「剣門閣」＝四川省広元市剣閣県

憤る姜維たちの石像が楼閣の近くにあった。

前線では負けていないのに、戦況を十分に把握できていない君主が戦場から遠く離れた宮殿の奥で恐れをなし、厭戦気分に浸る。この地で善戦した将兵たちの歯がゆさが、なぜか人ごととは思えなかった。

ちなみに、戦では一度も破られなかったという剣門閣も、人智を超えた災害で何度も崩れ、そのたびに再建されてきたと案内板に書かれていた。2008年に発生した四川大地震でも激震で倒壊したが、見事に復元されていた。

剣門閣から北へ40㎞ほど進むと「中国で最も完全な状態で保存されている古城の一つ」と言われている「昭化古城」があった。三国志演義で共に蜀漢の五虎大将軍として描かれている張飛と馬超が夜を徹して戦ったとされる「葭萌《かぼう》関」の跡。交通の便が悪かったことで近代化や再開発の波から取り残され、500～600年前の建物や街並みがかなり残っている。タイムカプセルのような街だ。

中国では今、「古鎮(古い町)」ブームが起きている。経済成長で暮らしが豊かになった都市部の人々が地方に残る古い街を懐かしみ、人気の観光地になっている。再開発でかつての風情を復元したテーマパークのような場所もあるが、ここは正真正銘の生きた古城。川や山、田畑に囲まれた地だけに鳥やヤギの鳴き声があちこちから聞こえる。キンモクセイの香りがすがすがしい。北京よりも時間がゆっくり流れているように感じた。

諸葛亮の後継指名

昭化古城には、蜀漢の名臣、費禕の墓所があった。諸葛亮からの信頼が厚く、同じく名臣の蒋琬とともに彼の後継者となり、蒋琬が246年に没した後は軍事と国政の全てを担った人物だ。北伐の再開を主張する姜維に対し、費禕は「丞相（諸葛亮）でさえ魏を破れなかったのに、我らでは到底無理だ」と説き、内政の安定を第一として姜維に1万人以上の兵を与えようとしなかったと伝わる。北伐をしなければ漢王室の復興と天下統一という蜀漢の国是に反し、無謀な攻撃を続ければ国を滅亡させかねないという難しいかじ取りを続けた費禕。訪れる人もなく、鳥のさえずりだけが聞こえる墓の近くには費禕の生涯を描く壁画があった。253年、正月の宴席でしたたかに酔った彼が魏の降将の郭循《かくじゅん》に刺殺されたことが記されていた。費禕の非業の死によって、軍事を主導する立場となった姜維が北伐に挑むことになった。

「昭化古城」＝四川省広元市昭化区

三国志演義には、北伐の陣中で死の床に就いた諸葛亮が劉禅からの見舞いの使者の李福《りふく》に後継者について問われる場面がある。諸葛亮は「私の死後に大事を任せるのは蒋琬がよろしい」と答える。使者が「その次は？」と尋ねると「費禕がよいでしょう」と答え、「その次は？」と問われると答えなかったので、近寄ってみると諸葛亮は息絶えていた。

一方、正史には、諸葛亮が生前ひそかに「私の死後は後事を蒋琬に託すべきです」と劉禅に上申していたことが記されている。正史の三国志の注釈にある益州の地方史「益部耆旧雑記《えきぶききゅうざっき》」には、諸葛亮が李福に、後継者として蒋琬の名を挙げ、その次は費禕とした上で、「その次は」と李福が尋ねると返事をしなかったと書かれている。

蒋琬の墓が同じ四川省の綿陽市にあると聞き、現地に足を延ばした。こちらも費禕の墓所と同様にさほど有名な観光名所ではないようで、数人の観光客がいるだけだった。

「蒋琬墓」という額が掲げられた瓦葺きの立派な門の先に、苔むした石造りの八角形の墓があり、「漢大司馬蒋恭侯墓」という墓碑が立っている。蒋琬は魏の征伐に備え現在の綿陽に駐留していたが、病に倒れ、この地に葬られたという。そばには、見るからに思慮深そうな顔付きの彼の立像と、彼を祭るほこらがあった。中に入ると、酒に酔い潰れて眠る蒋琬に顔をしかめる劉備と、それをなだめる諸葛亮を描いた大きな絵が飾られていた。

正史には、劉備から蜀のある県を治める県長に命じられた彼が酒ばかり飲んで政務を顧みず、劉備の怒りを買ったものの、諸葛亮は「県を治める程度の器ではなく国家を担う器です」と擁護し、抜てきしたこと、諸葛亮の北伐の際は後方支援に当たり、軍需物資の供給に努めたことなどがつづられている。諸葛亮の死後、大将軍に昇進し、蜀漢の政権を担った。政治能力は諸葛亮に及ばないと批判されても「そのとおり」と受け入れる度量の広さがあったという。

諸葛亮が自分の死後を見据えて2代先まで後継者を指名し、それを支える集団指導体制を整えていたとすれば、現代中国の「皇帝」とも言われる習近平氏が中国共産党が堅守してきた集団指導体制を形骸化させ、後継者を明示していないことと対照的だ。

執念にじむ桟道

成都から約３２０㎞。紀元前の秦王朝の時代から１９５０年代に自動車道が開通するまで使われ、李白が「蜀道の難《かた》きは、青天に上るよりも難し」とうたった古蜀道の中でも最大の難所とされる「明月峡《めいげつきょう》古桟道《こさんどう》」に着いた。

黄色く濁った嘉陵江《かりょうこう》という川の断崖に穴をうがち、木のくいを打ち込んで板を渡して造った道が、岸壁をはうように伸びている。現在の桟道は観光用に復元されたもので所々に「漢」「諸葛」の旗がなびく。

諸葛亮が北伐のために発明したとされる輸送道具「木牛・流馬」の推定復元品＝四川省広元市朝天区

桟道の入り口近くに、諸葛亮が発明したとされる輸送道具「木牛・流馬」の推定復元品が展示されていた。正確な形状は不明だが、一人で２００kg以上の食糧や物資を運搬できるだけでなく、もし敵に奪われても荷箱が開けられない仕掛けがあったという。

10万とも言われる蜀漢の兵たちが木牛・流馬を押しながら北へ向かった様子を想像しながら桟道を歩くと、足元にかつての桟道の穴が残っていた。この穴は一つ掘るのに3日かかったとされる。

桟道の上には崖を掘削して造った自動車道路が通っている。中華民国時代の１９３６年に国道として造られたもので、建設途中に死傷者や餓死者が続出したことが案内板に書かれていた。20世紀に入ってからも、それほどの難工事を余儀なくされた場所。重機もなかった三国志の時代に、どれほどの労力と犠牲を要しただろうか。北伐への諸葛亮の執念と不屈の意志を感じて、鳥肌が立った。

日本企業の活路

諸葛亮の北伐を、太平洋戦争で最も無謀といわれ、膨大な犠牲者を出した旧日本軍の「インパール作戦」の三国志版と指摘する向きもある。ビルマ（現ミャンマー）とインドの国境地帯の山間部を越える険しいルートと古蜀道の進軍を重ねたものだ。ただ、現地を実際に歩いてみて、補給を軽視して惨敗した旧日本軍に対し、諸葛亮が兵站を重視して周到な準備を重ねていたことが分かった。

中国で20年以上働いた日系企業の幹部にこんな見方を聞いたことがある。「諸葛亮は守勢に回らず戦い続けることを選んだ。蜀漢の武器を生かす中長期的な戦略を錬って魏に挑み続けた。それが結果的に、蜀漢が諸葛亮の死後30年近く存続することにもつながった」

かつての桟道を復元した「明月峡古桟道」＝四川省広元市朝天区

翻って現代。多くの分野で日本を追い越して超大国となった中国の巨大市場で、衰退途上国とも評される日本の企業が活路を開くにはどうすればいいか。この幹部は「自分たちが勝てるのは何かを常に探して製品やサービスの『非代替性』や『付加価値』を磨き、したたかに中国企業と付き合う必要がある」と説いた。

別の日系企業の幹部は「鉄鋼などの工業製品を生み出す動脈産業に替わって、産業廃棄物処理や資源の有効利用などの静脈産業が日本の武器になる」と力を込めた。

明月峡古栈道の終着点に「中国蜀道文化陳列館」という展示施設があり、古蜀道の歴史を紹介していた。劉備の入蜀や諸葛亮の北伐、姜維の徹底抗戦を描いた大きなレリーフも並ぶ。展示の最後では、習近平指導部が建設を進める高速鉄道や高速道路が「現代の蜀道」であり、四川省の発展に貢献していると強調していた。

前線基地に眠る

成都から約450㎞。四川省と陝西省を隔てる峠を越えた先にたどり着いた漢中市（陝西省）は、北伐の前線基地だった地で、劉備の祖先とされる劉邦が創建した漢王朝の名の由来となった地でもある。市街地から西へ車で1時間ほどの勉《べん》県を中心に、劉備が劉邦の足跡を追うように漢中王を宣言した祭壇跡など三国志関連の史跡が多く残っている。

蜀漢の老将・黄忠が魏の宿将・夏侯淵《かこうえん》を斬った古戦場で、漢中の軍事基地だった定軍山《ていぐんざん》はハイキングの人気スポットになっていた。馬超の墓もあった。古典歴史小説の「三国志演義」で「錦馬超」と武者振りをたたえられただけに若い女性に人気のようで、こけむした墓前には手書きのラブレターや花束、お菓子がいくつも供えられていた。

最大の目玉は、諸葛亮の墓「武侯墓《ぶこうぼ》」だ。234年、足かけ7年間、5度に及んだ北伐で十分な勝利をつかめないまま陣中で病死した彼は、自身の遺言に従ってこの地に眠っている。

小鳥がさえずる森の中に諸葛亮が書を読んだという読書亭があり、墓の入り口には樹齢1700年と記された大木が天を突くように屹立していた。中にほこらがあり、リンゴやミカン、栗が供えられた奥に諸葛亮の座像がりりしい武将像に両脇を守られ、鎮座していた。

こちらをじっと見つめていると思ったが、違った。「西安（陝西省）をにらんでいるんです」とガイドの男性が教えてくれた。西安はかつての長安。後漢末期の都で、魏にとって首都の洛陽と並ぶ最重要拠点だった。シルクロードの終着点であり中央アジアとの交易や経済の中心地でもあった。諸葛亮は定軍山のふもとに長安に向かって墓を建てよと遺言したという。すさまじい執念だ。

馬超の墓の手前にあるほこらに馬超の座像があった＝陝西省漢中市勉県

中国の歴史研究家の一人は「現実主義者だった諸葛亮は、自分の代で魏を倒せるとは考えていなかった。自分の存命中に長安を攻略・占領して魏の国力を大きくそぎ落とし、天下統一は次世代に託そうとしていた」とみる。確かに、北伐開始の20年も前、若き日の諸葛亮が劉備に献策した「天下三分の計」にも「要害を保って西方の諸蛮族を手なずけ」とある。諸葛亮は死してなお自らの長期戦略を実現しようとしていたのだ。

諸葛亮の墓には花束がいくつも供えられていた＝陝西省漢中市勉県

元祖・科学立国

墓所の左右には、諸葛亮が北伐にあたって劉禅に提出した壮烈な決意文「出師の表」が石板に刻まれていた。「先帝（劉備）、創業いまだ半ばならずして中道に崩殂《ほうそ》せり。今、天下三分して、益州（蜀）疲弊せり、これまことに危急存亡の秋《とき》なり」「ただ座して亡《ほろ》ぶるを待たんよりは、これを伐《う》たんにいずれぞ」。厭戦気分や諦観を憎んだ諸葛亮。苦労を知らず蜀漢の2代皇帝となり、魏・呉・蜀漢の3カ国が鼎立する現状に満足して「内向き」になっていた劉禅に危機感を促す狙いもあったとされる。

「漢丞相諸葛忠武侯爵之墓」と刻まれた墓碑の前には、ヒマワリやユリなどの花束とファンからの手書きのメッセージが供えられている。築山のような墓所は草で覆われている。十数本の巨木に取り囲まれ、厳粛な雰囲気が漂っていた。長きにわたる中国の戦乱の歴史でもこの場所が大切に守られてきた証しだ。遺言で薄葬（簡素な

「勉県武侯祠」の諸葛亮像（中央）。こちらの像も長安を見つめているという＝陝西省漢中市勉県

埋葬）を命じていたこともあり、諸葛亮の墓は今まで一度も荒らされたことがないという。

武侯墓の近くには、中国各地の諸葛亮を祭るほこらの中で最も古い「勉県武侯祠」があった。諸葛亮の死から29年後の263年に劉禅が建立したものだと案内板に書かれていた。この年、蜀漢を滅ぼすためここを通過した魏の武将たちは諸葛亮に敬意を表し、荒らすことを禁じたという。

ほこらは「諸葛古鎮」という諸葛亮に特化したテーマパークの中にあり、社会科見学の小中学生や観光客でにぎわっている。園内には赤壁の戦いなど諸葛亮の生涯の名場面を再現したアトラクションや展示施設が集まっていた。諸葛亮像の膝の上に座って記念撮影できるコーナーまである。さしもの天才軍師もこんな未来予想図は描いていなかっただろう。

諸葛亮の墓から東へ15㎞ほどの所に「漢諸葛武侯製木牛流馬處」という石碑があった。諸葛亮が発明した運搬用具「木牛・流馬」の工場跡という。首都である成都

「木牛・流馬」の工場跡＝陝西省漢中市勉県

諸葛亮のテーマパーク「諸葛古鎮」。諸葛亮の像の膝に乗って写真を撮ることもできる＝陝西省漢中市勉県

で製造していたと思い込んでいたが、前線基地の漢中で「新兵器」を増産していたのだろうか。日本では中国＝「コピー大国」というイメージが根強いが、紙や火薬など人類史に残るさまざまな発明が中国で生まれたことをあらためて思い起こした。

スーパーアプリの怪

北京特派員として中国で暮らし、各地を取材した3年間。日本とは異なるスピード感と民衆のエネルギー、技術の進歩と応用力の幅広さ、中国が本来持つ多様性と器の大きさ、そして大陸国家のしたたかさを肌身で感じた。

日本の暮らしと最大の違いは、現金を全く使わないこと。現地で銀行口座を開設してスマートフォンアプリ「微信《ウェイシン》（ＷｅＣｈａｔ）」の決済機能が使えるようになった日から、任期を終えて日本に帰国する日まで紙幣や硬貨に一度も触れないままだった。

中国のＩＴ大手が２０１１年から提供する微信は「スーパーアプリ」と呼ばれる。家族や知人とのやりとりは微信のチャットや通話が主で、取材先とは名刺でなく微信の連絡先を交換する。ゼロコロナ政策下で必須だった行動履歴から新型コロナウイルスの感染リスクを示す「健康コード」も微信。日用品や食事の宅配、配車サービスも微信。北京出身の20代男性は「今一番怖いのは、微信のアカウントを凍結されること」と話す。

微信の交信内容は、当局が人工知能（ＡＩ）も駆使して監視しているといわれ、突然アカウントを凍結され、利用できなくなることがある。鄧小平、江沢民両氏など過去の最高指導者を揶揄《やゆ》するスタンプはチャットに使えるが、習近平国家主席のものはなぜか投稿できなかった。新手の言論統制だ。急速に発展するデジタル超大国の光と影を体感した。

カップ麺と進化論

北京で暮らし始めてしばらくたったころ、日本の味が恋しくなり、日清食品「カップヌードル」の中国版を初めて買った。北京のスーパーで５・６元（約１１２円）。ふたを開けて驚いた。プラスチックの中ぶたがあり、折りたたみ式のフォークが入っている。「以前はフォークを麺に載せて封入していた。粉末がフォークに付着せず、外ぶたをはがして調理できるよう中ぶた付きに改良した」（現地法人）という。日本版にない便利さだ。

カップ麺だけではない。自転車に替わり大量に街を行き交う電動スクーター、日本よりはるかに浸透しているスマートフォン決済、スマホとビッグデータとＡＩを組み合わせたサービス…。製品や技術のルーツは同じでも、進化の道が日中で枝分かれしていると感じる。光と影、その道の延長線上にある未来も必ずしも同じではないはず。そんなことを考えながら食べたカップ麺は、懐かしい味。中国語満載のパッケージに小さな英文字で「ＴＯＮＫＯＴＳＵ」とあった。進化の道が交わることもある。

米中対立を背景に、半導体など先端技術のデカップリング（切り離し）が進む中、習近平指導部は科学技術の「自立自強」を進めている。日本に留学経験があり、北京の日系企業で働く40代の中国人女性は「日本や米国が中国への技術流出を防ごうとしても数年、遅くとも10年で独自開発できるでしょう」と話す。米中のはざまで、科学技術立国・日本は大きな岐路に立っている。

漢中の北には、中国大陸を南北に分かつ秦嶺山脈が東西に伸びている。峠を越え、諸葛亮の命が燃え尽きた五丈原に向かった。

【13】丞相終焉の台地で日中の行方を見つめる（五丈原）

諸葛亮終焉の地で考えた「歴史の眼」

千載の末（長い年月を経た）今も尚《なお》　名はかんばしき諸葛亮――。中国大陸各地を巡った北京特派員時代、最後に訪れた三国志ゆかりの地は、三国志の華である諸葛亮孔明終焉の地・五丈原（陝西省宝鶏《ほうけい》市）。1800年の時と国境を超えて多くの老若男女を魅了する彼の面影を追った。

星落秋風五丈原

成都から約700㎞。中国中部を東西に貫き、大陸を小麦の畑作地帯の北方と稲作地帯の南方に分ける秦嶺山脈（標高2千～3千m）の峠を越えて宝鶏市に入ると、車窓から「岐山《きざん》骨科医院」という病院の看板が見えた。

「祁山《きざん》悲愁《ひしゅう》の風更けて　陣雲暗し五丈原…丞相《じょうしょう》病篤《あつ》かりき」。詩人の土井晩翠《どいばんすい》（1871～1952）が1898（明治31）年に発表した長編叙事詩「星落秋風五丈原《ほしおつしゅうふうごじょうげん》」で詠んだ諸葛亮終焉の地、岐山県にたどり着いた。冒頭の言葉もこの長編詩の一節だ。

落星村、東星村など星の字が入った地名があちこちにある。諸葛亮が5度目の北伐のさなか、本陣を構えた五丈原で、54歳で病没した際に流れ星が落ちたことにちなんでいる。かなたに緑に覆われた細長い丘が見える。「あれが五丈原です」。村民が教えてくれた。五丈原は秦嶺山脈の山裾から北に突き出た標高約150mのひょうたん形の台地。くびれに当たる最も狭い部分が5丈(約10m)しかないため、その名が付いたという。

つづら折りの道を車で上って五丈原に立つと、黄河の支流・渭水《いすい》を挟んで諸葛亮軍と魏の司馬懿軍が対峙《たいじ》した地帯を一望できた。

諸葛亮が死去した際に流れ星が落ちたとされる地の東にあるため、東星村という地名が付いたという。彼方に見える台地が五丈原だ

マンションや工場が立ち並ぶ市街地と田園の間を中国版新幹線の高速鉄道が流れるように疾走する。

2013年に岐山駅ができ、諸葛亮が死力を尽くしてもたどりつけなかった長安(西安市)まで40分あまりで行けるという。距離にして約140km。成都からの道のりを思えば、あともう一息だったのに、長年の疲労がたたって志半ばで倒れた諸葛亮の無念さが、書物や時代劇とは比較にならないリアルな感覚で胸に迫ってきた。

虚実が混然一体

五丈原には諸葛亮を祭る極彩色の廟がある。入り口で仁王像のように向き合っていた2体の武将像は魏延と馬岱。諸葛亮の没後に退却命令に従わず反乱者扱いされた魏延と彼を斬った馬岱が並んでいるのは意

五丈原の諸葛亮廟の門を入ると、諸葛亮の死後に反乱を起こしたとされる魏延（右）と、それを討ち取った馬岱の像が向かい合っていた

外だった。よく見ると眼を合わせていないのも面白い。

諸葛亮の「出師の表」を12世紀の南宋の武将・岳《がく》飛《ひ》（1103〜1142）が書写したという名筆の石板の間を進むと、諸葛亮が考案した陣形とされる八卦の陣を描いたあずまやがあり、その先のお堂に羽根扇を手にした諸葛亮の厳かな坐像があった。諸葛亮の顔や手は金ピカで、訪れる人々がひざまずいて祈りをささげている。

岳飛は北方のツングース系民族が興して北宋に侵攻した金と戦った英雄だ。岳飛は自らの思いを北伐を繰り返した諸葛亮に重ねたのだろう。数々の軍功を挙げたものの、政敵である宰相の秦檜《しんかい》（1091〜1155）に謀反のぬれぎぬを着せられて殺された。中国では今も「悲劇の忠臣」として関羽に匹敵するほど人気を集めている。岳飛を祭る浙江省杭州《こうしゅう》市の岳王廟には、縛られた秦檜やその妻らが縄で縛られた格好で正座させられている像があり、かつては当局が史跡だからと禁止しても参拝客が唾を吐きかけたこと

廟の中には金ピカの諸葛亮の座像があり、訪れた人が祈りを捧げていた

で知られる。秦檜はそれくらい忌み嫌われている。

ただ、歴史を俯瞰《ふかん》した眼でみると、岳飛は主戦論者で、国土を奪った金に対する反抗と武力による国家統一を唱えて民衆の支持を集めた。一方の秦檜は非戦論者で、中国が北部を支配する金と南部の南宋に分かれた既成事実を受け入れた。結果的に、それによって南宋の平和は保たれた。そして、現在の浙江省寧波《ニンポー》市に当たる港町が繁栄し、日本との日宋貿易の恩恵で鎌倉時代から室町時代にかけて九州・博多の繁栄につながった。岳飛が謀殺されず南宋の主流派で居続けたら、南宋は荒廃し、博多の歴史も変わったかも知れない。

中国政府は1997年に英国から返還された香港、1999年にポルトガルから返還されたマカオに外交と国防を除く「高度な自治」を認め、中国本土では制限されている言論、集会、信仰の自由なども約束する一国二制度を維持してきた。社会主義の中国国内で資本主義の併存を容認するこの制度は元々、中国

諸葛亮が世を去った時に落ちてきたという「落星石」。訪れる人々が御利益を求めて触っていた

が台湾を統一するための仕組みとして構想された。

「中華民族の偉大な復興」を国家目標に掲げ、21世紀半ばまでの実現を目指す習近平指導部は、香港とマカオの一国二制度を形骸化させ、軍事的圧力も強めながら台湾統一を悲願としている。岳飛の道か秦檜の道か。現代に置き換えて考えてみるのも興味深い。

史跡保存と観光開発

五丈原の諸葛亮の廟に話を戻そう。

お堂の奥には、諸葛亮の衣類を埋葬した塚と「落星石」があった。なんと、諸葛亮が世を去った時に落ちてきた隕石だという。れんがの中に埋め込まれており、「触ると願いがかなう」と観光客が熱心になでていた。石は全長1mほどもある。こんな流星が落ちてきたら巨大なクレーターができて、魏軍にも蜀漢軍にも大き

五丈原の観光案内所に諸葛亮が発明したという輸送道具「木牛・流馬」の推定復元品が展示されていた

北伐の際に蜀軍が掘ったと伝わる井戸「諸葛泉」。今も地元住民が洗濯に使っていた

な被害が出たのではと思ってしまう。

蜀漢軍が掘ったと伝わる井戸「諸葛泉」は今も冷水が豊かに湧き出ていて、住民が洗濯に使っていた。諸葛亮が食糧を確保するために兵たちに耕させたと伝わる土地「諸葛田」には、陝西省の特産品であるキウイの畑が広がっていた。どこまでが史実でどこからが後世の創作か、混然一体となってくる。ただ、これらも風雪を刻んだ立派な史跡だ。ちなみに、実はキウイは中国が原産。20世紀初頭にニュージーランドに種子が持ち込まれ、栽培が広まった。英語名は「チャイニーズ・グーズベリー」だったが、ニュージーランドから米国への輸出が始まった1950年代に朝鮮戦争で米中関係が悪化していたため、ニュージーランドに生息する飛べない鳥にちなんでキウイフルーツという名が付いたという。果物の名にも米中関係が影響しているのだ。

諸葛泉のそばに整備途中で放置された道路があった。地元住民によると、五丈原はそれほど人気の観光地ではないため、台地を削って人工の滝を造成し、巨大な三国志テーマパークを作る計画が数年前に浮上した。しかし、計画に携

馬謖の像。脇侍の王平像は撤去されていた

五丈原の中腹にあるほこらには魏延（中央）が祭られていた。脇侍の一人は、諸葛亮の死後に彼を討ち取った馬岱（右端）だった

わった役人と業者が汚職事件で逮捕され、開発途中で放棄されたという。

中国に限らず、史跡の保存と観光開発のバランスは難しい。ただ、三国志ファンの一人としては、五丈原のひなびた雰囲気と歴史のロマンを感じさせる風情が失われずに済んでよかったと思った。

五丈原の中腹にあるほこらには、劉備や諸葛亮だけでなく、反逆者の烙印《らくいん》を押された魏延、さらに、諸葛亮の指示に従わず北伐の失敗を招いた馬謖《ばしょく》も祭られていた。馬謖は、規律を守るために私的な感情を捨てることの例えとなった故事成語「泣いて馬謖を斬る」で知られる。馬謖の像は中国でも極めて珍しい。蜀漢のために戦った武将たちが1800年の時とともに恩讐《おんしゅう》を超え、共に祭られているのもこの国の懐の深さか。

ちなみに、魏延像の脇侍《きょうじ》は馬岱像だった。馬謖像の脇には彼と陣中で対立した王平《おうへい》の像があったようだが、なぜか撤去されていた。

渭水に近い葫芦峪《ころこく》村には、諸葛亮が司馬懿を谷におびき寄せて火計で焼き殺そうとしたと伝わる古戦場跡があった。案内してくれた地元の古老が深い谷の手前で「諸葛亮はここから司馬懿の様子をうかがっていたが、突然大雨が降ってきて計略は失敗した。『事を謀るは人に在り。事を成すは天に在り』と涙を流して悔しがった」と、まるで見てきたかのように臨場感たっぷりに語るのが面白かった。

諸葛亮が敵将の司馬懿を谷におびき寄せて火計で焼き殺そうとしたと伝わる葫芦峪村の古戦場跡

五丈原と邪馬台国

五丈原の戦いを舞台とした「死せる孔明生ける仲達《ちゅうたつ》を走らす」の故事は三国志演義の終盤の名場面の一つ。日本人にもなじみが深い。孔明は諸葛亮、仲達は司馬懿の字《あざな》だ。

諸葛亮は、蜀漢軍の前に立ちはだかった宿敵・司馬懿をついに打ち破れないまま、積年の疲労がたたって陣中で病み、自らの死期を悟る。そして寿命を延ばす術を試みる。しかし、祈祷の儀式が成功する間際、戦況報告のため儀式の場に飛び込んできた魏延が祭壇を壊してしまい、祈祷は失敗。諸葛亮は病没する。天の巨星が落ちるのを見た司馬懿は諸葛亮の死を悟り、撤退する蜀漢軍を追撃した。だが、こうなることを予想していた孔明の遺命に従って蜀漢軍は反撃の構えを見せた。諸葛亮が生前に作らせていた彼の木像を見た司馬懿は肝をつぶし、諸葛亮がまだ生きていると思い込み、諸葛亮の策略にはまってしまったと考えて退却した――。

このエピソードは、あまりにドラマチックで後世の創作と思いがちだが、あながちそうとも言いがたい。正史より後の4世紀に書かれた歴史書「漢晋春秋《かんしんしゅんじゅう》」にはこんな記述があると、中国の歴史研究者から教わった。

五丈原の戦いの最中に、蜀の丞相である諸葛亮が病没し、蜀漢軍は撤退した。魏の大将軍である司馬懿は撤退するこれを追撃しようとしたが、蜀漢軍が反撃の姿勢を見せたため退却した。人々はこれを「死せる諸葛、生ける仲達を走らす」と揶揄した。それを聞いた司馬懿は「私は生者のする事は推し測れるが、死者のする事は推し測れない」と答えたという。

さらに興味深い話がある。もし五丈原の戦いで諸葛亮が司馬懿を倒していたら、邪馬台国の卑弥呼の存在が現代に生きる私たちに伝わらなかったかもしれないというのだ。

当時の魏は、西方で諸葛亮の蜀漢軍と対峙しつつ、南方で呉をけん制し、北方では魏からの独立を宣言した公孫《こうそん》氏とも争っていた。公孫氏の支配地域は遼東《りょうとう》半島から朝鮮半島北部の楽浪《らくろう》郡に及び、当時、倭《わ》と呼ばれた日本との関係も深かった。

諸葛亮が没したことで蜀漢の脅威が和らいだ魏は、司馬懿を公孫氏攻めに派遣。司馬懿は238年、公孫氏を滅ぼした。邪馬台国の女王・卑弥呼の使いが魏を訪れたのは、最新の研究ではその翌年のこととされている。司馬懿が諸葛亮に敗れていたら、公孫氏は命脈を保ち、その敵である魏にこの年、卑弥呼が使者を送ることはなかった可能性が高い。

死せる孔明、卑弥呼を残す

中国で復刻版の正史「三国志」を読んでみて驚いたのは、魏志倭人伝の記述の長さだった。文字にして約2千字。正史には三国時代の周辺各国のことが書かれているが、魏志倭人伝が最も長い。日本を代表する三国志の研究者の一人、渡邉義浩・早稲田大学教授によると、中国の歴代さまざまな正史にある各国伝で、倭の記述が最も長いのは三国志だけ。渡邉教授は「邪馬台国という〝大帝国〟がはるばる貢ぎ物を持ってきたのは司馬懿の功績。だから編者の陳寿は倭人伝をいっぱい書かねばならなかった」と語っている。

正史の三国志が書かれたのは、司馬懿の孫の司馬炎《しばえん》が建国した晋の時代。司馬懿は晋の皇帝と同格の「高祖」だった。中国の皇帝は伝統的に、その徳を慕う異民族が貢ぎ物をする存在に位置付けられており、邪馬台国の使者がはるばると貢ぎ物を持ってきた事実は、司馬懿の価値を高める好材料だったというわけだ。公孫氏を滅亡させたのが司馬懿ではなかったら、倭人伝はそこまで重視されず、卑弥呼の名が後世に伝わることはなかったかもしれない。「死せる孔明、卑弥呼を残す」という見方もあることを先輩記者から教わった。

ちなみに、中国の正史の一つに「後漢書」という歴史書がある。三国時代以前の後漢王朝の歴史をつづったものだが、成立したのは三国志より150年ほど後の5世紀。史料的価値は三国志に劣るとされるが、後漢書の「東夷伝」にも倭についての記述がある。西暦57年に光武帝が倭の小国の一つである奴国《なこく》から貢ぎ物を受け、奴国の王に金印を与えたと書かれている。これが1700年以上後の江戸時代に福岡の志賀島（福岡市東区）で発見された金印「漢委奴国王印《かんのわのなのこくおう》」であることは間違いない。

歴史の眼で見る

諸葛亮の本陣は、五丈原のくびれの部分にあったとされる。東西南北に眼を光らせられる要衝だ。草むらに石碑と城門跡の盛り土が残るだけで、吹き渡る風の音と鳥の鳴き声しか聞こえない。寂寞《せきばく》としたこの場所が諸葛亮の最期の地と思うと感慨がこみ上げてきた。命が燃え尽きようとしていた諸葛亮の陣中での焦りと執念はいかばかりだったか。蜀漢の建国に共に力を尽くした仲間が次々と世を去り、「死に花を咲かせたい」という思いもあったかもしれない。

諸葛亮が亡くなったのは10月。往時の季節感を味わうため本当は秋に来たかったが、3年近く続いた中国政府のゼロコロナ政策に伴う移動制限で現地入りを果たせず、２０２３年8月の帰国の直前にようやく訪れることができた。五丈原に立てただけでも幸運だったとわが身を慰めていた時、涼しげな風がスーッと吹いた。「秋の風みたい。諸葛亮の風ですね」。ガイドさんの何気ないつぶやきがうれしかった。

「日本の方ですか?」。若者が声をかけてきた。陝西省内の大学で書道を学んでいる21歳の中国人大学生で、岳飛が書写した出師の表を見に来たそうだ。歴史好きという彼に諸葛亮について尋ねると、こんな答えが返ってきた。「諸葛亮は智略に優れていただけでなく努力の人でした。北伐は失敗に終わったけれど、蜀漢を滅ぼした魏も晋に簒奪《さんだつ》されて滅亡しました。今なお多くの人の尊敬を集めている彼は、歴史の眼で見れば勝者だと思います」

諸葛亮が本陣を敷いたと伝わる場所

国交正常化から半世紀が過ぎた日本と中国との関係も、近視眼では未来を見誤りかねない。

三国志には、魏と邪馬台国の交流が記録されている。以来約１８００年、無数の人々が日中を往来し、多くの技術や思想、文化が中国から日本にもたらされた。

清王朝末期には、日本に身を寄せた孫文を日本、特に九州の先人たちが支え続けたことが、中国に変革をもたらす追い風となり、1911年の辛亥革命で清王朝を打倒した。中国の初代首相の周恩来氏（1898〜1976）をはじめ、中国共産党の初期メンバーには日本への留学経験者が多かった。「社会主義」や「共産党」は日本語由来の中国語だ。

1931年の満州事変から日本は本格的に中国への侵略を始め、1937年からの日中戦争は中国のあまたの人々を苦しめて命を奪っただけでなく、これまでの旅で見てきた通り三国志の史跡にも深い爪痕を残した。

文化大革命で疲弊した中国を立て直すため、1978年から始まった改革・開放政策では、巨額の政府開発援助（ODA）をはじめ日本の経済・技術協力が中国の発展に大きな影響を与えた。

日本と中国は引っ越しできない隣人として互いに影響を及ぼしあってきた。

一党独裁とはいえ、毛沢東による個人独裁の反省から集団指導体制を堅持し、権力の集中を防いできた中国。しかし、現代の皇帝さながらに習近平国家主席に権威と権力が集中する個人独裁に移行し、従来とは似て非なる国となった。さまざまな統制と忖度が強まる中、中国の富裕層や知識人が日本に「脱出」する動きもある。やがて中国に変革をもたらすかもしれない彼ら彼女らにどう接するか。

約3年にわたった新型コロナウイルス禍で1972年の国交正常化後初めて両国の往来が停滞した後だからこそ、中国を深く知り、歴史を見る眼で外交や企業活動、民間交流を進める必要がある。

三国志演義には、こんな至言が刻まれている。「三日会わざれば刮目《かつもく》して見よ（人は変わる。3日も会わなければ、思い込みを捨ててよく見るべきだ）」

五丈原に登ると、かつて蜀漢軍と魏軍が対峙したという市街地が一望できた＝陝西省宝鶏市岐山県

【コラム】意外と知らない中国の素顔——❷

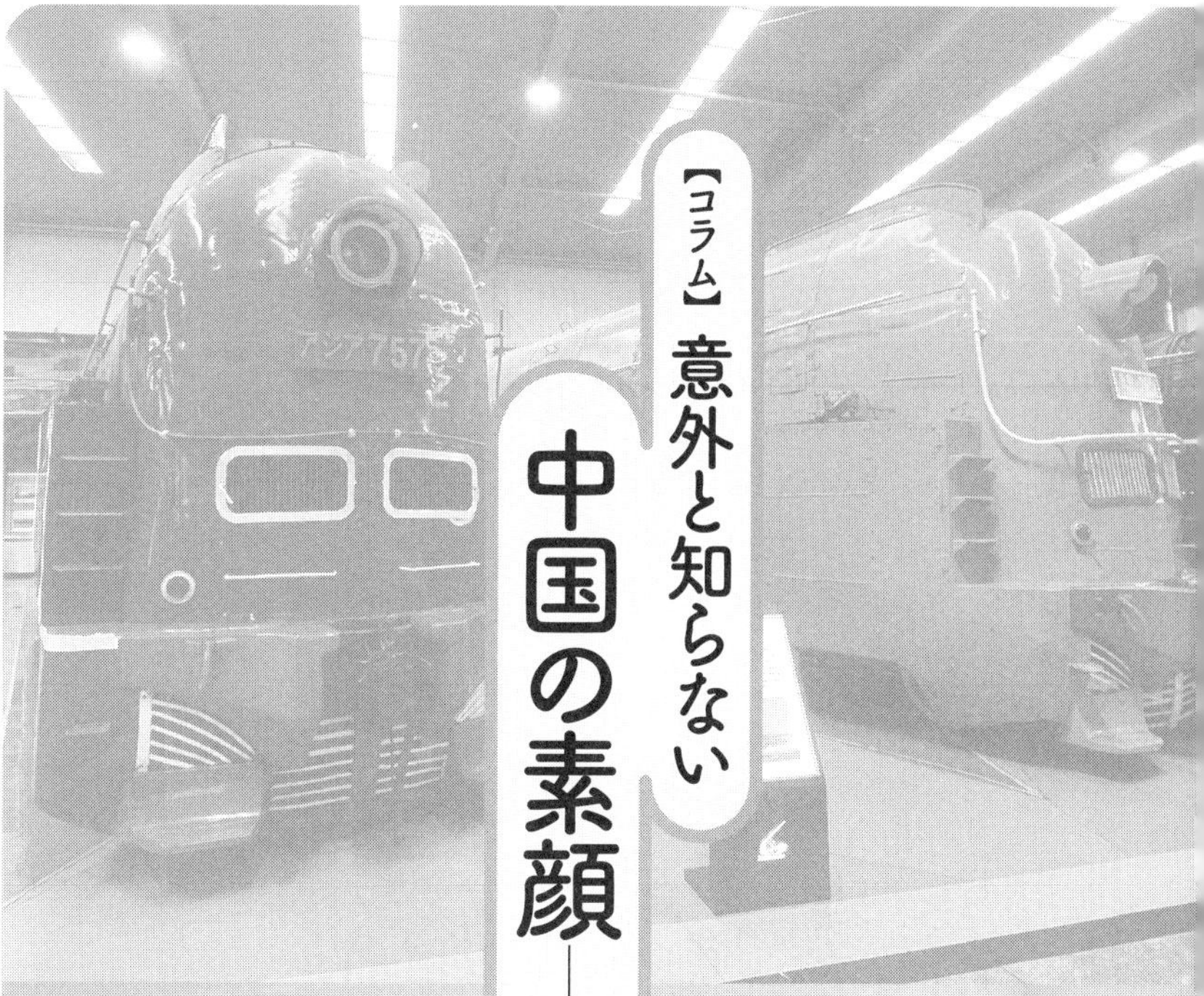

幻の超特急「あじあ号」今はどこに？

「新幹線の原型とされる『あじあ号』の蒸気機関車（ＳＬ）が遼寧《りょうねい》省大連《だいれん》の車庫に眠っている」。そんな話を聞いた。あじあ号は現在の中国東北部の旧満州《まんしゅう》国（１９３２〜１９４５）で日本の国策会社、南満州鉄道（満鉄）が運行した超特急豪華列車。ＪＲ九州の九州新幹線と豪華寝台列車「ななつ星ｉｎ九州」を足して二で割ったような花形機関車の行方を追った。

「歴史伝える遺物　大連にたたずむ」。西日本新聞の記事データベースを調べると、２００６年10月に、あじあ号の記事が掲載されていた。大連市中心部の大連鉄道国際旅行社の車庫内に、当時世界最速の時速１３０㎞で旧満州を縦断したあじあ号のパシフィック型蒸気機関車（パシナ）が保存されている―とある。

大連市の旅行社の車庫内に保管されていた「あじあ号」のパシナ形蒸気機関車＝2006年9月

パシナは、満鉄が日本の川崎重工や大連の工場で計12両製造。流線形のＳＬで、石炭を自動でくべる機械も備え、１９３４（昭和９）年からあじあ号をけん引した。日本の傀《かい》儡《らい》国家「満州国」の首都だった新京《しんきょう》（現在の吉林《きつりん》省長春《ちょうしゅん》市）―大連間の約７００㎞を８時間半で結んだという。

大連の日刊紙・大連日報の旧知の記者に協力を得て現地

中国の鉄道史を彩る約70両の列車が展示されている瀋陽鉄路陳列館＝遼寧省瀋陽市

「あじあ号」の展望車の様子＝瀋陽鉄路陳列館の展示から

の旅行社に問い合わせたところ、12両の一つ、パシナ７５７号機が車庫の片隅にあり、２００９年から日本人観光客に有償で公開していたが「もうここにはない」という。２０１２年末に瀋陽市の鉄道博物館「瀋陽鉄路陳列館」に移送されたとのことだった。日本政府がその年の９月に沖縄県・尖閣諸島を国有化し、日中関係が悪化したため、日本人の客足が途絶えたことも一因とみられる。

満州国統治の象徴

あじあ号は全車両に冷暖房を完備し、食堂車や展望車も連結した豪列車。「東洋における陸の王者」と呼ばれた。１日１往復のみで、定員は約３００人。新京―大連の特急料金込みの運賃は、１等車が36円90銭（開業当時）だった。小学校教員の初任給が46円30銭（１９３３年３月時点）の時代。高額さが分かる。

当時の鉄道ファンや子どもたちにとって憧れの的だった。太平洋戦争開戦の１９４１年に発行された小学校の国語の教科書には、あじあ号に乗って満州を旅する様子を描いた文章が掲載されている。だが、戦争激化に伴って１９４３年にあじあ号の運行は休止。終戦後、パシナの多くが行方不明になり、大連に保存されていたものを含め２両だけが現存する。

訪中団が〝発見〟

１９８０年８月の西日本新聞夕刊に「満鉄特急『あじあ号』が現存／〝幻のＳＬ〟鉄道訪中団が発見」という記事があった。戦後、中国の鉄道当局に接収されたパシナは「勝利7型」と改称され、一部は１９８０年代まで中国国内で列車をけん引。日本の鉄道関係者による訪中団が、瀋陽近くの機関区でスクラップ寸前の状態だった1両を見つけたという。

その後、日中の鉄道関係者の協力で、ボイラーとして使われていた3両の部品を使ってパシナ７５１号機を走行可能な状態まで復元する作業が始まった。現地で保存するため、瀋陽市の鉄道博物館建設を支援するための募金活動も続いた。

日本の技術力を世界に誇り、満州国統治の象徴とされたあじあ号が、日中友好の懸け橋になった。

満鉄特急「あじあ号」が現存

鉄道訪中団が発見

〝幻のＳＬ〟に里帰り機運

日本鉄道友好訪中団が「あじあ号」の機関車を発見したことを報じた記事＝1980年8月8日付の西日本新聞夕刊

1935年に旧満鉄の工場で製造された展望車。「あじあ号」の最後尾に使われていたという。戦後も2008年まで活躍した＝遼寧省瀋陽市の瀋陽鉄路陳列館

中国版新幹線の高速鉄道「和諧号」＝遼寧省瀋陽市の瀋陽鉄路陳列館

「あじあ号」をけん引した蒸気機関車「パシナ」の751号機（右端）と757号機（右から2番目）＝遼寧省瀋陽市の瀋陽鉄路陳列館

巨大な車体間近に

かつて奉天《ほうてん》と呼ばれた遼寧省瀋陽《しんよう》市の瀋陽鉄路陳列館を訪れた。同館は長年、研究者や鉄道関係者以外には非公開だった。愛国主義教育基地にも指定され、パシナは「日本軍国主義の中国侵略の証」とされてきたが、２０１９年から一般公開された。入館料は80元（約１６００円）。瀋陽市の貴重な観光資源となっている。

館内には、20世紀初頭に米国で製造されたＳＬから中国版新幹線といわれる高速鉄道「和諧《わかい》号」まで、中国の鉄道史を彩る68両の機関車や客車、貨車がずらりと並ぶ。パシナを探し出すのに苦労するかも思いきや、すぐに鮮やかな水色と緑色の2両の流線形ＳＬが目に飛び込んできた。パシナ７５１号機と７５７号機だ。７５７号機の先頭には片仮名で「アジア」と書かれている。

どちらも１９３４年製で全長約26ｍ。中国の鉄道は、日本の在来線よりレールの幅が広い「標準軌」とあって、車両の巨大さに驚く。車輪だけでも直径２ｍもある。

つながる歴史の糸

陳列館では、中国の清朝が1891年に鉄道を敷設して以降の中国東北部の鉄道史を、当時の写真や史料と共に紹介している。「日本の傀儡《かいらい》統治時代」というコーナーには、あじあ号が疾走する姿や車内風景の展示があり、「満鉄の本質は侵略と略奪だった」と記されていた。ただ、力強さがにじむパシナは中国の人々にも人気だ。車体の前で記念写真を撮る家族連れを何組も見かけた。1個5元（約100円）の土産用トランプにもパシナ751号機が登場していた。

帝政ロシアが中国東北部に敷設した東清鉄道、満鉄、国民党の支配、朝鮮戦争といった現代中国につながる歴史の縦糸。残された線路や駅舎、機関車など使えるものはフル活用し〝負の歴史〟も観光資源とする中国のしたたかさも垣間見える。鉄道ファンならずとも訪れる価値がある場所だ。

中国の「今」を乗せたカプセルホテル寝台列車に〝潜入〟

あじあ号が原型となって高度経済成長期の日本で生まれた新幹線。中国では、それをモデルにした高速鉄道網の整備が採算度外視で進んできた。そして、車内通路の両側にカプセルホテル状の2段ベ

新型高速寝台列車の車内。2段式の各ベッドに充電用USBポートや机がある。カーテンを閉めれば個人の空間を確保できる＝湖南省長沙市

新型高速寝台列車。車両の上部と下部に窓がある＝湖南省長沙市

ッドが並ぶ高速寝台列車が登場し、若い世代を中心に人気を集めている。向かい合わせの2〜3段ベッドでカーテンもない従来型に比べ、プライベートに配慮した造り。一部の高速鉄道では「静音車両」も運用されている。経済的に豊かになり、個人主義が強まる中国社会を象徴している。

北京西—昆明《こんめい》南《みなみ》間の乗車賃は1190元（約2万3800円）。飛行機並みの価格で、35〜45時間かかる普通寝台列車の1・5〜2倍だが、所要時間は半分以下だ。北京の男性会社員（27）は「ホテル代もいらないし、飛行機よりも楽」と話す。

中国の寝台列車は従来、2段ベッドを向かい合わせに並べた4人用個室「軟《なん》臥《が》車」や、横向きに並んだ3段ベッドがむき出しの「硬《こう》臥《が》車」が中心で、ベッドを囲うカーテンもない。

一方、新型高速寝台列車は、各ベッドが進行方向に縦向きに並び、カーテンで仕切られている。小さなテーブルや充電用USBポートもあり、空調もベッドごとに調整可能。衣服や荷物の収納スペースも個別に用意し、車内の振動や騒音を低減する設計になっている。

乗車してみると、ベッドは広く清潔だった。若者やビジネスパーソン風の乗客が目立ち、乗車してすぐにカーテンを閉め切る人が多

新型高速寝台列車の車内。通路の両側にカプセルホテルのようにベッドが並んでいる＝湖南省長沙市

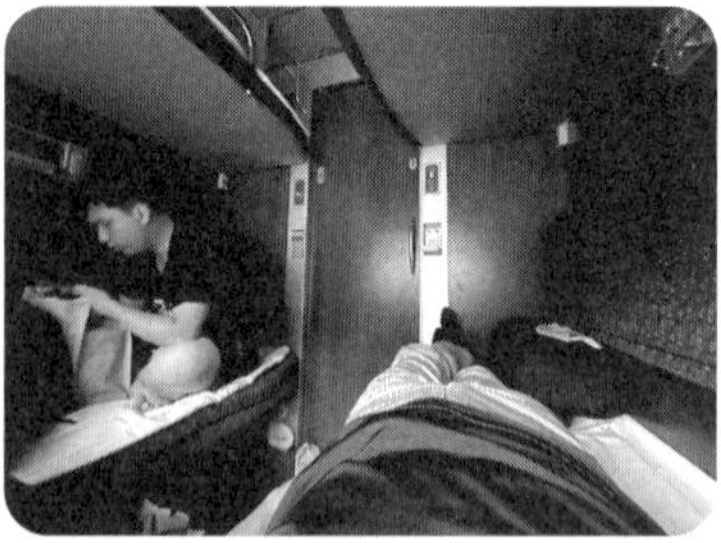

従来型の寝台列車の軟臥車（一等車）。2段ベッドが向かい合わせに並ぶ4人1組の個室で、カーテンはない＝広東省深圳市

かった。旅行業界関係者は「プライバシーが守られているので若い世代に人気で、予約開始直後に満席になることが多い」と語る。

中国では座席に座ったままスマートフォンで通話したり、イヤホンを装着せずにスマホで動画を視聴したりするのが一般的だが、「静音車両」では通話の禁止やイヤホンの使用、子どもを静かにさせることが求められる。

中国で長く暮らす日本人の50代男性は「中国は公共の場での騒音に寛容で、列車内で子どもが騒いでも嫌な顔をされることは少なく、子育てをしやすかった。寝台列車で見知らぬ乗客同士が仲良くなるのも旅の醍醐味《だいごみ》だった。中国社会の変化を感じる」と話した。

第三章

三国志の周縁地を歩く

——ルポ・ディープチャイナ

現代中国の深淵をのぞく

現代中国は北朝鮮、ロシア、モンゴル、アフガニスタン、インド、ネパール、ミャンマー、ベトナムなど世界最多の14カ国と陸路で国境を接している。広大な中国には、さまざまな風土や文化、民族が存在する。中国で取材を続ける中で痛感したことの一つは「中国は」「中国人は」と大きな主語で十把ひとからげにはできないということだった。学生時代に愛読した沢木耕太郎氏（1947〜）の紀行小説「深夜特急」の「わかっていることは、わからないということだけ」という一文がいつも心の中にあった。

そんなある日、中国に30年以上関わってきた日本の外交官から「『自分は中国や中国人のことが分かっている』と言い切る人を、私は信用できません」という言葉を聞き、膝を打つ思いだった。中国は奥深く、決して一枚岩ではなく、しかも変化が激しい。

古代中国、三国志の主な舞台となった「中原《ちゅうげん》」（現在の河南省一帯など、中華文化発祥の地とされる黄河中下流域の華北平原）の漢族たちは、自国を「世界の中心で文明の華が咲き誇る国」を意味する「中華」と呼び、東西南北の異民族を東夷《とうい》・西戎《せいじゅう》・南蛮・北狄《ほくてき》と呼んだ。夷や戎、蛮、狄はいずれも蔑みの意味が込められた言葉だ。

中国の歴代の正史には「東夷伝」など、その四方に住んでいる諸民族についての記述があるものが多い。陳寿が著した三国志にも魏の歴史をつづった魏書の末尾に「東夷伝」があり、その中に当時の日本についての「倭人条《わじんじょう》」、いわゆる魏志倭人伝がつづられている。

皇帝による統治が緩んだ後漢王朝末期、漢族にとっての異民族の活動が盛んになり、三国志の英雄たちの合従連衡の一角を担って、敵対や連携などさまざまな関わりを持った。西方では「氐《てい》」や「羌《きょう》」、東北では「烏丸《うがん》」や「鮮卑《せんぴ》」、長江下流では「山越《さんえつ》」、現在の四川省南部や雲南省では「西南夷」と呼ばれた民族が漢族との抗争を繰り返した。北方の遊牧系民族にとっては、豊かだった中原の地が魅力的だったことや、漢族の進出によって自給自足の穏やかな生活が妨げられたことへの反発などが原因とみられる。

天災や戦乱で人口が激減した後漢末と三国時代、曹操の魏や孫権の呉、劉備の蜀漢も、異民族を漢族にとっての「内地」へ強制的に移住させた。労働力や兵員を確保し、反乱の芽を摘むことなどが目的だったようだ。漢族と異民族が入り交じって同じ地で暮らす「蛮漢雑居」が進んだ。

中国の歴史は、三国時代も現代も漢族と他の民族との戦いと共存の歴史だ。超大国となった中国を知り、是々非々で、したたかに付き合うことは日本の生き残りに欠かせない。中国の光と影に目を凝らすため、少数民族が多く暮らす三国志の周縁地を歩いた。

【1】新疆ウイグル自治区

中国西北部に広がる新疆《しんきょう》ウイグル自治区は、中原の人から「西域《せいいき》」と呼ばれていた地方に当たる。ただ、陳寿《ちんじゅ》の三国志に西域伝（西戎伝《せいじゅうでん》）はない。陳寿が仕えた晋《しん》の高祖である司馬懿《しばい》の政敵だった曹爽《そうそう》の父曹真《そうしん》が、諸葛亮《しょかつりょう》と結んだ西域諸国をけん制して大きな功績を挙げた事実を隠すため、あえて西域伝を書かなかったとされる。裏を返せば、西域は当時から中国の安定にとって重要な存在だったという証しでもある。

現代の新疆も古代から、漢族の中国と時に血で血を洗う政治的交流が続いてきた地域だ。唐王朝を滅亡寸前まで追い込んだ755〜763年の大規模な反乱「安史《あんし》の乱」の際には、唐王朝はウイグル族に援助を求めて態勢を回復し、乱を鎮圧している。

現代中国の6分の1ほどを占める面積に、ウイグル族を中心に約2600万人が暮らす新疆には原油や天然ガス、レアメタル（希少金属）といった豊富な地下資源や広大な農作地がある。14億人もの人口を抱える中国政府にとって新疆は、国境地帯であることに加え、エネルギー安全保障や食料安全保障の面でも要衝の地なのだ。事実、主権や領土などの問題で絶対に譲れない「核心的利益」の一つに新疆を挙げている。

自治区の西に位置する中央アジアを通じて「宗教過激主義」が流入することも強く警戒してきた。ウイグル族は新疆の人口2587万人(2022年)の約45%を占めるトルコ系民族で、大多数がイスラム教徒。自治区に当たる地域は、18世紀に清王朝が征服し19世紀に新疆省が設置された。中華民国時代の1933年と1944年に「東トルキスタン・イスラム共和国」などとして独立を宣言したが、1949年に中国人民解放軍が進駐し1955年に新疆ウイグル自治区が成立した。1990年代以降、独立運動が活発化し「東トルキスタン・イスラム運動(ETIM)」などによるテロが頻発。2009年には区都ウルムチで大規模暴動が発生し、中国政府は過激主義によるテロとして監視を強めた。2014年に習近平《しゅうきんぺい》国家主席(中国共産党総書記)が視察に訪れた時にも自爆テロが発生。テロ対策や職業訓練を名目として、多数のウイグル族の「再教育施設」への収容が始まり、国連人種差別撤廃委員会は2018年、最大100万人以上のウイグル族などが「思想改造」のための施設に収容されたと報告した。

スクープ「ウイグル不妊強制か」の内幕

2020年秋、北京。

特派員として中国に赴任して1カ月余りが過ぎ、私は官庁街にある西日本新聞社中国総局の小さなオフィスを根城にして取材活動を始めていた。日本で多少は勉強してきたとはいえ、まだ中国語は十分に聞き取れない。中国人スタッフの手を借りて、2日に1本のペースで「コロナ禍の中国」などをテーマにした記事を書き、日本に送っていた。

私にはどうしても取材したいテーマがあった。新疆ウイグル自治区のことだ。「人権弾圧が行われている」と欧米のメディアが指摘しているが、何としてもその実態を自分の目で確かめたい。タイミングを見計らって現地に入ろうと考えていたが、新型コロナ対策の移動制限などで、果たせずにいた。

そんなある日、オフィスに突然、男が現れた。見たことがない顔だ。そもそも日本の新聞社のオフィスをわざわざ向こうから訪ねてくる人物など、着任してからは初めてだった。

一体、何者なんだ――。

転機　見知らぬ男の訪問

50代半ばくらいに見える背の高い男だ。

「ちょっといいですか」というようなことを言いながら、さも当然であるかのような様子でオフィスに入ってきた。当時はまだ早口の中国語が十分に理解できず、慌ててスタッフに問い合わせる。

どうやら、このあたりのオフィスをめぐっている行商人のようだった。取り扱っている商品は図鑑や書籍。中国共産党や中国政府の要人一覧表をはじめ、外国メディアが好みそうなものが少なくない。男が手に持っていた、広辞苑のような分厚い冊子が目にとまった。

タイトルは「中国統計年鑑２０２０」。中国の国家統計局が毎年発行しているもののようだ。

驚いた。中国といえば、「よらしむべし、知らしむべからず（為政者は人民を従わせるだけで、その理由を説明する必要はない）」の情報統制国家というイメージがあったからだ。こんな精緻な統計を公表してい

「中国統計年鑑2020」

中国統計年鑑にはさまざまな統計データが記載されていた

たのか。「統計年鑑」は厚さ約5㎝、935頁にわたり、人口動態、国民経済、雇用、物価、財政、貿易、農業、工業、環境、教育、医療、社会保障など分野ごとに膨大な数値が2㎜ほどの小さな文字でびっしりと記されていた。

値段は588元（約11760円）と、ちょっと高かったが、迷わず買うことにした。男は代金を受け取ると、笑顔を浮かべて去っていった。

ページをめくる。そうか、この国はそもそも世界最古の官僚国家だ。古代から統計記録を大事にしてきた面もある。これだけの統計をまとめられる背景には、基となるデータが各省や地域ごとに存在しているに違いない。それならば、新疆ウイグル自治区のことも…と思い至った。

発見　データは存在していた

「新冷戦」とも呼ばれる米中対立を背景に、アメリカ政府は新疆ウイグル自治区で「ジェノサイド（民族大量虐殺）」が行われていると指弾。2020年6月には、ドイツ人研究者が新疆で少数民族ウイグル族などへの強制的な不妊手術が行われているとする報告書を公表し、欧米メディアも相次いで人権弾圧について報道していた。これに対して中国政府は「人権弾圧は、中国を封じ込めるための西側のデマ」と猛反発し、報道に対しても「いわゆる報道の自由という名目で偽ニュースをでっち上げ、中国を中傷し攻撃することには断固反対だ」（華春瑩《かしゅんえい》・外務省報道局長＝当時）という主張を繰り返してきた。

私は中国に赴任する前、日本で暮らすウイグル出身の人々に会って、新疆にいる親族たちの状況を聞いていた。その内容は思っていた以上に厳しく、深刻だった。当局が否定できない証拠を突き付けるにはどうしたらいいか。

そうだ、この統計年鑑のように当局自らが公表したオープンデータを入手すればいい。日本でもジャーナリストが情報公開制度を使うのは、政府の方から出た資料を基にすれば、政府が言い逃れできないからだ。自らが公表している統計を使えば、中国政府も認めざるを得ないのではないか。

そこから徹底的に統計データを探すことにした。見つかったのは、中国全土のものとして「中国人口和就業統計年鑑」と「中国衛生健康統計年鑑」。さらに、新疆ウイグル自治区政府の統計として「新疆統計年鑑」も。関連する統計資料の過去30年分を入手することができた。

最初は人口の移動や増減のデータから何か見えないかと考えたが、なかなかうまくいかなかった。何か手がかりになるデータはないのか…。新疆の年鑑を見ていた時、こんな文字が目に入ってきた。

「各地、州、市计划生育及領収情況」

日本語にすると、「地域・州・市別の家族計画と証明書の取得状況」という意味になる。家族計画…これだ。女性の卵管や男性の精管を縛る不妊手術や人工妊娠中絶、子宮内避妊具（ＩＵＤ）装着などに関するデータが存在していたのだ。当時は中国政府が産児制限「二人っ子政策」を続けていたため、全国版の年鑑でも「各地区采用各种节育措施人数」（地区別の各種避妊措置者数）、「计划生育手术情况」（家族計画手術状況）を見つけることができた。

データ分析は「力仕事」

そこからは力仕事だった。入手した資料をパソコンに入力して、分析する必要がある。日々の取材の合間や休日に、膨大なデータを表計算ソフトにひたすら入力する作業を続けた。中国全体や新疆の数字はもちろん、新疆以外の地域の傾向を把握するために、中国の全31省・自治区・直轄市のデータも入力していった。

私はマレーシアの邦字紙記者や日本の商社勤務を経て1999年に西日本新聞の記者になった時から、調査報道を志してきた。医療や教育、安全保障、外国人労働者を巡る問題などに取り組んできたが、データを解析する際は同僚とペアやチームを組むのが定番だった。しかし、北京特派員は私だけ。駐在記者の電話やメール、SNSのやりとりは当局に筒抜けと言われており、取材テーマの性質上、生データを日本とやりとりするのもはばかられた。一人で挑むしかなかった。

ミス防止のダブルチェックも含め、作業量の多さに途中でぼうぜんとした。そんな時、「卵管結紮人数」「精管結紮人数」といった統計項目をみると、旧優生保護法（1948〜1996）下の日本で、知的障害や精神疾患などを理由に障害者らへの強制不妊手術が繰り返された問題の取材をした際の記憶がよみがえった。涙を流しながら取材を受けてくれた当事者の中には、強引に中絶手術を受けさせられた人もいれば、状況がよく飲み込めないままだったり、親族に説得されたりして不妊処置を受けた人もいた。パソコンに入力する一つ一つの数字に、一人一人の人間がいる。そんな当たり前のことを思い浮かべて気合を入れ直した。

不妊手術は18倍以上に急増していた

入力したデータを解析して、驚いた。不妊処置の件数が、明らかに不自然な増加を続けていたからだ。

２０１４～２０１８年に、新疆の不妊手術件数が18・8倍に増え、計10万人もの住民が手術を受けていた。中絶件数は延べ43万件を超え、ＩＵＤを装着した女性は２０１７年時点で３１２万人に上る。この時期に、中国当局によるウイグル族らへの抑圧政策が強まったという指摘と符合する。そしてその結果、新疆の出生率が明らかに急減していることが浮かび上がってきた。

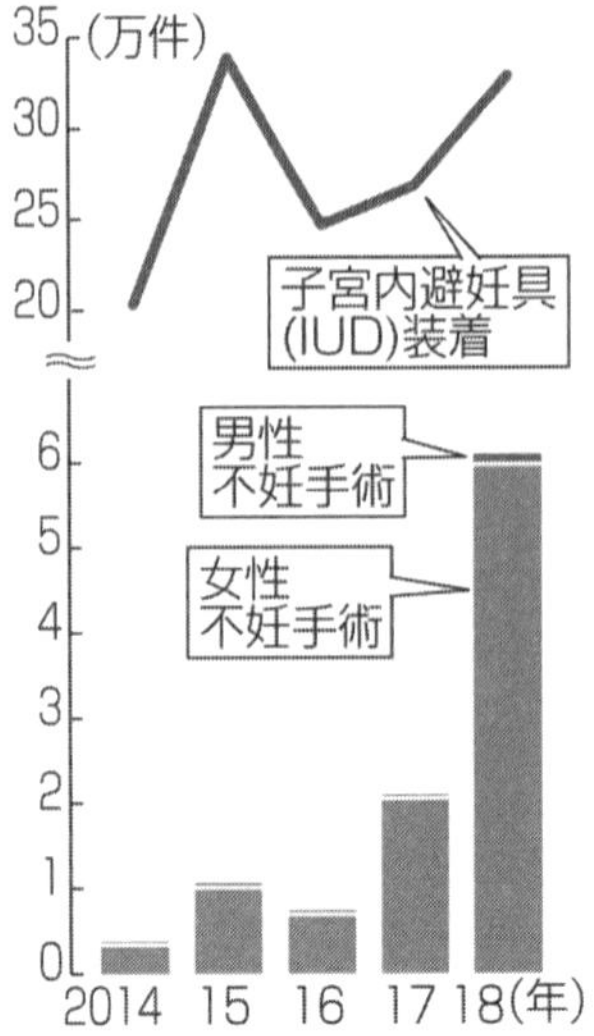

中国・新疆ウイグル自治区の不妊処置件数
（※中国衛生健康統計年鑑などより）

【新疆ウイグル自治区での不妊手術】
２０１４年　３２１４件
２０１６年　６８２３件
２０１７年　２０３６７件
２０１８年　６０４４０件

【新疆ウイグル自治区でのＩＵＤ装着手術件数】
２０１６年　２４６７７８件
２０１８年　３２８４７５件

入力したデータが間違っているのではないか…。何度も確認した。間違っていない。さらに、新疆以外の他の省や自治区と比較しても、中国全体の傾向と逆行していることが分かった。

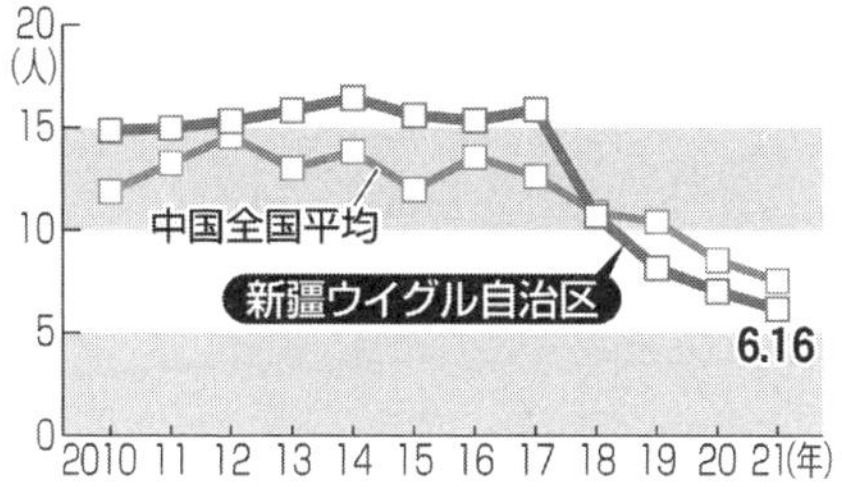

新疆ウイグル自治区と中国全土の出生率の推移（※人口1000人当たりの出生数）

少子高齢化が進む中国では、１９７９年から続いた産児制限「一人っ子政策」が２０１５年で終了。都市部で２人、農村部は３人までの出産が認められるようになり、中国全体では２０１６年以降、不妊手術やＩＵＤ装着手術が急減していた。しかし、新疆では逆に不妊手術が中国国内でも突出して増えていたのだ。

入手・分析した統計年鑑に、漢族やウイグル族など民族別の統計データは公開されていなかった。ただ、新疆の統計年鑑には地域別統計が収録されていた。２０１８年時点で不妊手術を受けた人の99％、ＩＵＤ装着者の63％が、ウイグル族が住民の８～９割を占めるホータン、カシュガル、アクスの３地域に集中していた。

不妊処置急増の一方で、新疆の出生率（人口千人当たりの出生数）は激減していた。21世紀に入って15～16前後で推移しており、2017年に15・88だったのが、2018年には10・69に急減し、中国の全国平均（10・94）を初めて下回った。さらに2021年には6・16（同年の全国平均は7・52）に下落。記録が公表されている1978年以降で最低となり、4年間で3分の1近くに減ってしまったのだ。出生率の激減は、明らかに不妊処置の急増に伴うものだろう。

習近平指導部がウイグル族への抑圧政策を強めたのは2014年とされている。米紙ニューヨーク・タイムズが2019年に報じた中国政府の内部文書によると、2014年に自治区で暴動が起きた後、習近平氏が「テロや分離主義に対抗する」として基本方針を策定し、締め付けに拍車が掛かった。中国政府は過激思想を取り除く名目で自治区に「職業技能教育訓練センター」を設置。前述の通り、国連人種差別撤廃委員会の報告書は100万人以上のウイグル族が強制収容されたと推計している。

新疆トップの自治区共産党委員会書記にチベット自治区で分離・独立運動を封じ込めた陳全国《ちんぜんこく》氏（1955～）が就任した2016年以降、統制がさらに強まったと言われている。不妊処置の増加と時期が重なる。

人口増は「政治的リスク」

中国では、人口増加に伴う資源不足に対応するため「一人っ子政策」が続いた期間も、特例として、少数民族は都市部で2人、農村部で3人までの出産が認められていた。ただ、新疆では不妊手術など「長期的な出生抑制処置」を受けた少数民族の夫婦に「計画出生父母光栄証」（子を2人もうけた後に処置）や「一人っ子父母光栄証」（子を1人もうけた後に処置）を授与。年金を支給したり、子どもの大学受験の際に加点したりする政策が推進された。

こうした施策は、多産なウイグル族の「貧困対策」が理由と説明されている。しかし、新疆ウイグル自治区共産党委員会のシンクタンク、新疆社会科学院の李暁霞《りぎょうが》民族研究所長が執筆した論文を読んだ私は、そこに「貧困対策」とはかけ離れた指摘があることに気付いた。

「新疆の人口問題と人口政策分析」と題する論文は「自治区の人口増加で最も懸念される問題は、少数民族の人口が急増し、漢族の人口が伸び悩んで格差が広がっていること」と分析。少数民族と漢族の人口差が広がることで「単一民族の領土所有意識が強まり、国家や中華民族としてのアイデンティティーが弱まっている」「少数民族の人口増加率を抑制し、人口構造を調整することは新疆の長期的安定を実現するための重要な道筋」と強調していたのだ。さらに「ウイグル族の多い新疆南部で家族計画政策(産児制限)が十分に実行されておらず、計画外出産が比較的深刻になっている」「過激な宗教思想などの影響で避妊に消極的な人もいる」と主張。ウイグル族と漢族の人口差が広がれば「過激な宗教思想が浸食して世俗的な体制を否定し、暴力的なテロ活動を行ったり、漢族を拒絶したり憎んだりしやすくなる」「より大きな政治的リスクが生じる可能性がある」とした上で「少数民族の人口抑制政策を確実に実行し、計画外の出産をなくすべきだ」と提言していた。

この論文が書かれたのは2017年、陳全国氏が新疆トップに就いた翌年だった。

米政府は2020年7月、新疆での人権抑圧を巡って陳全国氏へのビザ発給を制限し、資産を凍結する制裁を発表。2021年1月には、中国政府によるウイグル族らへの弾圧を、国際法上の犯罪となるジェノサイドと認定した。欧州は国連機関を含む調査団の受け入れを求めており、翌年2月4日に開幕する北京冬季五輪のボイコットを求める声も出ていた。民族集団虐殺の防止を目的とした国連のジェノサイド条約は「集団内の出生防止を目的とした措置を課すこと」も集団虐殺に当たると明記している。

米国などが「新疆で不妊手術が強制されている」と指摘する中、中国政府系シンクタンク、中国社会科学院傘下の研究機関は２０２０年９月、「新疆の女性たちは自ら望んで不妊手術を受けている」と主張する文書を発表。２０１８年の出生率は「法に基づき『計画超え出産』を管理」した結果、大幅に下落したと強調した。ただ、実際には共産党組織が住民への「宣伝」や「管理」を強化し、広い範囲で住民にまとめて手術を実施したとの指摘がある。

2021年2月4日付の西日本新聞朝刊一面

中国政府の「不都合な事実」を1面で報道

私は統計資料から浮かび上がった事実を記事にまとめた。そして北京冬季五輪開幕までちょうど1年の２０２１年2月4日、西日本新聞の朝刊1面などで報じた。その後も帰国まで取材を重ね、さまざまな続報を出した。

ウイグル族が人口の9割超を占めるカシュガル、ホータン両地区の当局がまとめた統計資料で、カシュガル地区では２０１７年から２０１９年にかけて人口増加率（人口千人当たり。移住を除く）が約１００分の1に激減したこと。ホータン地区では、少数民族の人口増加率が年々下がる一方で、現地では少数派の漢族は上昇し、２０１７年には漢族の人口増加率が少数民族を上回る「逆転現象」が起きたこと。２０１９年時点で、両地区では人口増加率がゼロに近づいたことなどを特報した。

なぜ、中国政府にとって「不都合な事実」とも言えるこれらのデータが公開されていたのだろうか。明確な理由は分からない。ただ、「中国は国益より党益の国」（北京の外交筋）と言われる。党中央に対して地方政府や担当部署が自分たちの成果を誇るために、これらの数値を公式統計に記録していたものと想像はできる。

その証拠に、ここ数年でウイグル問題が国際社会で取り沙汰されるようになったせいか、２０１８年ごろから、不妊手術や中絶などについての項目そのものが年鑑に記載されなくなってきた。私自身も当局の統計データを使った調査報道をすればするほど、関連する統計が翌年から公開されなくなる体験をし、ジレンマを感じながらも、追及を続けた。

不妊措置件数の急増と出生率急減について、新疆の自治区政府に直接質問できる機会があった。自治区政府幹部は出生率半減については「どこのデータか分からない」とした上で「家族計画政策が成果を挙げており、人々は自らの意思でＩＵＤ装着や不妊手術を受けている」と説明した。私は、ＩＵＤ装着者に占める既婚女性の割合や、不妊手術件数の民族・年齢別データの開示を求めたが、回答はないままだった。

そして私は、いよいよ新疆へ足を踏み入れることになった。行き先は、自治区の中でも特にウイグル族が多く暮らす中国最西端の街カシュガルに決めた。

「抑圧」の街カシュガルを訪ねて
地図アプリに載らない「強制収容所」を訪ねてみた

記者ビザの確認後、破り捨てられた搭乗券

私は特派員として中国に赴任して以来の3年間で、全31省・直轄市・自治区のうち、外国人記者の立ち入りが厳しく制限されたチベット自治区を除く30省・直轄市・自治区をすべて訪れた。カシュガルへの旅は出発前から、普段の中国国内への出張と、まるで勝手が違っていた。

2021年4月下旬、カシュガル行きの飛行機に乗るため、北京首都国際空港の保安検査場に着いた時のことだ。パスポートの記者ビザを見た瞬間、空港係員の表情が硬くなるのが分かった。搭乗手続きは済んでいるのに「航空会社のカウンターに戻って」と言うのだ。理由を尋ねてもはっきりした説明はない。いぶかりながらカウンターに行くと、いきなり搭乗券を破られた。まずい、何かの力が働いたのか…。

しかし、現地に飛ぶことはできた。新しい券を渡されたのだ。破られてしまった航空券は窓際の席だったが、渡されたものは通路側に変更されていた。

当時、新疆で生産される新疆綿《めん》に強制労働の懸念が西側諸国で取り沙汰されていた。私の少し前に自治区に入り、現地に向かう飛行機の窓から農場の写真を撮ろうと考えていた日本メディアの記者が座席予約を変更され、窓のない席に移された話を思い出した。そういうことなのか…。理由を聞いて

も抗議しても、航空会社のスタッフは聞き流すばかりだ。機内には窓際に空席もあったが、変更は認められなかった。それまで何度も中国国内で飛行機に乗っていたが、初めての経験だった。

カシュガルまでは北京から飛行機で5時間半。着陸の50分前に機内放送があった。機長が目的地へ向けて高度を下げることを案内した後、こう言った。

「窓の日よけを閉めてください」

真昼なのに機内は急に薄暗くなった。

中国を含む航空業界では、離着陸時の異変に備えて外の状況を確認するため、乗客に日よけを上げるよう求めるのが一般的だが、新疆の景色を見せないためなのか。対策は徹底していた。少しだけ日よけを上げてスマートフォンを窓の外に向けた中国人の乗客がいた。

「写真を撮らないで！」

とたんに客室乗務員の鋭い声が飛んだ。

ちなみに、北京の日系企業で働く私の友人が、別の時期に同じ便で北京からカシュガルに向かった際は、窓の日よけを閉じるよう求められることは一切なかったという。

北京とカシュガルを結ぶ空路の機内。着陸時と同様に離陸する際、窓の日よけを閉めるよう指示された。外を見ることは許されず、上空に上がるまで薄暗いままだった

「警戒区域　接近禁止　撮影厳禁」警告板

人口約65万人。ウイグル族が9割を占めるカシュガル市には、中国語とウイグル文字を併記した看板の店が立ち並んでいた。緑が濃

い街路を車やバイクが激しく行き交う。高層ビルが少ないせいか、空が広くて青い。中国当局による少数民族ウイグル族弾圧を調査しているオーストラリア戦略政策研究所（ＡＳＰＩ）が「強制収容所」と指摘していた市中心部や近郊の5施設を巡った。

最初の目的地の1・5㎞手前でタクシーは止まった。「これ以上先には行けないことになっている」。20代くらいのウイグル族の男性運転手が言った。理由を尋ねても「知らない」と首を振り、困ったように苦笑いするだけだった。

オーストラリア戦略政策研究所が「強制収容所」と指摘した施設。門には中国共産党の教育施設である「党校」などと書かれていた。監視塔があり、すべての窓が鉄格子付きだった

その少し先には「強制収容所」があるはずだった。ＡＳＰＩの報告書が「最も管理が厳重」と分類する施設だ。車を降り、スマートフォンの中国版の地図アプリを開いたが、付近の拡大地図は灰色の表示で使えなかった。

頼みの綱は、研究所が公開する衛星画像だけ。中央アジアの乾いた日差しが照りつける中、ポプラ並木の農道を10分ほど歩くと、れんが色の高い塀が見えた。手前で2人の男が道の真ん中に立ち、検問をしている。胸に無線機を付け、頭上には監視カメラがあった。

「記者か？　引き返せ。写真は撮るな」。男たちは険しい表情で繰り返した。

ＡＳＰＩの報告書によると、新疆の「強制収容所」は３８０カ所以上。米政府は「１００万人以上が収容された」と指摘する。一方、中国当局は収容所ではなく「職業技能教育訓練センター」だと説明。テロを防ぐため、イスラム教徒のウイグル族から過激思想を取り除き、中国語や法律、職業技能を教

少数民族ウイグル族らの「強制収容所」と指摘される施設（奥）の手前で検問をする男たち。頭上には監視カメラがあった

えたとする。

中国政府が２０２０年に公表した新疆労働就業保障白書には「２０１４〜２０１９年に年平均１２８万８千人が職業技能教育訓練を受けた」との記述がある。米中の主張は大きく異なるが、入所者の数はほぼ合致する。

中国側は２０１９年10月で事業を終え、訓練センターも全てなくなったとする。では、塀の向こうには何があるのか。男たちは立ち入り禁止の理由を一切語らなかった。

市南部の施設には、防犯カメラ付きの高い塀や監視塔と「警戒区域　接近禁止　撮影厳禁」という警告板があった。門には「党校（中国共産党の教育施設）行政学校」と書かれ、合唱する若者の声が聞こえた。

共産党カシュガル市委員会による党校整備の入札公告を調べると「訓練センターの放送設備や監視システムを利用」とある。かつてここが過激思

中国政府による少数民族ウイグル族弾圧を調査しているオーストラリア戦略政策研究所が「強制収容所」と指摘する施設の外には「警戒区域　接近禁止　撮影厳禁」と書かれた警告板があった

想対策の「職業技能教育訓練センター」で、監視システムがあったことは間違いないようだ。

別の施設の表札は「職業技術学校」だった。現役の再教育施設なのか、オリンピックの選手村跡地のように施設を再利用しているのかは不明だが、共通点があった。市内の小中学校や集合住宅とは異なり、あらゆる窓が鉄格子付きか、窓枠の幅が異様に狭い。刑務所のような造りだった。

「外国人は入れない区域」近づけない町

ＡＳＰＩの報告書は、２０１７年から厳重管理の収容所が増えたと指摘する。自治区検察当局の公式統計によると、刑事事件で起訴した人数は２０１３～２０１６年には２万～５万人で推移していたが、２０１７年は21万６千人に急増。２０１８年13万６千人、２０１９年９万７千人と高い水準が続いていた。テロ対策を理由に大勢のウイグル族らが拘束された可能性がある。

施設の中で何が行われているのか。ウイグル族の男性に尋ねると「知らない」としか返ってこなかったが「夫が収容された家庭には、漢族が『友人』として食事にくる」と打ち明けた。

前述の通り中国当局は、テロ対策の一環としてのウイグル族などへの「再教育」や「職業訓練」はすでに終わったとしているが、本当か。

カシュガル市の北にある町に特に巨大で警備が厳重な施設があると聞いていた。現地に向かおうとしたが、ウイグル族のガイドから「外国人は入れない区域」とくぎを刺され、町に近づくことすらできなかった。

進むモスク破壊、断食月の光景一変…消えゆくイスラム教の伝統

羊肉の串焼きの香ばしい煙が食欲をそそる。色鮮やかな果物、平らなパン、中央アジアの工芸品が店頭に並ぶ。

昼下がりのカシュガル市中心部。ウイグル族の店舗や住居が密集する1㎞四方の旧市街では、楽しそうに走り回る子どもたちを大人が穏やかな表情で見守っていた。

この時期に新疆を訪れたのには狙いがあった。訪問した当時はイスラム教の最も神聖な月とされるラマダン(断食月)。世界のイスラム教徒は原則的に日の出から日没まで飲食禁止となり、信仰心と連帯感を強める。イスラム教徒のウイグル族が人口の9割を占めるカシュガルで、その伝統は生きているかを確かめたかったのだ。

街を歩くと、飲食店は昼間から営業し、ウイグル族の人々がにぎやかに食事をしていた。私はかつてイスラム教徒が人口の6割、中華系が3割のマレーシアで2年間暮らした経験がある。断食月の昼間はイスラム教徒の飲食店が軒並み閉店していたが、ここは明らかに違う。店内は満席だ。「子どもの頃とまるで変わった。厳しい戒律は経済成長の妨げになるというのが政府の方針だから」。ウイグル族の高齢男性が声を潜めた。

中国の憲法は信教の自由を保障しているが、自治区政府は2017年、宗教的な過激思想を抑え込むためとして「脱過激化条例」を施行。「異常」にひげを伸ばしたり、顔全体を覆うブルカを公共の場で着用したりすることを禁じた。現地滞在中、長いあごひげを蓄えた男性や、髪を覆うスカーフ「ヒジャブ」をした女性は一人も見かけなかった。

戒律の是非は別として、選択の自由やこの地に根付いてきた断食月が消滅しかけているのは確かだ。中国当局は、テロを起こす「宗教過激主義」を防ぎ、社会秩序や国家統一を保つ立場から、信仰より共産党指導を優先させる「宗教の中国化」を進めている。新疆ウイグル自治区では2017年ごろから、共産党幹部がイスラム教徒のウイグル族住民と「親戚関係」を結ぶ制度を導入し、宗教活動を監視。当局公認の中国イスラム教協会は2019年、「イスラム教の中国化」に向けた5カ年計画についての決議を採択した。講義を通じて2022年までに、社会主義の価値観や法律、中国の伝統文化などをイスラム教徒に教え込むとしていた。

作られた旧市街

旧市街は、巨大なテーマパークのようだった。

店舗や住居は、一見するとウイグル族の伝統家屋である日干しれんが造り。ただ、よく見ると多くの建物がセメント製だ。10年近く前までは古い街並みが残っていたが、中国政府指定の重点観光地となり、再開発されたという。

その一環なのか。旧市街だけで少なくとも10カ所のモスク（イスラム教礼拝所）が閉鎖・破壊されていた。最上部のドームにあったはずのイスラム教の象徴、三日月が取り外されたり、アーチ形の窓や壁が埋められたり。ウイグル族の男性は「20年ほど前に再開発が始まるまで、市内に２０５カ所のモスクがあった。どれくらい減ったかは聞かないで」と話した。

カフェに転用されたモスクの内部。営業を停止しており、廃材で埋め尽くされていた

市政府が１９９６年に保護対象の重要文化財に指定したことを示す掲示が張られたモスクも含め、カフェやイスラム教徒にとって禁忌の酒を提供するバーに改装されたものもあった。

モスクがカフェに転用されたと海外メディアが報じた場所を訪れた。シートや廃材でふさがれた室内をのぞくと、机や椅子が放置されていた。批判を恐れた当局の措置か、報道後に営業を停止したという。

現在も使われているモスクの周辺には入り口だけで5台の監視カメラがあり、私服警官とみられる男の姿があった。神を賛辞する扁額《へんがく》の代わりに「愛党愛国」の赤い看板がかかり、三日月のマークより高い最上部に中国国旗がはためく。入り口に金属探知機を備えたモスクも

カシュガル市内のモスク。「愛党愛国」の看板が架かり、入り口には金属探知機や監視カメラがあった

あった。

古来、イスラムの拠点都市として栄えたカシュガル。マレーシアの街では毎日5回、必ず聞こえていたアザーン（イスラム教徒に礼拝を呼び掛ける声）は一度も耳にしなかった。

1980年代にNHKで放送された「NHK特集 シルクロード――絲綢之路――」に、オアシス都市として栄えたウイグル族の町が登場する。新疆を訪れる前に当時の映像を視聴する機会があった。現地に足を運ぶと、画面に映っていた現地の風情やウイグル族の男女の伝統的な姿は、失われていた。今となっては貴重な記録映像だ。

包丁に鎖、玄関にQR証、尾行…「開放された地区」の現実

カシュガルはアフガニスタンやパキスタンなどと国境を接する街だけあって、中央アジアの風が吹いていた。羊肉、果物など食べ物はおいしく、エキゾチックな雰囲気に満ちている。街には、いわゆる「中国」のイメージとまるで違う光景が広がっていた。

同時に、他のどの地域ともレベルが異なる「圧」を感じた。

羊肉や果物を売る露店や料理店の調理場をのぞいて驚いた。ウイグル族の人々が手にする包丁や調理用の斧は鎖でつながれ、外に持ち出せなくなっていたからだ。さらに、いずれも刃の部分には所有

者を特定するためのＱＲコードが刻印されていた。中国の他の街ではありえないことだ。カシュガルでも漢族が使う包丁には鎖やＱＲコードの刻印はなかった。かつて新疆で刃物を使った暴動が頻発し、当局が管理を強化したのだという。

　スマートフォンを持たない子どもや高齢者の首から、ＱＲコード付きのカードがぶらさがっているのも何度も目にした。現地の住民の話では、コロナ対策を理由にスマートフォンを持たない子どもや高齢者の個人情報を特定するため、当局がこうした措置をしているそうだ。ウイグル族の集落では、各戸の玄関にＱＲコードが貼られていた。警察など当局がスキャンすれば、個人や家族の情報が瞬時に分かるという。

鎖でつながれ、所有者を特定する QR コードが刻印された包丁

　カシュガル市内では交差点ごとに「便民警務所」という交番があった。その数はコンビニよりも多く、交差点を挟んで2カ所に設置されている地域もあった。ウイグル族の男性が「5年前から一斉に整備された。住民は見慣れない人がいるとすぐ報

羊肉を切り落とすための斧。鎖でつながれ、所有者を特定するQRコードが刻印されていた

首からQRコード付きのカードを下げたお年寄りの女性

告するよう求められている」と教えてくれた。２０１６年は前述したとおり陳全国氏が新疆のトップに就任し、ウイグル族の統制政策が加速したとされる年だ。新疆では人工知能（ＡＩ）を利用した顔認証など先端技術も駆使して軍や警察が監視網を敷いており、ウイグル族はスマートフォンの通信記録が管理され、「健康診断」を名目に指紋や血液、ＤＮＡサンプル、音声や瞳の虹彩データが採取されているとも聞いた。

　カシュガルの街のあちこちに警察官が立っている。ただ、街の雰囲気に物々しさはなく、穏やかだった。私の前任の川原田健雄・北京特派員が3年前に訪れた際には至る所にあったというエックス線装置は、市場やホテルで見かける程度だった。

　中国政府によると、新疆では２０１７年以降、テロ事件は起きていない。以前と現在のカシュガルを知る日本人男性は「当局が『刀狩り』をして、ＩＣＴ（情報通信技術）を駆使した監視や密告の奨励も徹底した。警備がかつてより緩んで見えるのは街全体を鎮圧できたという自信の表れだろう」と話した。

　中国当局の規制を受けずにインターネットが使えるはずの外国人用通信カードが作動しなかったの

も、初めての経験だった。

真夜中、宿泊していたホテルの窓の外が時折ピカッと白く光る。雷光かと思ったが違った。車が通るたびに自動的にナンバープレートをすべて撮影するカメラのフラッシュだった。

水だけを飲み続ける男

カシュガル滞在中は昼夜を問わず、当局の監視が付いた。声をかけてもまったく返事をしないので、間違いない。昼間は私を挟んで50mほど前と後ろに、2〜3人ずつ男が張り付いていた。

夜、一日の取材を終え、新疆の地元ブランドで知られるビール「烏蘇(Wusu)啤酒」が飲みたいと思い、宿泊先のホテルの近くにあったバーに入った。すると、すぐそばの席に40代ぐらいの漢族の男が座った。

なんとなく気になって様子をうかがっていると、明らかに変だ。バーに入ったのに何も注文せず、ひらすら水だけ飲んでいる。ちらちらとこちらの様子をうかがっているようだ。

よし、ならばと、店を出て帰るふりをしたあと、すぐさま戻ってみた。やはり男の姿は消えていた。

ホテルに帰ってから、その日の取材でスマホで撮影した街の動画を確認してみた。

やっぱりそうか…。訪れたいくつかの場所に、同じ男の姿が映り込

カシュガル市内には、交差点ごとに「便民警務所」という交番が整備されていた

ホテル近くのバーまで尾行してきた男

んでいた。気分はよくないが、向こうから手出しをしてくるわけではない。むしろ彼らも仕事でやっているんだろうから、ご苦労様、という気持ちになった。

あえて姿を見せる尾行で、こちらを萎縮させようとしているのかとも勘ぐった。が、どうやら違うらしい。取材中、彼らの存在に気付くと、ウイグル族の人々が急に押し黙るのだ。話を聞きたくて客のいない雑貨店に入ると、男が入ってきて小声で店主に何かを言う。郊外で民家に近づけば、赤い腕章を付けたウイグル族の男たちがやってきて、立ち去るように促してきた。当局が萎縮させたいのは記者ではなく、取材に応じようとする現地の人々なのだ。

そんな監視の目をかいくぐって、ウイグル族の男性に話を聞くことができた。「貧困脱却で莫大《ばくだい》な予算が新疆に充てられている。暮らし向きは確実に良くなった」。男性はそう言いつつ、娘の話になると表情が曇った。娘夫婦は3人目の子どもを欲しがっているが、妊娠すれば産児制限の罰則で仕事を失うという。不満は誰にぶつけようもない。「ここでは政治に関わらない方がいい。個人の力がすごく弱いから」と声を潜めた。

カシュガルに滞在中、チャーターした車に乗っていたら、駐車場で追突事故にあった。低速で接触してきたため、双方にけが人はなかったが、思いのほか事故処理に時間を取られ、面倒だなと思った。驚いたのは北京に戻ってからだ。私とほぼ同じ時期に現地を訪れていた他の日本メディアの記者も、借り上げていた車が不審な車にぶつけられたという。目障りな外国人記者たちに足止めを食わせるための当局の意図的な行為だったのか。カシュガルで抑圧の実相を目の当たりにしただけに、偶然とは思えなかった。

カシュガルでの最終日、街角の公衆便所で用を足すと赤褐色の尿が出た。これが血尿か。北京の病院で精密検査を受けたが異常はなく、「疲労やストレスが原因では」と医師。始まりから終わりまで気が抜けなかった新疆での現地取材で、心身に負担がかかっていたのかもしれない。

北京に戻る帰路。事前予約で窓際を指定していた飛行機の座席は、やはり往路と同様に通路際に変更された。離陸前から日よけが閉められ、機体がカシュガルを離れて上空に達するまで、外の景色を眺めることは許されなかった。

退職を選んだ中国メディアの記者

中国政府は「新疆は開放された地区。各国の記者の参観訪問を歓迎する」と強調している。しかし、新疆での海外メディアの取材活動に対する規制の強さは、他省の比ではない。現地を訪れて、当局が外国人記者に見せたくないもの、聞かせたくない声があることがよく分かった。

私が現地に入る前に新疆を取材した毎日新聞の記者は空港で当局の人間に画像を消すよう求められ、読売新聞の記者はカメラを奪われている。東京・中日新聞の記者は、両手を広げた当局の男に行く手をふさがれたという。

ただ、私が新疆を訪問した際に職務質問を受けたり、撮影した画像をチェックされたりすることはなかった。新疆が国際的な注目を集める中、当局が海外メディアの報道に神経をとがらせ、対応を変化させているようにも思えた。

中国政府が「固有の領土」と主張する新疆は、18世紀に一帯を版図に収めた清の乾隆《けんりゅう》帝がその名を付けたとされる。新疆の語源は「新しい土地」「新たな征服地」という意味だ。

インフラを整え、豊かになったことを強調して統治の正当性を誇る。その地に根付いてきた信仰や文化を自国流に変容させる。現地の人々の母語とは異なる言語の教育を強化する。「民族協和」をうたいながら、実質的には最も立場の強い民族が統率する──。かつて、日本が中国を含めアジア各地の人々に強いたことと重なる気がしてならない。

中国メディアにも、立場の弱い人々に心を寄せるジャーナリストたちがいた。地方政府や企業の不正を暴く調査報道に意欲的な記者は少なくない。ただ、中央政府や国家指導者の批判はタブー。世界で初めて新型コロナウイルスが流行した湖北省武漢の実態を発信した市民記者は懲役刑を科された。中国政府が「核心的利益」の一つに挙げる新疆の実情を中国メディアが報じることは決して許されない。

胡錦濤《こきんとう》国家主席時代の２０１０年には、新聞や出版業界の発展を目的に、報道事業への民間企業の参入を促す通知を出しており、中国共産党や政府と距離を置く独立系メディアが存在した。インターネット上で独自の調査報道を発信するメディアもあった。だが、習近平氏は２０１２年の中国共産党総書記就任後、報道統制を強化してきた。当局にとって不都合な報道が社会に拡散することを防ぎ、世論を誘導する狙いがあるとみられる。中国政府は２０２１年10月、民間企業が報道事業に参画することを禁止する方針を公表。海外メディアが発信したニュースを伝えることも禁じた。２０２３年７月には、中国本土のメディアで働く記者の資格試験制度も導入。中国メディア関係者は私に「報道や表現の自由がますますなくなり、政府にとって都合のいい報道しかできなくなる。世論の内向き志向がさらに強まるだろう」と懸念を口にした。

ある中国メディアで働いていた私の友人は、私の報道を含む海外メディアの新疆についての報道を「でっち上げだ」と批判する記事を書くよう、上司から求められた。しかし「自分は一度も新疆で取材をしたことがない。自分の目や耳で確かめてもいないのに、記者として友人として信頼する坂本さんの記事を批判する記事は書きたくない」と私に打ち明け、退職してしまった。中国の心ある記者たちの分も、私たち海外メディアが新疆の実態を取材し、報道することで、現地の状況を少しでも改善させたい。そう決意した。

亡命女性たちが語る強制不妊の実態　女性たちが勇気の証言

新疆の強制不妊疑惑については、海外に脱出したウイグル族の複数の女性たちから、不妊処置を強制された際の生々しい体験を聞くことができた。いずれも実名だった。二度と帰国できないだけでなく、故郷に残る親族を危険にさらす恐れがあるが、「声を上げたくてもできない同胞に代わり、事実を世界に伝えたい」と取材に協力してくれた。

新疆ウイグル自治区の区都ウルムチの出身で米国へ亡命したウイグル族女性、ズムレット・ダウトさん(39)は故郷にいた2018年に当局から不妊手術を強制されたと証言した。中国政府は「住民の自主的選択」とウイグル族を狙った人口抑制策を否定するが、ズムレットさんは「子どもが2人以上いるウイグル族女性はほぼ全員手術を強要された」と明言した。

ズムレットさんによると、同年10月下旬に地域住民が中国国旗の掲揚集会に集められ、共産党員の役人から「2人以上の子どもを持つ女性に無償で不妊手術をする」と告げられた。当時36歳だったズムレットさんには子どもが3人いた。2021年まで続いた当局の産児制限のためウルムチでは2人までの出産しか認められておらず、1万8400元(約36万8千円)の「罰金」を当局に納めていた。

ズムレットさんは2018年春に約2カ月間、中国政府が「職業技能教育訓練センター」と呼ぶ施設に収容されて体調が悪化。帰宅が許された後も尿が止まらないなどの症状に悩んでいた。

夫はパキスタン人で「妻は手術に耐えられない。不妊処置が必要なら私が受ける」と懇願したが、役人は「外国人だから駄目だ。彼女が受けなければおまえを強制的に帰国させ、二度と中国に入れないようにする」と脅したという。ズムレットさんは泣き崩れる夫を見て心が折れ、手術に同意。あくまで自主的選択だと明記した文書に署名させられた。

人口千人余りの地域に、子どもが2人以上の出産適齢期の女性は約200人おり、1日5人ずつ市内の施設で施術された。ウルムチは漢族が人口の7割を占めるが漢族の女性は対象外だったという。

分娩台《ぶんべん》のようなベッドに上がると、背の低い50代くらいの漢族女性から点滴で全身麻酔を投与された。同じ日に手術を受ける予定だった5人のうち1人は、病気が見つかり免除された。意識が戻ると隣のベッドから痛みにうめく女性の声が聞こえた。「しばらくすると私も腹部に激痛を感じ、声を上げてしまった。子どもを産めなくなった自分を責めた」と涙を拭った。

ズムレットさんは2019年、夫の母国経由で米国に亡命。米国での検査で卵管結紮手術を施されていたことが分かった。彼女は私に「イスラム教徒にとって不妊手術を受けることは罪。望んで受けた人は私の周りに一人もいない」と訴えた。

「職業訓練」実態は思想教育

ズムレットさんは、当局の「再教育施設」に収容され、徹底した思想教育を受けた際の体験も克明に証言した。その訴えから、人権を無視したウイグル族抑圧の実態が浮かび上がった。

ズムレットさんが警察から出頭を命じられたのは２０１８年３月。子どもと自宅にいる時だった。心当たりはなかったが、彼女の携帯電話には当時、パキスタンにいた夫からの着信履歴が残っていた。イスラム教徒によるテロや独立運動を強く警戒する中国当局は、外国勢力とウイグル族のつながりに神経をとがらせており、「国外との不審なやりとり」を疑われた可能性がある。

ズムレットさんによると、施設に収容される前には血液検査や尿検査だけでなく、顔や目の網膜のスキャン、指紋や声紋の採取が行われた。女性は10代半ばの少女から70代ほどまで全員、性器に棒状のものを入れられ、内部をチェックされた。「あまりの痛みに泣き叫ぶ少女もいた」と振り返る。

施設では毎朝、白い錠剤を飲まされた。指サックを着けた看守が口の中に指を入れ、服薬を確認する徹底ぶりだった。「飲むとすぐに頭がぼんやりして、夫や子どものことも考えられなくなった」。向精神薬だったのではないかとズムレットさんは疑う。

注射も毎月1回打たれた。避妊作用があったのか、収容期間中、生理は一度も来なかった。「生理用のナプキンは配られず、生理中の女性は一人もいなかった」という。

英BBC放送などが報じた「収容施設」の画像を見せ「私が入れられた施設もよく似ていた」と語るズムレット・ダウトさん＝米国・ワシントン

ズムレットさんが入れられた部屋の出入り口には鉄格子があった。女性約40人が詰め込まれ、全員が横になれないため3時間交代で睡眠を取った。毎朝、顔を洗う時間は1分程度に制限され、シャワーも浴びられなかった。室内は悪臭が漂い、タンクを背負った防護服姿の看守が女性たちに薬剤を吹きかけることもあった。そして「時折、見た目の美しい女性が夜中に看守から連れ出された」という。

前述の通り、中国政府はこうした施設を「職業技能教育訓練センター」だと主張するが、ズムレットさんは「職業訓練は一切なかった」と明かす。代わりに徹底されたのが思想教育。ウイグル族が信仰するイスラム教の神ではなく、習近平国家主席を尊崇するよう徹底的に「再教育」を受けた。

新疆の収容施設を巡っては2022年5月下旬、施設内部で撮影したものとみられる大量の画像や内部文書を、英BBC放送や毎日新聞、NHKなど世界各国の14メディアが連携して報道。ズムレットさんは「私が収容された施設と構造がとてもよく似ていた。職業訓練施設なら必要ないはずなのに、脱走防止の鉄格子やおりがあちこちにあった」と語った。

ズムレットさんは、夫が北京にあるパキスタン大使館に赴くなどしてようやく帰宅できた。「カシュガルやホータンなど、ウイグル族が多い新疆南部の政策はもっと厳しい」と指摘する。

「不妊手術を受けたら『光栄証』（表彰状）と4千元（約8万円）の奨励金をもらえる制度も盛んに宣伝さ

れていた。強制でないように装って、ウイグル族を減らそうとしている」と訴えた。

ウイグル族の家庭に特殊な装置

「2016年ごろからウイグル族のパスポートが取り上げられ、収容所に送られ始めた」。ズムレットさんは振り返る。陳全国氏が新疆トップに就任した2016年から統制が加速したとされる見方と合致する。

地元政府から住民に「浄網衛士《ジンワンウェイシ》」というアプリをスマートフォンにインストールするように通知が来た。住民のスマホを監視するアプリだ。家族や友人とのスマホでのやりとりで「アッラー」などウイグル族が信仰するイスラム教に関する言葉を使うと、すぐに警察から電話がかかってきて尋問を受けるようになった。

ズムレットさんの周囲では、外国に親族がいる人や海外渡航歴がある人が思想改造のための収容所に入れられ始めたという。

各家庭にはQRコード付きの装置が取り付けられた。録音機能があるのか、家庭内で宗教色の強い言葉や中国政府を批判する言葉を使った人も次々に収容所に送られた。隣近所の住民同士の密告が奨励され、両親が収容所行きとなった家の子どもに食事を与えただけで「犯罪者を助けた」として罰せられた。

2017年になると、収容された人が亡くなったという話を耳にするようになった。死因は決まって心臓病か腎臓病。遺体は家族に返されずに埋葬された。

カシュガル市内の民家には、当局が住民の個人情報を把握するためとされるQRコードが張られていた

泣くことは厳禁

中国政府は、「職業技能教育訓練センター」だと主張する施設の一部を、これまで日本メディアを含む報道機関に公開し、笑顔で中国語を勉強したり、職業訓練を受けたりする様子を見せてきた。

だが、「内部は刑務所そのもの。職業訓練は一切なくイスラム教を否定する思想教育を受けた。食事も睡眠時間も限られ、神経が消耗していくばかりだった」とズムレットさん。

入所者には1カ月に1回ほど、専用の部屋で家族とビデオ通話する機会が与えられた。「入室前に化粧をして身なりを整えるように求められ、通話中は絶対に泣いてはいけないと言われた。施設の内情を明かすようなことを口にすれば『二度と家族に会えなくなる』と脅された」と明かした。

退所する際には、あくまでも自分の意思で入所し、施設内で見たことを口外しないと記した誓約書に署名をさせられた。「収容所に送られた時、下の娘は5歳でした。幼いわが子と何カ月も離れて職業訓練を受けることを自ら希望するはずがありません」。当時の状況を振り返って悔し涙を流した。

前述の通り、中国政府は2019年で訓練センターは全てなくなったと強調するが、ズムレットさんは「学校や病院の表札を掲げ、外からは分からないようにした上で、今も各地で収容所を運営している」と断言する。

思い秘めた作文

ウルムチ市の小学校で中国語の教員をしていたウズベク族のケルビニュール・シディクさん(53)は収容を免れたが、2017年3月以降、当局から国語教師として複数の収容所に派遣され、入所者たちに中国語を教えた。

「男子収容所は入り口に金属製の3重の扉があった。入所者たちは薄暗い牢屋《ろうや》の中でコンクリートの床に横たわっていた。教室には8台の監視カメラがあり、うち2台は私に向いていた」。入所者の一人に、かつての教え子を見つけた時は「心臓が止まりそうになった」という。スマホに違法なアプリを入れていたことが理由と聞かされた。

トイレは1日3回、1分ずつしか使えず、トイレットペーパーもない。入所者は白い錠剤を飲まされ、定期的に注射を受けていた。

女子収容所はふん尿の悪臭が充満しており、管理者である漢族の男性たちは全員マスクをしていた。入所者は生理を止める薬を投与されていた。以前から面識があり、仲が良かった漢族の女性警察官と施設内で再会した際、「ここでは電気棒を膣《ちつ》や直腸に入れる拷問やレイプが横行している。その調査に来ている」と打ち明けられたという。

入所者には著名な作家や学者、経営者、宗教者、高等教育を受けた市民が数多くいた。海外の留学先から帰国させられた若者たちもいた。若い入所者たちに「祖国」の題で作文を書かせ、全員が朗読した時のことが忘れられない。

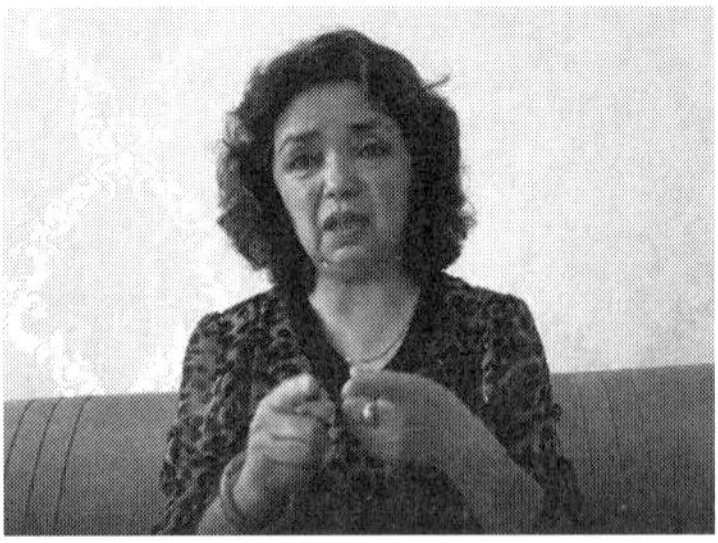

自身が子宮内避妊具（IUD）の装着や不妊手術を強制された体験を証言したケルビニュール・シディクさん＝オランダ・ロッテルダム

「私は祖国が大好きです。親が大金を使って米国に留学させてくれましたが、両親や友人に会うため帰国しました。空港に着いてすぐ、中国語を勉強するためにここに来ました。親には会わないままです。このような機会を与えてくれた政府と共産党に感謝します」

「私は祖国が大好きです。私には４人の子どもがいます。中国語を勉強するためにここに来ることになったとき、一番下の子は生後15日目で、私は授乳をしていました。このような機会を与えてくれた政府と共産党に感謝します」

「私は祖国を愛しています。婚約者が挙式の１週間前に亡くなり、数日後に私はここに来ました。このような機会を与えてくれた政府と共産党に感謝します」

感情を押し殺して朗読する若者を見て、ケルビニュールさんは「自分の状況を私に必死に伝えようとしているんだ」と気付いたという。オランダで暮らす一人娘を帰国させないため、娘に会いに行く名目で２０１９年に出国し亡命した。「収容所は教育を名目にウイグル族の肉体と精神を破壊する場所です」と語り、涙を拭った。

親族と音信不通

カザフスタンとの国境に近いグルジャ市出身のウイグル族で、英国に亡命したラヒマ・マフムトさん(51)は、故郷に残る兄たちと2017年1月以降、全く連絡が取れなくなった。現地からの情報で、施設に収容された人たちは隣接する工場で働かされていると知り、家族の身を案じる日々が続く。

「中国政府はウイグルのアイデンティティーや文化を壊し、漢族との同化政策を進めている。ウイグル族は絶滅の危機にある」。ラヒマさんは自身に言い聞かせるように言葉を継いだ。「でも私たちが生きている限り、それは実現しない」

海外メディアがリレーを

中国本土に日本を含む海外メディアの記者がどれくらいいるか、ご存じだろうか。中国外務省によると、2022年時点で約450人。国別で最も多いのが実は日本で、100人弱が北京や上海などに駐在している。日中国交正常化の8年前の1964年、日中両国が記者交換で合意し、同年9月、常駐特派員第1号として朝日、毎日、読売、日経、産経の各紙、共同通信、NHK、TBS、そして西日本新聞の9社が記者を派遣した。私は21代目の北京特派員だった。

西日本新聞は伝統的に、人権報道に注力してきた。中国駐在の日本メディアのほとんどが複数の特派員を擁する中で、特派員1人、中国人スタッフ2人の3人態勢と〝最小級〟だが、志は高く、目線は低くがモットー。ローカルメディアの特派員として読者の「知

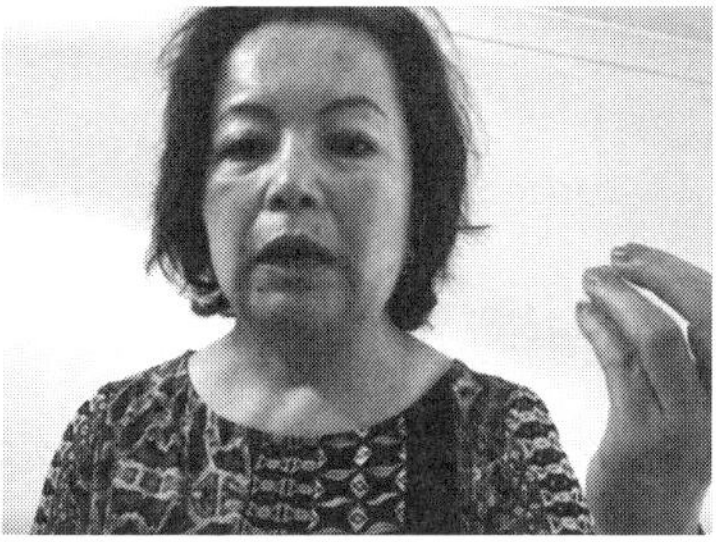

「子どもを1人産んだ後に不妊処置を強要された」と証言したラヒマ・マフムトさん＝英国・ロンドン

りたい」にこたえて中国の実相に迫る心意気は負けないつもりで、日々取材を続けた。

新疆で何があったのか。今どうなっているのか——。日本の報道機関を含め、メディア同士がバトンをつなぐようにして現地に入り、新疆の実情や住民の心情に目を凝らして耳をすます必要がある。私は、他社の北京特派員から新疆入りの相談を受けた際、バトンを託す思いで、自分が訪れることができなかった場所や現地での人脈など、知っている情報を余すことなく伝えることを心がけてきた。

少数民族の人権を抑圧する政策を進めたとして米政府の制裁対象となっていた陳全国氏は2021年12月、新疆トップの職を退任したことが発表された。

チベットに続いて新疆でも分離・独立運動を封じ込めた「功績」で、陳全国氏が2022年秋の中国共産党大会で昇進するという説もあったが、事実上の左遷だった。

ウイグル族の強制収容について陳全国氏が「習近平国家主席の指示」と繰り返していたという証言があり、習近平氏の威光を誇示しながらウイグル族を抑圧した手法が問題視されたと言われる。行き過ぎた苛烈な統治で中国共産党や習近平氏のイメージを損なった陳全国氏を、党大会を経て発足する新指導部に残すべきではないとの判断があったとみられる。

後任の新疆トップには馬興瑞《ばこうずい》氏(1959〜)が就いた。国有企業の社長などを歴任し、2017年に広東省の省長に選出された人物だ。新疆のトップ交代は少数民族政策の転換を示すのか。国際社会の追及をかわすための「トカゲのしっぽ切り」に過ぎないのか。引き続き、注視していく必要がある。

2023年夏、私が託したバトンを受け取って新疆取材を敢行した日本メディアの仲間が「新疆で産児制限が緩和されていました。坂本さんの調査報道の成果ですよ」とうれしい報告をしてくれた。不妊措置の強制など新疆の人権状況が少しでも改善されることを願って報道に挑んできただけに、胸に込み上げてくるものがあり、目頭が熱くなった。

一方で、気になることもあった。現地では当局の尾行は一切つかなかったが、街角でウイグル族にインタビューを申し込んでも、周囲の目を気にして応じてくれなかったというのだ。顔認証が可能な高精度の監視カメラや心理的な抑圧が新疆に定着し、もはや外国人記者の取材にウイグル族が応じる心配はなくなったと当局が自信を持っていることの裏返しかもしれない。

【2】内モンゴル自治区

中国では、モンゴル国を「外蒙古《そともうこ》」、その南の内モンゴル自治区を「内蒙古《うちもうこ》」と呼ぶ。三国時代には、モンゴル系とツングース系双方の血を引くという説がある遊牧騎馬民族「鮮卑」がモンゴル高原を支配していた。諸葛亮は魏を打倒するための北伐《ほくばつ》に向けて鮮卑と同盟を結んだとされる。また、モンゴル系民族の「匈奴《きょうど》」（南匈奴）は後漢に服属していたが、曹操の時代に反乱を起こし、平定されている。

黄砂はどこから　万里の長城を越えて行ってみた

朝、目が覚めると白いカーテンが黄色く光っていた。慌ててカーテンを開けると、北京の街が火星の地表のように黄色くかすんでいた。

3月中旬のことだ。過去10年で最悪の黄砂が原因だった。下旬にも激しい黄砂が発生し、いずれも日本まで飛来した。中国当局は2回とも隣国モンゴルが発生源と主張する。ただ、日本の環境省によると、黄砂の多くはモンゴル南部や中国・内モンゴル自治区などの砂漠地帯が発生源という。その一つ、自治区のクブチ砂漠までは北京から西へ約800㎞。黄砂の飛来ルートを車でさかのぼってみた。

「緑の長城」の先に広がる黄土色の大地

緑に覆われた北京郊外の山肌をはうように延びる万里の長城。その向こう側に車を走らせると、岩や黄土がむき出しのはげ山が急に増えた。15世紀、北京に当時世界最大の都市を築いた明の皇帝が、モンゴルの騎馬遊牧民への守りを固めるべく万里の長城を大改修した。その際、レンガを焼くために大量の木が伐採され、一帯の森林破壊が急速に進んだと言われている。

さらに西に進むと、中国語の道路標識にモンゴル文字が併記されるようになった。内モンゴル自治区に入った証しだ。道路脇には黄色い大地に草原が点在し、羊やヤギが放牧されていた。モンゴル高原に進出した漢族が草原を掘り起こして農地化したことや、中国政府がモンゴル族の定住化政策を進めたため伝統的な遊牧ができなくなり、草原の生態系が崩れたことが砂漠化の要因と指摘される。

この10年で最も厳しい黄砂で北京の中心部では数百m先まで視界不良になった＝2021年3月15日午前8時半ごろ

自治区の区都フフホト市に近づくと、背丈1ｍほどの木々が車沿いに等間隔で植えられていた。「『緑の長城』です。20年ほど前まで、この辺りは砂漠化していました」。同行した中国人の友人が教えてくれた。中国メディアによると、中国政府が東北、西北、華北で進めた「三北防護林計画」が奏功し、砂漠化面積は２０００年をピークに減少しつつあるという。ただ、木々の先に広がる大地は黄砂に似た黄土色だった。

飲食店や商店の看板の多くに、漢語とモンゴル語が並記されていた＝内モンゴル自治区フフホト市

山をはうように延びる万里の長城＝北京市

福岡、佐賀、長崎、熊本4県とほぼ同じ広さ

フフホト市から、さらに南西へ。黄河を越えてオルドス市に入ると、緑の木々に縁取られた道路がまっすぐ続いた先に、うねった黄色い丘が見えてきた。クブチ砂漠だ。総面積1万8600㎢。福岡、佐賀、長崎、熊本4県の合計とほぼ同じ広さで、国土の約4分の1が砂漠の中国では7番目の大きさという。

道路脇に巨大な看板が並び、「澄んだ水と青い山こそが金山、銀山である」という習近平氏の言葉や「クブチ砂漠を縁取る林を建設し、黄河沿いに生態回廊を打ち立てよう」とのスローガンが書いてあった。車を降り、砂漠に足を踏み入れてみた。行けども行けども砂、砂、砂。砂丘に登ると、かなたにビルや工場が見えた。砂漠がじわじわ街に迫っているようで、緑の長城と名付けた人々の感覚が分かる気がした。

砂を手ですくうと、一粒は料理に使う塩こしょうほど。北京で車や窓枠に積もった黄砂より大粒だった。中国の黄土高原を長年調査してきた深尾葉子・大阪大学大学院教授によると、砂漠の砂は、黄砂で舞い上がる黄土などの土壌粒子の5～10倍以上の大きさがあり、上空数千mまで舞い上がることはない。深尾教授は「砂漠の砂よりも、周辺

クブチ砂漠の砂丘に登ると、かなたに街が見えた＝内モンゴル自治区オルドス市

の黄土が黄砂の要因となっている」と指摘した。

消えかかった字で「西日本新聞記者の森」

クブチ砂漠で探したいものがあった。「西日本新聞ハチドリ隊」の足跡だ。２００８年から沖縄県・尖閣諸島の国有化で日中関係が悪化した２０１２年まで、九州の子どもたちがこの地で植樹活動に汗を流した。隊員たちが植えたポプラの木々はどうなっているのか。

手がかりは、恩格貝《おんかくばい》という地域にあるホテルの南側という関係者情報と当時の写真だけ。２０１０年に「西日本新聞読者の森」という石碑を建立したが道路建設で撤去されたはず、と聞いた。

クブチ砂漠の緑化には、２００４年に97歳で亡くなった遠山正瑛《せいえい》・鳥取大学名誉教授をはじめ、多くの日本人が携わってきた。恩格貝には、遠山氏の銅像や顕彰碑のほか、民間団体の植樹記念碑があちこちにあった。

「西日本新聞記者の森」と書かれた石碑とマツの若木。地面には水まき用のホースが敷かれていた。西日本新聞ハチドリ隊が植樹をしたのは別の場所とみられる＝内モンゴル自治区オルドス市

クブチ砂漠の恩格貝にポプラの木を植える西日本新聞ハチドリ隊の子どもたち＝2010年8月、内モンゴル自治区オルドス市

その中に写真と似た石碑を見つけた。消えかかった字で「西日本新聞記者の森」とある。何らかの事情で現地の人々が石碑を再建した際に、読者と記者を間違えたのだろうか。ポプラの木々は立派な林に育っていた。新緑の季節には一帯が緑に染まるという。

地元の管理委員会で営林の仕事をしている50代の男性に声をかけると「子どものころは一面の砂漠だった。遠山先生や日本人のおかげで緑が増えた。ただ、育つまで水やりを続けないと4〜5本に1本は枯れる」と話した。若木の間には水まき用のホースが敷かれていた。大規模な植林によって地下水が枯渇しかねないと懸念する専門家もいる。

太陽光パネルで描いた「現代の地上絵」

砂漠の中に延びる一本道を車で走る。青黒く光る太陽光パネルの群れが見えてきた。中国最大のダラト太陽光発電所だ。スマートフォンで衛星画像を見ると、南米の「ナスカの地上絵」のように太陽光パネルで馬の絵が描かれていた。

運営企業によると、中国の慢性的な電力不足解消に役立てるだけでなく、太陽光パネル設置と同時に緑化を進め、ナツメやアン

太陽光パネルの下は緑化されており、「黄色い砂を黄金に変えよう」というスローガンを書いた看板がある（発電所運営企業提供）

クブチ砂漠の中に建設された中国最大のダラト太陽光発電所。太陽光パネルで「地上絵」が描かれている（発電所運営企業提供）

ズなどの特産品を栽培。発電所の維持管理で雇用も増やし「新たな観光名所もつくる」（事業責任者の王海峰さん）という。広さは67㎢と、東京都内のＪＲ山手線の内側とほぼ同じ。日本では考えられない規模だが、それでもクブチ砂漠のほんの一角にすぎない。

春の風物詩とされてきた黄砂も、今や東アジアの国際公害。果てしなく広がる砂の大地でオアシスへの道を探すように、発生源に目を凝らす必要がある。

内モンゴル当局の通達

深夜1時、枕元のスマートフォンのメール着信音で目が覚めた。白く光る画面に取材協力者からのメッセージが表示されていた。「当局があなたの行動を警戒しています」。黄砂の発生源を探るクブチ砂漠の取材で、内モンゴル自治区のホテルに連泊していた時のことだ。

地元当局の通達が添えられていた。「日本人記者が2日前から来ている。教員や保護者は許可なく取材に応じてはならない」。自治区では前年、政府がモンゴル語での教育を大幅に制限し、少数民族の漢族同化政策を強化。モンゴル族の教員や保護者らが猛

通知：
各位班主任，家长大家好！
说有两名日媒记者，这两天已经到呼市，要到各个民族学校进行采访，请各位老师及家长未经允许，不得随意接受采访，必须经外宣部门同意才允许接访。请各班转发到家长群里。

内モンゴル自治区の地元当局が出したとされる通達。「日本人記者が2日前からフフホト市に来ている。教員や保護者は許可なく取材に応じてはならない」などと書かれている

反発したが、鎮圧された。当局は私がその取材に来たと勘違いしたようだ。

前述したように、モンゴル高原の森林破壊や砂漠化は、万里の長城を築く際に膨大な量のレンガを焼くための森林伐採や、草原を掘り起こしての耕作など、モンゴル族をはじめとする騎馬遊牧民と農耕民族である漢族の攻防史が深く関わっている。その事実を取材で知ったばかりだった。

現代中国の少数民族統制は歴史の縦糸につながっている——。思いが巡り、眠れなくなった。

内モンゴル、奪われる言葉と誇り…「漢語教育強化」当局の弾圧厳しく

中国の内モンゴル自治区をはじめ6省・自治区の少数民族が通う小中学校で新学年が始まった2020年9月から、モンゴル語など少数民族言語を使う授業を大幅に減らし、標準語（漢語）教育を強化する改革が始まった。習近平指導部による少数民族の漢族同化政策が背景にあるとみられ、内モンゴル自治区では抗議デモに参加したモンゴル族の保護者や教員が弾圧された。同月、区都フフホトに入り、現状を探った。

「中華民族は一つの家族。共に中国の夢を築こう」。市内の幹線道路にある巨大な電光掲示板に、中

幹線道路の巨大な電光掲示板に「中華民族は一つの家族。共に中国の夢を築こう」というスローガンが漢語とモンゴル語で表示されていた＝内モンゴル自治区フフホト市

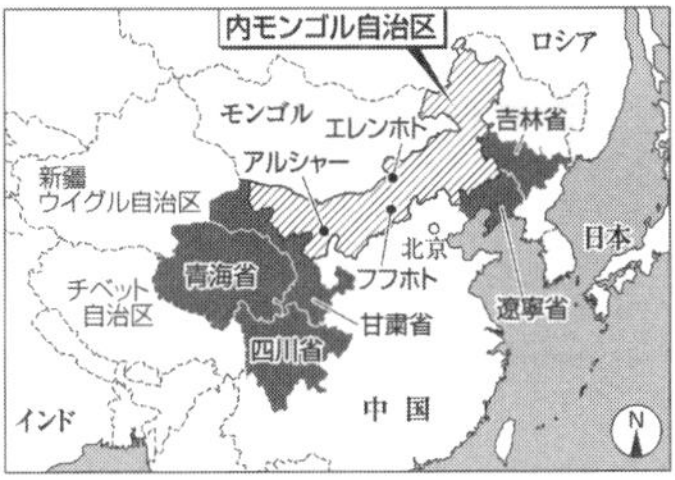

2020年9月から中国の標準語（漢語）教育が強化された6省・自治区

国語とモンゴル語を併記したスローガンが流れていた。食堂や商店などの看板にも両言語が並ぶ。内モンゴル自治区の面積は日本の約3倍。人口約2400万人の8割超が漢族で、モンゴル族は約400万人が暮らす。

タクシーに乗って男性運転手と雑談するうちに、小学4年の子どもがいると分かり、教育改革について尋ねた。「9月からモンゴル族の小学校と中学校の1年生は国語の教科書がモンゴル語から標準語に変わった。来年から道徳と歴史も標準語の授業になる」と話し、言葉を継いだ。「内モンゴルを出たら生活や就職に不便だから、標準語を話せるようにするだけだよ」

抗議デモについて聞くと「…それはデマ」と答えながらルームミラーの横を指さした。車内を写す車載カメラがあった。「乗客とのやりとりは会社にチェックされる」。そう言った後は寡黙になった。

書店や文具店が集まるエリアにモンゴル語専門の書店があった。男性店主に教育改革の話題を振ると「没問題《メイウェンティ》（問題ない）」と繰り返して「モンゴル語の授業も残っている」と話した。表情が硬く、周囲の目を気にしている様子だった。

2020年9月上旬に学生の抗議運動が起きた内モンゴル師範大付属中の校門前では、公安当局のパトカーが目を光らせていた＝内モンゴル自治区フフホト市（関係者提供）

モンゴル語教育削減に抗議の声を上げる内モンゴル師範大付属中の生徒たち＝2020年9月上旬、内モンゴル自治区フフホト市（関係者提供）

店を出て、2人組の男に尾行されているのに気づいた。公安当局だろうか。大通りを歩行者用信号が赤になる直前に走って渡る。振り返ると男たちがこちらを見つめていた。タクシーに乗り、その場を離れた。

記者や市民を監視

モンゴル料理店に入り、客が他にいなくなったのを見計らって店主の男性（50）に話を聞いた。中学3年の娘がいるという。「モンゴル語の授業が減るのは不満。モンゴル語を話せない若者は増えているし、自然消滅は仕方ないけど、それを政府が加速させるのはおかしい」とこぼした。

9月初めにモンゴル族の生徒たちが教育改革に抗議するデモをしたとされる内モンゴル師範大付属中を訪ねた。校門前にはパトカーが止まり、複数の警察官が周囲に目を光らせている。

夕方まで待って、学校から少し離れた場所で下校中の生徒に声をかけた。抗議デモについて尋ねると「教科書のことで不満を持つ生徒たちが抗議活動をしました」。そこまで話してくれたとき、近くに停車中の黒塗りの車から降りてきた3人の男に囲まれた。

「取材か？　パスポートと記者証を見せて」。公安当局者だった。１人は小型ビデオカメラでこちらを撮影している。

海外メディアに応対する自治区政府の外事弁公室の職員が来て無事に解放されたが、当局が神経をとがらせ、記者や市民を監視しているのを肌身で感じた。

女性教員の魂の叫び

当局の監視をかわし、フフホトに住む女性教員から証言を得ることができた。

彼女によると、９月に教育改革が始まる前後、保護者や教員らが抗議の声を上げ、子どもたちは授業をボイコットした。地元放送局の従業員約３００人もストライキを起こして抗議した。

警察はデモに参加した保護者ら１００人以上の顔写真をインターネット上に公開。出頭を呼び掛けたり、１人千元（約２万円）の懸賞金付きで情報提供を求めたりして摘発に乗り出した。「違法な抗議活動をした」「ネットで人々を扇動した」として、当局がウェブサイトなどに公表している分だけで、９月下旬までに少なくとも１７０人以上が逮捕された。

ＳＮＳのモンゴル語のチャットグループは突然閉鎖され、子どもを登校させない家庭への懲罰も実施された。公務員は解雇され、牧畜業の親への補助金は打ち切られた。登校しない生徒は退学処分になった。一方で、子どもの登校率が高い地域には２万元（約40万円）の報酬が給付された。

体調不良を理由に子どもを休ませた親もいたが、「内モンゴルに安全な場所はありません」と女性教員は訴える。「監視カメラが各地にあり、携帯電話やメールの交信はすべて当局に監視されています。

密告も推奨し、抗議活動は2週間でほぼ鎮圧されました」

悲嘆に暮れて自ら命を絶つ人も出た。9月4日には西部のアルシャーで女性公務員(33)が、9月13日にはモンゴル国との国境近くのエレンホトで女性教員が自死した。「彼女たちの死や政府のやり方をどう受け止めるか。モンゴル族でも、教育改革の影響を受ける子どもがいる家庭かどうかで温度差がある」と指摘する。親族で意見が分かれたり、漢族の夫と不仲になったりした人もいるという。

モンゴル族の友人は、漢族と同等の立場を得るため中国語を学び、医師になって漢族の夫と結婚した。少数民族の出自を消したいとすら思ってきた。しかし教育改革を知った後、60代の入院患者が話す伝統的なモンゴル語を聞いて「美しい母語をいずれ聞けなくなると思うと涙がこぼれた」と打ち明けたという。女性教員は「私は中国政府を甘く見ていた。ウイグルや香港への弾圧を聞いてもどこか人ごとと思っていました」と話し、力を込めた。「暮らしの中でなるべくモンゴル語を使い、子どもたちに教え、母語を守ります」

教育「改革」の狙いは

内モンゴル自治区で進む教育「改革」について、自治区出身で現地情勢に詳しい楊海英《ようかいえい》・静岡大学教授(歴史人類学)に聞いた。

──中国当局による少数民族言語の教育制限をどう見る?

「文化的ジェノサイドだ。表向きの理由は国家の公用語である漢語の普及。ただ、当局幹部は『諸民族を中華民族の一員とするため』と公言している。内モンゴル自治区では第一の公用語はモンゴル語と法的に認められているが、当局は今回、モンゴル語授業の削減に踏み切った。2017年以降、チベット、新疆ウイグル両自治区に導入されたのと同じ手法で、少数民族の漢族への同化が目的だ。モンゴル語の消滅につながりかねない」

──なぜ今なのか？

「内モンゴル自治区は、隣接するモンゴル国と元々一つの国で、17世紀に清の一部になった。行政区分が『外モンゴル』と『内モンゴル』に分かれ、外モンゴルが帝政ロシアの支援で独立してモンゴル国となった。キリル文字を使用してきたモンゴル国は2025年から、伝統的に内モンゴルで使われてきたモンゴル文字も母国語表記に採用する方針を打ち出し、中国政府は自治区のモンゴル族とモンゴル国の結びつきが強まるのを警戒。その前に標準語教育を徹底しようとしてきた。教育『改革』の背景には、漢族への同化が思うように進まない中国政府の焦りがある」

──今後の見通しは？

「モンゴル族はこれまで何度も弾圧されている。文化大革命でもたくさんの人々が殺された。今回の強引なやり方が民族意識に再び火を付けた。当局はＩＴも駆使して監視や弾圧を強めるが、現地の抵抗は簡単にはなくならないし、モンゴル国の怒りも買っている。チベットやウイグル、香港と異なり、同族が暮らす陸続きの隣国があるから、国際紛争につながりかねない。日本を含む国際社会はこの問題に関心を持ち、中国に強く是正を迫るべきだ」

【3】青海省

中国西部に位置する青海省《せいかい》。この地方には古代からチベット系の遊牧民族「羌《きょう》」が居住していた。「羌」の字は「羊」を飼う「人(儿)」が由来とされる。秦王朝の時代に勢力を伸ばし、前漢王朝の時代には匈奴と呼応して前漢軍と攻防を繰り広げた。省都の西寧《せいねい》は、前漢王朝の武帝の時代に匈奴との戦いなどで活躍した武将・霍去病《かくきょへい》が紀元前121年に西寧亭という軍事拠点を築いたのが始まりとされる。羌の一部は前漢に帰順したが、漢族の圧迫に不満が高まり、たびたび反乱が起きた。

後漢王朝時代の107年、安《あん》帝が羌族を西域への遠征軍として徴用したことから大規模な反乱が発生。現在の陝西《せんせい》省や四川省から山西省、河南省へ侵攻し、後漢の首都洛陽《らくよう》にまで迫る勢いとなった。後漢王朝は莫大な兵力と軍事費を投じ、117年にようやく反乱を鎮圧したが、財政が悪化し王朝の衰退につながった。曹操《そうそう》は若い頃、羌族との戦いを担う「征西将軍」になることを夢見ていたという。

184年、黄巾《こうきん》の乱が起きると羌族をはじめ中国西北部の異民族の動きが活発化。董卓《とうたく》が羌族の支持を得て上洛し、やがて政権を握ることに成功した。古代から、政治や軍事で中原と周縁の地が深くつながっていたことが分かる。

加速する「宗教の中国化」 イスラム教徒の街で相次いだ不可解な出来事

前述の通り、中国の習近平指導部は、信仰より中国共産党の指導を優先させる「宗教の中国化」を加速させてきた。イスラム教を信仰する少数民族の回《かい》族が数多く暮らす青海省の省都・西寧市を訪ねると、不可解な出来事が相次ぎ、異変を目の当たりにした。

北京から西へ約1300km。西寧《せいねい》の近郊にある空港で、普段使っているインターネットの配車サービスを使ってタクシーを呼び、市内の東関清真大寺《とうかんせいしんだいじ》に向かった。国内有数の信徒を抱える中国西北部最大級のモスク（イスラム教礼拝所）で、中国政府が認定する国家級観光名所でもある。30分ほどで着くはずだった。が、何げなくスマートフォンの地図アプリで現在地を確かめると、車が逆の方角に走っているのに気付いた。

「西寧に向かっていますよね？」。男性運転手に尋ねると大きくうなずいた。けれど、道路脇の標識にある進行方向の地名は、西寧と反対方向だ。語気を強めて運転手を問い詰めると「道を間違えた」と認めた。そして「引き返す前に給油したい」と言い出した。

仕方なく、近くのガソリンスタンドで給油を終えた時だった。「特警（特殊警察）」と書かれた黒い大型車とパトカーがやってきて、降りてきた8人ほどの警察官に取り囲まれた。うち一人の言葉に驚いた。「この運転手は強盗事件の容疑者です。身柄を確保します」

強盗事件の容疑者とされるタクシー運転手（左）と、私を動画で撮影し続ける警察官＝青海省海東市

「運転手は強盗事件の容疑者」警察で待機3時間

警察官の説明はこうだ。運転手は乗客を狙った強盗事件の犯人として追われていた。防犯カメラで居場所をつかみ、駆け付けた。あなたを刃物で刺し殺して現金を奪うつもりだったようだ。事情聴取をするので一緒に警察署に来てほしい――。

頭が混乱した。命拾いしたと安堵《あんど》し、危ないところだったと怖くなった。都市部でも地方でも、中国の街角のあちこちに防犯カメラ（監視カメラ）がある。北京市中心部にある西日本新聞中国総局まで歩いて10分ほどのマンションに住んでいたころ、自宅を出て職場に着くまで、監視カメラが何個あるか数えたところ、見つけられたものだけで計40個を超えていた。そんな中国の監視社会を、初めて頼もしく思った。

しかし、徐々に違和感が膨らみ始めた。

男は手錠をかけられておらず、警察署には男が運転するタクシーで移動。助手席に座った警察官は小型ビデオカメラで私を撮影し続けている。署内で待機する間も、私の前にはずっとカメラが置かれ、撮影ランプが点灯していた。

3時間待たされた揚げ句、私への事情聴取はなかった。署長が私への賠償金として300元（約6千円）を男に払わせ、謝罪させた。署員に男の刑事処分を尋ねたが教えてくれず、「西寧には行かずに、北京に帰った方がいいのでは」と勧められた。私は断った。

ホテルの部屋まで付いてきたガイドの〝友人〟

不思議な出来事はさらに続いた。警察署から西寧まで車で1時間ほどと聞いていたのに、署員が手配してくれたタクシーは何度も道を間違え、法定速度を大幅に下回るノロノロ運転。西寧市に入ったのは3時間後で日が暮れ始めていた。本来は午前中に合流できるはずだったチベット族の現地ガイドと落ち合うと、友人と名乗る回族の男性が付いてきた。

回族は唐や宋の時代に中国に渡来したアラブ人らが起源とされる。人口約1千万人。中国最大のイスラム教徒の民族集団だ。ガイドには東関清真大寺や他のモスクを巡りたいと事前に伝えていたが、〝友人〟から「モスクは補修工事中で見るべき価値がない。もう日没だし、工事が終わったら見に来てほしい」と断られた。

どうしてもモスクが見たいと頼むと、「では代わりに1カ所だけ」と、補修を終えた別のモスクに案内され、驚いた。以前はアラブ風のドームや尖塔《せんとう》があったそうだが、奈良の古刹《こさつ》のような仏教寺院風だった。これでは補修ではなく改造だ。〝友人〟は「古くなったから地元政府が新しくしてくれた。回族はみんな喜んでいる」と笑顔を浮かべた。ただ、スマホを建物に向けると真顔になり「写真は駄目」と制止された。

〝友人〟がトイレに行った隙に、ガイドが小声で私に打ち明けた。「あの男性は私の友人ではありません。今日初めて会いました。あなたを監視するための公安当局の人間です。でも、話を合わせてください」。ガイドはその日の朝、西寧市内で当局に拘束され、私と会うまでの「日本の新聞記者がこの街に来る目的は何か」と厳しく尋問を受けたという。

トイレから戻ってきた〝友人〟が「せっかく西寧に来てくれた日本の友人にごちそうしたい」と言いだした。その後、チベット料理の豪華なレストランの個室に案内され、羊肉の串焼きなど料理が次々と運ばれてきた。テーブルの上には、アルコール度数が50度以上の白酒2瓶が載っている。しばらくすると、2人の若い女性が現れた。歌手を目指して勉強中という。〝友人〟が声をかけると、チベット語の美しい声で歌を披露してくれた。「1曲歌い終わるごとに白酒を注いだ小盃を6杯空けるのがこの地域のおもてなしです」と〝友人〟。私が「あなたも一緒に飲んでください」と返すと「私はイスラム教徒なので酒は飲めません」とかわされた。歌は何曲も続き、そのたびに酒を飲まされる。見かねたガイドが私の代わりに杯を空けてくれたが、すっかり酩酊してしまった。

宴席が終わると女性たちは帰って行き、ガイドと〝友人〟は、翌朝の飛行機を予約していた私が空港近くのホテルの部屋に入るまで付いてきた。「明日の朝、ホテルのスタッフがあなたを迎えにきて空港までご案内します。北京に気をつけて帰ってください」。〝友人〟はそう言うと、ガイドと一緒に部屋を出て行った。

「維持補修と改修」で一掃されたアラブ風建築

深夜の客室でベッドに横たわり、私は眠れなくなった。

〝友人〟が私の監視役とすれば、記者に見せたくないものが西寧にあることの裏返しではないか。私は北京に戻る航空便の予約を変更して、もう一度、西寧の街に入ることを決めた。

そして翌朝、なぜかホテルのスタッフは私を迎えに来なかった。この緩さが中国の良さだよな、と嬉しくなった。ホテルをチェックアウトして空港に入った後、出発ロビーから到着ロビーにこっそり移動。スマホの電源を切って流しのタクシーに乗り、西寧に向かった。

当局の目をかわして西寧を再訪し、前夜の疑念は確信に変わった。

当初の目的地だった東関清真大寺。14世紀の明王朝時代の創建とされ、ラマダン（断食月）明けの祝祭には数万人の信者が集まることで有名なモスクは、背の高い工事用のフェンスで囲まれていた。モスクの象徴だったアラブ風ドームや尖塔、イスラム教を象徴する三日月マークが撤去され、赤い中国国旗が風にはためく。

「国家3A級観光地」の看板は残るものの、外観ではモスクと分からなくなった建物を、ヒジャブ（イスラム教徒の女性が髪を覆う布）を着けた中年の女性が見つめていた。回族だ。「いつ工事が始まったんですか？」と声をかけると、困ったような表情を浮かべ、無言で立ち去った。

西寧市内のモスクを巡ると、少なくとも計10カ所がいずれもドームや尖塔を撤去する工事中だった。

街からアラブ風建築を一掃するかのような徹底ぶりだ。

周りに人がいないのを見計らって、回族の男性に話を聞くことができた。東関清真大寺について「2カ月前に突然、維持補修と改修をすると発表があり、翌日から工事が始まった」と教えてくれた。8月からは、新型コロナ対策を理由に、金曜の礼拝でモスクに集まることが制限されたという。当局が改造工事を見せたくなかったのは外国人記者だけではないのかもしれない。男性は「アラブ風の造りが駄目だそうだ。政府の決定だから反対できない」と語った。

取材協力者によると、反対運動をして当局のブラックリストに載れば、本人はおろか子どもや孫まで3世代にわたって、公務員になれない▽大企業に就職できない▽住宅ローンが組めない▽パスポートが発行されない――といった重い制約を課され、就職や生活に支障をきたすという。

「インターネットの配車サービスを使えば、あなたの動きは当局に筒抜け。強盗事件も外国人記者を足止めするための芝居だ」。現地事情に詳しい関係者は断言した。思い返せば、〝強盗犯〟のタクシー運転手は私を空港で乗せた後、車を運転しながらスマホで誰かと通話していた。訛りが強すぎて内容はうかがい知れなかったが、通話先は当局の人間だったのかもしれない。

キリスト教も芸能人も…共産党以外への信奉警戒

関係者によると、一連の改造は2020年、小規模のモスクから始まり、2021年から大規模施設も対象になった。工事の理由について、当局側は老朽化や尖塔が倒壊する危険性を挙げる。東関清真大寺のドームについて、モスクの管理組織は「ドームや尖塔は文化財ではない」と撤去を正当化。「下

ドームや尖塔が撤去された改造工事中の「東関清真大寺」＝青海省西寧市

改造工事前の「東関清真大寺」。国内有数の信者を抱え、西寧の観光名所でもあった＝青海省西寧市（取材協力者提供）

心のある人々が社会の安定を壊すのを防ぐ」としている。

第二章にも書いた通り、中国は憲法で信教の自由を保障している。ただ、2012年に発足した習近平指導部は、海外ともつながる宗教活動が民主化など反共産党的な動きと連動することを警戒して「宗教の中国化の堅持」を掲げてきた。

少数民族のウイグル族や回族が信仰するイスラム教を「テロを起こす宗教過激主義の温床」とみなすだけでなく、国内に1億人超とされるキリスト教徒に対しても、政府公認教会の監視や非公認組織「地下教会」への弾圧を強化。2021年5月には、すべての宗教の聖職者に「共産党の指導や社会主義制度の支持」を義務付ける規則を施行した。

その翌月に青海省を視察した習近平氏は、新疆ウイグル自治区とチベット自治区に隣接する同省を「新疆・チベット安定の戦略的要地」で民族団結のモデル省と位置付け、「宗教の中国化を堅持し、宗教が社会主義社会に適応するよう積極的に導かねばならない」と強調した。

終身支配が現実味を帯びる習近平氏。政府によるIT大手や芸能界の統制も強まる中、宗教の中国化も権力基盤固めの一環との見方

改造工事後の「東関清真大寺」。中国風の外観に生まれ変わっていた（中国のSNSから）

がある。

北京の外交筋は「芸能人のファンクラブの取り締まりも宗教統制強化の延長線上にある」と指摘。「キリスト教徒だけでも、中国共産党員の数を上回っている。習近平指導部は、自分たちでコントロールできない組織と、党の指導以外を信奉する人々同士の連帯を強く警戒し、恐れている」と話した。

私の帰国後、日本メディアの特派員仲間が西寧に入ってルポを書いた。記事にあった東関清真大寺の写真を見て驚いた。イスラム風建築の風情は完全に失われ、中国風の外観に生まれ変わっていた。「宗教の中国化」の苛烈さと徹底ぶりを見せつけられた。

【4】平潭島

福建省《ふっけん》福州《ふくしゅう》市にある平潭島《へいたん》(海壇島《かいだん》)は、中国本土で最も台湾本島に近い島だ。福建省は三国時代、呉の孫権の版図だった。前述したように、孫権は230年、兵力不足を補うため現在の台湾とみられる夷州などに兵士を派遣し、兵隊狩りをしている。

そして現代。台湾は半導体受託生産の世界最大手かつ最先端の半導体メーカー、台湾積体電路《せきたいでんろ》製造(TSMC)や聯《れん》華《か》電子(UMC)など、世界有数の半導体企業を抱えている。台湾のサプライチェーンに依存していない国は皆無とも言える。携帯電話やパソコン、家電、自動車などあらゆる製品の高機能化の進歩を支える「産業のコメ」と例えられるほど、多くの製品に不可欠な半導体。米国と中国の技術覇権争いに端を発した「半導体戦争」が過熱する中、習近平指導部は中国共産党が悲願としてきた台湾統一への動きを加速させている。

その一つが、中国人民解放軍創設100年となる2027年までに軍の近代化を進めて能力を高めるという「奮闘目標」だ。アジア太平洋地域で米軍と均衡する軍事力や、台湾などへの接近を阻止する能力の確保を目指しているとされる。2027年は習近平指導部3期目の任期満了の年にも当たる。

平潭島（手前）と中国本土を結ぶ「平潭海峡道路鉄道併用大橋」。橋は観光名所にもなっている

中国から最も台湾に近い島ルポ 大橋&高速鉄道、増す統一圧力

♪あの列車に乗って台湾へ行こう。あの2035年に♬―。台湾を巡って米中関係が緊張した2021年秋、中国の動画投稿サイトで「2035去台湾（2035年に台湾へ行く）」という歌が拡散された。習近平指導部は、北京と台北を中国版新幹線の高速鉄道や高速道路で結ぶ長期計画を進めている。平潭島を訪れると、島と中国本土をつなぐ海峡大橋が既に完成していた。

北京から南へ約2千km。福建省の省都、福州はピンク色のブーゲンビリアや緑の濃いガジュマルが茂る南国の街だ。訪れたのは11月上旬だったが気温は22度。同じ日、北京は初雪が降った。中国の広さを感じつつ、市中心部から車で走ること約1時間。平潭へ向かう「京台高速道路」の料金所が見えてきた。北京の「京」と台北の「台」を冠した道路だ。中国当

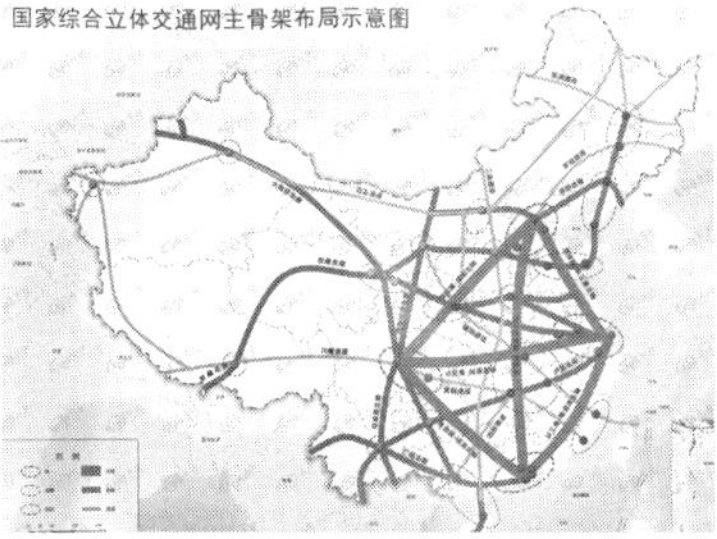

中国政府が2035年までの完成を目指す国家総合立体交通網の計画図。右下に北京と台北を結ぶ路線が描かれている（中国交通運輸省のウェブサイトから）

中国本土と平潭島を結ぶ「京台高速道路」の長楽料金所。北京の「京」と台北の「台」からその名が付いたという

局の本気度を感じた気がして胸がざわついた。

前年の暮れに運用が始まった全長16・34㎞の「平潭海峡道路鉄道併用大橋」を進む。その名の通り、上層に6車線（片側3車線）の高速道路、下層に複線の高速鉄道用線路が敷かれた巨大な橋だった。

台湾まで30分

中国政府が2021年2月に発表した2035年までの「国家総合立体交通網計画綱要」などによると、平潭島と台湾本島を長さ約130㎞の橋か海底トンネルで結ぶことを計画している。島内の平潭駅と、TSMCの本社などがあるIT産業の集積地で「台湾のシリコンバレー」と呼ばれる新竹《しんちく》の高速鉄道駅を約30分で往来できるようにするという。

壮大な構想の実現可能性を地元当局の男性職員に聞いてみた。彼は「台湾の同胞が望めば、実現できる強い意志と資材と技術を中国は持っている」と即答した。「台湾統一が前提？」と問うと「…その質問には答えられない」と返された。

中国のインフラ整備力は確かにすさまじい。日本の新幹線は1964年の開業以来57年間で総延長約2800㎞に達したが、採算度外視の中国の高速鉄道は２０２０年の１年間だけで約３千kmが新たに開通。総延長は３万７９００kmに達し、世界一を誇る。北京と台湾を結ぶという「京台高速鉄道」も既に運行されており、北京と現時点での終着駅の平潭を12時間余りで結んでいる。

開発ラッシュ

「平潭は百年に一度ではなく千年に一度の機会を迎えた」。島の入り口に習近平氏の言葉とサイン入りの大看板があった。

福建省で17年間働き、省長も勤めた習近平氏は島への思い入れが強いとされ、20回以上視察に訪れている。国家主席就任翌年の２０１４年に、島を台湾と中国本土を結ぶ窓口とする国家的なプロジェクトを発表。島出身の男性（54）は「貧しい漁村だった島が見違えるように急発展した」と振り返る。

台湾製品を売る店が集まった「台湾商品免税市場」。店の看板の表記の多くは台湾で使われている繁体字で、台湾の街をイメージしているかのようだった

淡路島ほどの大きさの島内には、台湾への延伸を意識した8車線の幹線道路が延び、約30階建ての超高層マンションがあちこちで建設中だった。台湾企業の誘致地区や台湾文化広場のほか、台湾製品を売る免税市場もあった。軒を連ねる店舗の看板は中国の標準語である簡体《かんたい》字ではなく、台湾で使われている繁体《はんたい》字。「リトル台北」の雰囲気を演出していた。

福州から島を訪れていた男性（58）は「広東省の深圳《しんせん》が香港と結び

ついて発展したように、台湾とつながることで島を発展させたい」と笑顔を見せた。

ただ、島民の多くは漁業や都市部への出稼ぎで生計を立てており、民家は沖縄の伝統的な家屋に雰囲気が似た石造りが中心。幹線道路脇では、牛が荷車を引いていた。企業誘致地区は人影がまばらで、台湾との経済交流がどこまで深まっているかは分からなかった。

海峡を望む岬

島の東端の岬に「68海里風景区」という観光スポットがある。台湾の新竹まで68海里（約126㎞）で、「最も台湾に近い場所」として人気という。台湾や中国本土をかたどったモニュメントが立ち、家族連れやカップルが台湾海峡を背に記念写真を撮っていた。日本語で「帰りを待ち望む」「両岸の同心窓」と書かれた看板も。寄せ書き板には、ハートマークや恋人同士の名前に混じって、中国語で「必ず台湾を解放しよう」と書いてあった。あちこちに警備員が立ち、「軍用地のため空撮禁止」という警告板もある。地元住民によると、島内には軍の飛行場もあるという。

台湾に最も近い岬に立つモニュメント。男性が指さす平潭島から台湾本島までは68海里（約126㎞）離れている

台湾海峡では1996年、台湾初の民主的な総統選挙を威嚇するため、中国が台湾近海にミサイルを発射する軍事演習を実施。米軍が空母を派遣してけん制し、軍事的緊張が高まった過去がある。島内を巡ると「鋼

鉄の万里の長城を築くため」と書かれた兵士募集の看板や、安全保障に関する横断幕を見かけた。

強硬路線封印

台湾統一は「レガシー（政治的遺産）を残せていない習近平氏にとって、改革・開放政策で中国の経済成長を導いた鄧小平《とうしょうへい》氏を超え、建国の父の毛沢東《もうたくとう》と肩を並べるために何とか実現させたい悲願」（北京の外交筋）とされ、習近平氏は「（統一へ）武力の使用は放棄しない」とも明言してきた。

習近平指導部は、覇権を争う米国が独立色の強い台湾の民主進歩党（民進党）政権と結び付きを強めることを警戒。中国人民解放軍のトップを兼務する習近平氏は２０２１年10月初旬、台湾への軍事的な圧力を強化するよう軍に指示したという。

一方で、強硬路線を封印しているように映る。２０２１年9月11日、中国共産党が40年ぶりに採択した「歴史決議」でも、同じ月に開かれたバイデン米大統領（当時）とのオンライン首脳会談でも、習近平氏は「平和的統一」を強調した。

習近平氏が強硬路線を封印したのは、自らの一極体制を築き上げて終身支配に道筋を付けたことで成果を焦る必要がなくなり、台湾統一に腰を据えて取り組めるようになった証しとの見方がある。

アメとムチ戦略

島で働く50代の男性に、台湾統一について考えを聞いた。男性は「台湾人の約8割は福建省にルーツがある。福建の人間は、戦争してまで統一すべきだとは思っていない。身内で殺し合うようなもの

「平潭駅」のホームの先に線路が延びる日は訪れるのか

北京と台北を結ぶ「京台高速鉄道」の現時点での終着駅「平潭駅」。巨大な駅舎には不釣り合いなほど、利用客は少なかった

だから。『武力で統一しろ』と言っているのは、内陸のネット民だよ」と語り、言葉を継いだ。「習主席は福建で長く働いて実情が分かっているから、最後まで武力行使を我慢すると信じている」

習近平氏は２０１９年、台湾政策を巡る演説で「福建省沿岸から電気、ガス、橋をつなげる」と指示した。インフラ整備や経済交流を通じて中台の結び付きを強め、台湾側の民心を取り込む狙いがあるとみられる。高速鉄道建設計画もその一つだ。

中台を結ぶインフラ整備計画を一方的に進めて台湾の親中派に秋波を送りつつ、アジア太平洋地域で米軍に対抗できるレベルまで軍事力を増強して台湾を威嚇する「アメとムチ」の長期戦略か。ネット上で急拡散された「２０３５去台湾」の歌も、当局による宣伝と宣言の可能性がある。

鉄道や道路で中国本土とつながることを、民進党政権は拒んできた。平潭島内で働く台北出身の男性(50)も「中国と台湾では文化に違いがあるから期待はできない」と冷ややかだ。

夜になり、平潭駅から高速鉄道に乗って中国本土に戻ることにした。豪華な駅舎は閑散としており、定員６００人超の列車に乗客は30人もいない。ホームの向こうの暗闇に目を凝らすと、この先に線路がないことを示す赤色灯と「終点」というプレートがあった。鉄路が台湾まで延びる日は来るのだろうか。

台湾への軍事侵攻はあり得るか

「作戦開始日の午前4時に火力攻撃を開始。大量の弾道ミサイル、対レーダーミサイル、巡航ミサイルその他の精密誘導兵器で台湾の防空システムをまず破壊。90分以内に台湾の島全体が沈黙する…」。中国の海軍雑誌「艦船知識」が2020年夏、「祖国統一戦のシミュレーション」と題する大型特集を組んだ。

「米軍やその他勢力の介入は前提としていない」とした上で、中台の戦力比較や、台北制圧まで約2週間の上陸作戦を詳細に予測。「蔡英文《さいえいぶん》は逃げられない」と題し、台湾の民進党政権の蔡英文総統（1956〜・当時）の有事の脱出経路を分析する記事も載せた。

台湾統一を目指す中国政府が、台湾に軍事侵攻することはあり得るのか。偶発的な軍事衝突を除けば、当面は極めて考えにくいというのが、中国で取材してきた私の実感だ。

ひと言で言えば、武力統一は中国政府にとってメリットがないからだ。軍事侵攻をすれば台湾が焦土となって、のどから手が出るほど欲しい最先端半導体生産のインフラも失われ、中国本土に親族がいる人が多い台湾の市民約2300万人に甚大な犠牲が出る。中国で「両岸関係」と呼ばれる中台間に長く深い禍根を残すことになり、仮に軍事的に台湾を制圧できても、その後の統治は極めて困難になる。後漢王朝や三国時代などの異民族の反乱の歴史も、それを裏付けている。

さらに、もし台湾に武力行使をすれば、米国が台湾関係法に基づいて台湾に防衛のための武器を供与したり、軍事介入したりする可能性もある。「新冷戦」とも呼ばれる米中対立が「熱戦《ホットウォー》」になれば、現在の人民解放軍には米軍を圧倒できる力はまだない。

また、現在の国際社会では、台湾の中華民国政府を国家として承認し、外交関係を持っている国は限られているが、中華民国政府を中国政府と認めたり、台湾を国家として承認したりする流れも起きかねない。

少子高齢化が重い課題となり、低迷する経済の再建が急務となっている中国が、政治や経済の国際関係にも大きなリスクを負ってまで、台湾への軍事侵攻に踏み切る必要性は見いだせない。

一方で、習近平指導部が本気で台湾統一を目指しているのも間違いない。

習近平氏はどんな戦略を思い描いているのか。台湾国防部(国防省)が2021年に公表した国防報告書は「戦わずして台湾を奪取する」と指摘している。

米軍と肩を並べることを目指して軍事力を増強しつつ、台湾との経済的な結び付きを強め、SNSなどを通じた「三戦」(心理戦、世論戦、法律戦)で台湾社会に「親中国派」を増やし、彼らを動かして台湾の「平和的統一」を図る——。中国政府関係者からも、そんな話を聞いたことがある。ごく少人数の酒席で、彼はこうも言った。「台湾は石炭、石油、天然ガスの全てを輸入に依存している。2022年のエネルギー自給率は2・73%に過ぎない。人民解放軍が大規模軍事演習という名目で台湾を包囲し、1カ月も航空機や船舶の航行を制限すれば、台湾を干上がらせることができる。あくまで軍事演習だから米軍は手出しできず、台湾の社会で親中派が『一国二制度』での台湾統一へ動く」。そして、私の目を見て、言葉を継いだ。「そうなったら、日本はどうしますか？」。酔いが一気に醒めた感覚が忘れられない。

事実、台湾問題を領土・主権に関わる「核心的利益中の核心」と公言する中国政府は２０２２年８月、正副大統領に次ぐ要職である米下院議長として25年ぶりとなるペロシ米下院議長（当時）の台湾訪問に猛反発。「重要軍事演習行動」として台湾海峡の中間線付近に軍用機や艦船を派遣し、台湾本島を包囲する六つの空・海域で大規模な実弾射撃訓練を展開した。台湾の北部と南部、東部の海域に複数の弾道ミサイルを発射。演習エリアの一部は台湾の主張する領海と重なり、中国軍は船や航空機が進入しないよう警告した。空海域の「封鎖」に重点を置いた訓練も実施した。２０２３年４月にも台湾の蔡英文総統（当時）が米国でマッカーシー米下院議長（当時）と会談したことに対抗し、多数の軍用機や艦船で台湾を取り囲むように軍事演習を実施した。

2022年8月に台湾本島を包囲する形で実施された「重要軍事演習行動」についての説明パネル＝北京市

決して容易ではないとはいえ、もしも中国政府がサイバー戦や世論分断を狙う認知戦など「グレーゾーン作戦」を巧みに利用して「平和的統一」を果たした場合、「台湾海峡の平和と安定」の重要性を強調してきた日本政府は何をすべきで、何ができるのか。その事態を想定して議論し、必要な備えをしていくことこそが、現実的な台湾有事対策ではないだろうか。

【5】開封

北京から南へ約600km。人口約500万人の河南省開封《かいほう》は、中国内陸部にある黄河中流域の街。戦国時代の魏（三国時代の魏とは異なる）などいくつもの王朝が首都とした中国有数の古都だ。北宋時代（960〜1127）には東京開封府と呼ばれ、世界最大の都市だった。三国時代には陳留《ちんりゅう》郡という名で呼ばれた。後漢王朝最後の皇帝・献《けん》帝となった劉協《りゅうきょう》は、董卓によって即位する以前は、陳留王に封じられていた。その陳留が現在の開封とされている。

国策に翻弄、中国「ユダヤ族」ルポ　観光の目玉構想…監視対象に

中国は人口の約91%を占める漢族と、55の少数民族からなる多民族国家だが、政府の公認から漏れた民族も少なくない。その一つが「猶太《ヨウタイ》（＝ユダヤ）族」。シルクロードを越えて中国に定住した交易商人、ユダヤ人の末裔《まつえい》が開封にいるという。ロマンをかき立てられて現地で探すと、歴史のうねりと国策に翻弄《ほんろう》されてきた人々の姿が浮かんできた。

市中心部に残る城壁の上に街の歴史の展示施設があった。館内の360度シアターを鑑賞すると、

繁栄を極めた北栄時代の街路を再現したCG映像に、中央アジアから来たとみられる交易商人たちも登場した。

研究者によると、欧州でキリスト教への改宗を迫られ、北宋時代の開封にやって来たユダヤ人の約70氏族が皇帝の許可を得て定住。乳児期の割礼や豚肉食の禁忌などユダヤ教の戒律を守る共同体を築き、最盛期の人口は4千〜5千人に上ったとされる。

明の時代の17世紀初頭、中国でキリスト教を布教したイエズス会の宣教師が「開封のユダヤ人」に出会ったことで、その存在が欧州にも知られるようになったという。

タクシーに乗って「開封のユダヤ人」について尋ねると、男性運転手は首を振った。「この街にユダヤ人がいるって聞いたことがあるけど、居場所や暮らしぶりは全く知らない」と申し訳なさそうに言った。かつては市の博物館にユダヤ人関連の展示があったが、今は非公開という。民間の資料室があると聞いたものの、インターネットで検索しても所在地が分からない。ただ、中国のSNSに数年前、開封のユダヤ人に関する動画が投稿されており、その中に資料室のポスターと連絡先の携帯電話番号が映り込んでいた。

電話をかけると女性が出た。こちらが外国人であることをいぶかりながらも、資料室の所在地ではなく、待ち合わせ場所を教えてくれた。イスラム教徒の少数民族・回族が多く暮らす市内の順河《じゅんか》回族区だった。

開封のかつての栄華を今に伝える城門

かつてシナゴーグ(ユダヤ教会堂)があった場所の近くの路地。中国当局が公認するキリスト教の教会(奥)やイスラム教のモスクはあるが、「開封のユダヤ人」の痕跡は消えている

ユダヤ人の末裔の郭研さん

黄河の氾濫で打撃

指定場所に着くと眼鏡を掛けた女性がやってきた。「誰かに尾行されていませんか」。小声で尋ねた後に周囲を見渡し「西洋人じゃないから警察に気付かれなかったのかも」と、こちらがたじろぐようなことをさらりと言ってほほえんだ。開封のユダヤ人の末裔、郭研《かくけん》さん(41)だった。

促されるまま郭さんの後を付いてしばらく歩き、古いアパートに入った。高層階まで階段を上った先は彼女の自宅。その一室に、元中学教師の郭さんが手作りした小さな資料室があった。イスラエルの国旗や古い写真、1163年に建立されたシナゴーグ(ユダヤ教会堂)の絵などが壁を埋め尽くしていた。

部屋の窓から「南教経胡同《ナンジャオジンフートン》」という住宅街が一望できた。地名の発音がユダヤ教の別名「挑筋《ティアオジン》教」と似ている。清の時代までは挑筋胡同と呼ばれていたそうだ。郭さんがその一画を指して「1854年に大水害に遭うまで、あの辺にシナゴーグがありました」と教えてくれた。そして、先祖たちの歴史を語り始めた。

開封の街は黄河の恵みに育まれた一方、洪水に度々見舞われ、

資料室から望む順河回族区の南教経胡同。絵を掲げた辺りに、19世紀半ばまでシナゴーグがあったという

郭研さんが自宅内に作った資料室には「開封のユダヤ人」の暮らしぶりや往時の建物を伝える写真や絵が展示されている

シナゴーグも幾度も再建を余儀なくされた。ユダヤ人が開封に定住して８００年以上が過ぎた清の時代に、黄河の大氾濫で壊滅的な被害を受けた。そのころには開封を離れる人や共同体以外の中国人と結婚する人も増えており、共同体は衰退。ラビと呼ばれるユダヤ教指導者もいなくなったという。

それでも、１９４９年に新中国が建国された前後は、郭さんの一族をはじめ、民族名を「猶太」と戸籍に登録する人が少なくなかった。郭さんは、祖父が中国政府の会議に少数民族代表として招かれた当時の証明書の写真を見せてくれた。確かに、民族名を記す欄に「猶太」と書かれていた。

観光の目玉構想も

だが、中国政府は最終的にユダヤ人を少数民族と認めず、同じように豚肉を食べない回族か、漢族に編入されていった。毛沢東が文化大革命時に都会の若者を農村に送り込んだ「下放《かほう》政策」でユダヤ人たちの離散が加速。１９７０年代前半になると地元政府の住民移動記録に民族名を「猶太」と記す人はほとんどいなくなった。シナゴーグがあった地域に残るのは郭さんたちの家族だけになったとい

2008年に開封市政府が建立したシナゴーグ跡の記念碑前で写真に納まる郭研さん（手前左）たち。現在は撤去されたという（郭さん提供）

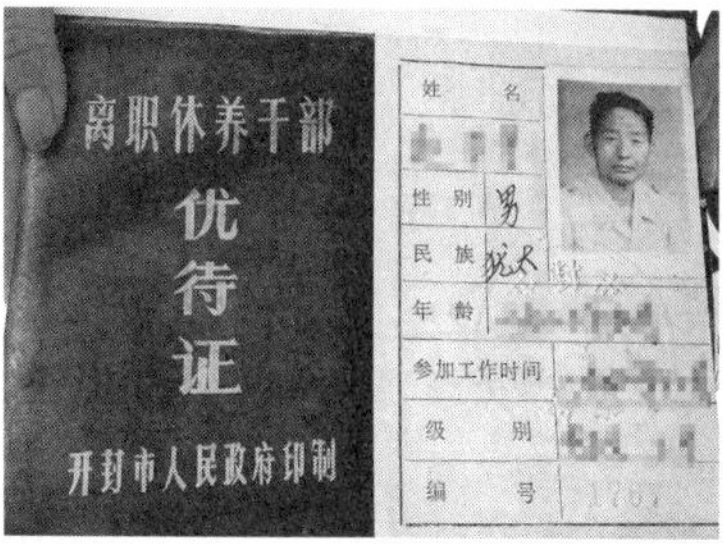

1940年代に開封市政府が発行した証明書。民族欄にユダヤを意味する「猶太」と書かれていた（写真を一部加工しています）

う。

その後、鄧小平氏が主導して１９７８年から始まった改革・開放政策で中国を訪れる外国人が増えるようになると、開封のユダヤ人の存在が世界に「再発見」される。世界各地にいるユダヤ人の子孫のイスラエル帰還（移住）を支援する国際団体が開封に事務所を設けた。ヘブライ語の教室も開かれ、１００人以上が中国から移住したとも言われる。郭さんの妹もその一人だ。

郭さんの一族は戸籍上は漢族か回族だが、７歳の時に受けた国際的な調査でユダヤ人とのつながりが証明されたという。

２００８年に中国で初の夏季五輪となる北京五輪が開かれた当時には、地元政府がシナゴーグ跡地を文化遺産に指定し、記念碑を建立。「開封の多様な宗教文化を観光資源にしようという機運があった」と郭さん。シナゴーグを再建し観光の目玉にする構想まで持ち上がった。

幼い頃から先祖の歴史を聞いて育った郭さんは、ユダヤ人としての自覚を深め、教員を退職して２００８年に資料室を開設した。展示資料の多くは当時、政府から撮影を許されたものだった。

2016年にイスラエルに移住した「開封のユダヤ人」の末裔の女性たち（短文投稿サイト「微博（ウェイボ）」から）

国の方針転換待つ

再び流れが変わったのは2015年ごろ。「宗教の中国化」を掲げて統制を強める習近平指導部の下で中国政府の公認宗教ではないユダヤ教は警戒対象となり、博物館の展示など歴史資料も非公開になった。海外ともつながる宗教活動が民主化など反中国共産党的な動きと連動するのを恐れてか、ユダヤ人支援団体の事務所は閉鎖を余儀なくされた。

郭さん自身も当局から監視されるようになった。通信は日常的に傍受され、定期的に警察官からの聴取も受けている。郭さんは「先祖の歴史と文化と誇りを次世代に伝えたい。中国の憲法は信教の自由を保障しているし、誰にも迷惑を掛けていない」と言い切るが、資料室の看板は外し、所在地も非公開とした。イスラエルに移住した妹とも連絡を控えているという。

現在、中国でユダヤ人として暮らす人の数は100人を下回るとも言われる。イスラエルでは「ユダヤ人の母を持つ者」がユダヤ人と定義されており、中国政府だけでなくイスラエル政府も、郭さんたちをユダヤ人とは公認していない。世界はまた開封のユダヤ人の存在を忘れていくのか。「ユダヤ人は世界中にいる。あり方は多様です。中国政府の方針が変わるのを待ちながら、ここを訪れてくれる人を迎えます」。郭さんは柔らかな、けれど凛《りん》とした笑みをたたえた。

【6】ロシア・北朝鮮国境地帯

中国東北部では三国時代、モンゴル系とも言われる民族「烏丸」（烏桓）と漢族の攻防が繰り広げた。烏丸は、モンゴル高原を支配した鮮卑とともにかつては「東胡《とうこ》」と呼ばれていたが、前漢王朝時代の初めに匈奴に滅ぼされ、残った勢力の一部とされる。

三国志演義に劉備《りゅうび》の学友として登場する公孫瓚《こうそんさん》は、後漢王朝から現在の遼寧省西部を治める遼東属国長史（副官）に任じられ、鮮卑や烏丸の討伐に功績を挙げたと歴史書には記されている。

烏丸は公孫瓚と敵対した袁紹《えんしょう》と結び、袁紹が200年の官渡《かんと》の戦いで曹操に敗れると、袁紹の子・袁尚《えんしょう》らは烏丸を頼って落ち延びた。207年、曹操は袁一族を助ける残存勢力を一掃すべく、自ら兵を率いて約800kmの道のりを北征。烏丸を討伐して袁一族を滅亡させている。曹操が、孫権《そんけん》と劉備の連合軍と激突した赤壁《せきへき》の戦いはその翌年のことだ。曹操の文字通りの東奔西走ぶりに驚く。

コロナと経済制裁、厳冬下の中朝ロ国境の街を訪ねて

国境を見れば、その国の今が分かるという。中国東北部にロシア、北朝鮮と国境を接する小さな町

中国とロシアの国境。新型コロナ禍で観光客の往来はストップしていた

中国版新幹線の高速鉄道も停車する琿春駅。駅舎の看板には、ハングル、中国語、英語、ロシア語の表記があった

がある。吉林省《きつりん》延辺《えんぺん》朝鮮族自治州琿春《こんしゅん》市。現地を訪ねると、国際政治のしわ寄せに翻弄されながら生きる人々の姿と、当局による厳しい監視の目があった。

中国版新幹線の高速鉄道の延伸ぶりはすさまじい。そう前述した。人口約25万人の琿春にも路線が延びている。高速鉄道で現地に向かった。

琿春駅に着く直前、車内放送が流れた。「車内と外の温度差にご注意ください」。気温は氷点下19度。ホームに降りて間もなく、視界のあちこちが丸く光り輝き始めた。まつげが凍ったせいだった。駅舎の看板には中国語とハングル、ロシア語、英語の4言語が併記されている。北の国境地帯に来たことを実感した。

駅舎は巨大だが、駅前は閑散としている。建設中の高層マンションがコンクリートむき出しで林立しているものの、重機の音は聞こえない。工事が止まったままという。地元住民に尋ねると「完成しても買う人がいない。新型コロナウイルス禍で市内のお店も半分ぐらいは閉店したまま。大学を卒業してもいい就職先がないから、若者がどんどん街から出ていく」とため息をついた。

中国側から見た北朝鮮の国境監視塔。国境を流れる川・図們江（豆満江）は凍り付いていた

中ロ国境。林の向こう側がロシアだ

凍り付いた国境線

駅から車で約1時間。北朝鮮との国境の川、図們江《ともんこう》（豆満江《とまんこう》）に着いた。鉄条網と頑丈なフェンスが二重に張り巡らされた先にある川は流れていない。凍り付いて、歩いて渡れそうだ。中朝国境をつなぐ橋があり、向こう岸に北朝鮮の税関施設が見えた。人影はなく、氷の川面を吹き渡る冷たい風の音がするだけだ。

少し離れた場所にある中国とロシアの国境も閑散としていた。中国国営通信の新華社《しんかしゃ》によると、新型コロナウイルス禍前の正月休みには約1万人のロシア人観光客が琿春を訪れ、2千万元（約4億円）の観光収入をもたらした。しかし私が訪れた当時は、ロシアでの新型コロナウイルス流行で観光客の往来は止まっていた。

中ロ国境の税関近くにある土産物店にはロシアの民芸品や酒、食品が並ぶが、客は一人もいない。女性店主は「千人以上も観光客が来る日もあったのに、今は国境を往来するトラックの運転手が飲み物や菓子を買いに来るくらい。赤字で家賃が払えない」と嘆いた。隣の店は廃業していた。

2019年は5%成長を達成したという琿春経済は、厳しく冷え

中国と北朝鮮を結ぶ橋（右端）と北朝鮮の税関施設（左奥）。国境の川面は凍り付いていた

込んでいた。

根強い北朝鮮人気

そんな琿春でにぎわいを見せる一角があった。海産物店が軒を連ねる地区だ。どの店の看板も、当たり前のように中国語とハングルとロシア語が並んでいる。

店内をのぞくと、いけすの中に大きなカニたちがひしめいていた。毛ガニは500gで180～230元（約3600～4600円）。新型コロナウイルス禍前より3割安いという。地元住民が「この値段で出せるのは、人件費が安い北朝鮮産だから」と教えてくれた。

ただ、北朝鮮の核・ミサイル開発に対する国連安全保障理事会の制裁決議で、中国は2017年8月から北朝鮮産の海産物輸入を全面禁止してきたはず。地元関係者は「北朝鮮産のカニをロシア業者が違法に仕入れて、琿春の中ロ税関経由で持ち込んでいる」

と明かす。

「北朝鮮産の商品は置いていない」と男性店員は言い張るが、店内には包装パックの裏に「北朝鮮産」と書かれた冷凍イカもあった。店員にそれを見せると「そこは見ちゃ駄目」と言って、目をそらした。

琿春中心部の海産物販売店。北朝鮮産の毛ガニなどをロシア経由で仕入れている店もあると地元関係者が証言した

中国料理店で働く北朝鮮からの出稼ぎ労働者（写真の一部を加工しています）

市内の中華料理店では、20代とみられる北朝鮮の女性たちが接客をしていた。国連制裁に基づき、中国を含む各国は北朝鮮からの出稼ぎ労働者を2019年12月までに帰国させるように求められたはずだ。しかし、景気が失速した琿春では、月給が中国人の半額ほどで済む北朝鮮からの労働者たちが重宝されているという。
地元関係者は「別の町では調理場など人目を避けた場所で働かせる店が多いが、琿春は人手不足で接客もさせている」と明かした。

恋人たちの聖地に

郊外へ車を走らせると、右手に川、左手にうっそうとした林が続く道路に出た。「右は北朝鮮、左はロシアです」。運転手が教えてくれた。「1980年代までは琿春より北朝鮮の町が栄えていた。冬になると凍っ

中朝ロの3カ国の国境が一望できる展望台「琿春防川風景区観光塔」

た川の上を渡って映画を見に行っていた」（50代の地元出身女性）という。

密入国を防ぐためか、川沿いの中国側には監視カメラ、北朝鮮側には監視小屋が点在する。ＡＩも駆使した機械監視と、人力による目視。国力の差を痛感した。

道路の先には、中朝ロ国境が見渡せる高さ約60ｍの展望台がそびえていた。その名も「防川」という地区で「領土は一寸たりとも奪わせない」と書いた大きな看板が掲げられている。ただ、中ロ両国が北朝鮮と友好関係にあるためか、緊迫感は薄い。新型コロナウイルス禍以前は図們江（豆満江）を遊覧船で巡る国境ツアーの計画もあったという。北朝鮮側には工事中の船着き場が見えた。

展望フロアでは、中国東南部の浙江《せっこう》省から来たという若いカップルが3カ国の国境地帯をバックに「自撮り」していた。展望台に飾られていた来場者のメッセージボードには、平和を願う言葉のほかに、中国語やハングル、ロシア語でカップルの名前とハートマークを手書きしたものが目立った。三つの国が接し合う国境の塔は「恋人たちの聖地」になっていた。

神経とがらす当局

どこか温かな気持ちになって琿春市の中心部に戻る途中、運転手が突然叫んだ。「カメラを座席の下

中国（手前）、北朝鮮（右手の川の向こう側）、ロシア（左手の池の向こう側）の３カ国の国境地帯・防川に立つ展望台

に隠して！　スマートフォンの画像を消して！」。視線の先には、検問中の警察官たちの姿があった。急いでスマホを操作した。

　密輸摘発のための検問というが、パスポートでこちらが記者と分かった瞬間、警官の表情が硬くなった。「何のために来た？」「どこを回ったか？」。尋問され、スマホ内の画像を見せるよう指示された。以前、外国人記者がデジタルカメラの画像を削除されたという話を聞いており、万一に備えて、この日撮った画像は別の場所にコピーしていたため、難を逃れた。

　警官は車のトランクも開けた。座席の下に放り込んだカメラに神経が集中する。見つかればやっかいだ…。が、幸い、車内までは調べられずに解放された。

　その後も、市内で食事をしていると黒いジャンパーを着込んだ公安当局の男女３人が突然現れ、来訪目的や行動予定を聞かれた。

「長年この仕事をしているけど、年々チェックが厳しくなっている」と運転手。北朝鮮からの労働者による外貨獲得や、経済制裁逃れが横行している実態を中国当局が黙認しているからか。他にもまだ、海外メディアに見られたくないものがあるのか。国境の町で、中朝ロ「互恵関係」の暗がりを垣間見た思いがした。

「ロシアを心の底からは信用できない」　中ロの国境の街に漂う緊張感

2022年2月のウクライナ侵攻後、欧米と対立を深めるロシアは約4250kmにわたって国境を接する中国への傾斜を強め、米国と覇権を争う中国もロシアとの貿易を拡大。同年6月には国境のアムール川(中国名・黒竜江《こくりゅうこう》)に初の本格的な道路橋が開通した。ただ、中ロ連携を象徴する橋が架かる中国東北部・黒竜江省黒河《くろかわ》市を訪ねると、友好一辺倒ではない空気を感じた。

深夜、突然の軟禁

2023年2月上旬、黒河の空港に着陸した飛行機からタラップを下るうちに、まつげが凍り付いた。この日の最低気温は氷点下31度だった。

道路橋が架かっているのは、タマネギ形のドームや尖塔などロシア風建築も点在する市中心部から約8km離れた郊外。1年の半分近くは凍ったままというアムール川の土手から両岸を結ぶ赤い橋が見

ウクライナ侵攻後に開通した中ロ国境の道路橋（奥）。警察官の検問でこれ以上は近づけなかった

えた。

橋は全長約1km。1日600台以上のトラックが通行でき、新たに設けた国境検問所は年間最大400万トンの貨物と200万人の旅客に対応できるという触れ込みだったが、車はほとんど走っていない。

写真を撮っていると近づいてきた警察官に退去を求められた。背の高い監視カメラを据えた国境警備所が川沿いにあり、近くの村には「すべての村が要《よう》塞《さい》。すべての家庭が見張り台。誰もが見張り役」という赤い横断幕が掲げられていた。

市街地に戻ると、非合法な入国・滞在・就労を意味する「三非」の外国人を見つけて通報すれば報奨金を出すという電光掲示板の文字が赤く光っていた。

その日の夜、市内のホテルの部屋で休んでいると、ノック音がした。のぞき穴からみると、10人ほどの制服警察官がいて驚いた。ドアを開けるなり、部屋に踏み込んできて「携帯電話にさわらないで！　あ

ロシア語が併記された黒河駅。改築予定で新駅舎の完成予想図（左下）が掲げられていたが、ロシア語の併記は消えていた

中朝国境の川沿いに点在する中国の国境監視カメラ

なたに聞かねばならないことがある」と言われた。そして手錠こそかけられなかったものの、まるで凶悪犯のように警官たちに囲まれて別室に連れて行かれ、軟禁された。一人でトイレに行く自由も与えられなかった。

上役の公安関係者が到着するまで、若い男性警官がスマートフォンの通訳アプリを懸命に操作し、日本語の機械音声で話しかけてきた。女性の明るい声で「あなたの行動を録画しています」「この部屋から出ないでください」「もう少々お待ちください」。内容とのギャップに笑ってしまいそうになった。だが、現れた上役は高圧的で、「お前は西日本新聞の中国総局長の坂本信博だな」と言って、「黒河に来た目的なんだ?」「どこに行って誰に会って、どんな話をしたのか」などと厳しい口調で私を尋問した。その後の質問内容から、スパイ行為を疑われていると分かった。もちろん何の法律も犯しておらず、約2時間半後に解放された。

ただ、部屋に戻ると、リュックを開けた形跡があり、中に入れていたノートパソコンの収納場所が変わっていた。本社のシステム管理部でノートパソコンの動作記録を分析してもらった。結果を聞いて鳥肌が立った。私が軟禁されて15分後からの約30分間に、ノート

凍り付いたアムール川（中国名・黒竜江）の向こうにロシア極東の街ブラゴベシチェンスクが見えた

パソコンにUSBメモリとSDカードが挿入されてロックが解除され、SSD（記憶装置）の中のフォルダ29個と203件のファイルが不正にコピーされていたのだ。私のノートパソコンに何らかのソフトやウイルスが埋め込まれた可能性もある。後日、本社で協議の上、記憶装置を取り出して破壊する措置が取られた。

日中外交筋は「習近平指導部は、かつてのような経済成長が見通せなくなる中で国家の戦略目標を変えた。従来の『経済発展』よりも『国家安全』を最優先の目標に掲げるようになった」と説く。事実、治安維持部門の権限を強め、反スパイ法や国家秘密保護法の改正など統制強化を次々と打ち出した。私が駐在した3年間で、センシティブなテーマの取材活動がどんどん厳しくなっていった。

侵略と虐殺の記憶根深く

屋外をしばらく歩くだけで前髪がつららのように

さまざまなロシア製品を販売する商業施設「黒河国際商貿センター」。買い物をする市民でにぎわっていた

なり、深呼吸をすると肺が痛くなる。昼間でも気温が氷点下20度前後まで冷え込むせいか、中国黒竜江省黒河市の中心部は一日を通して人通りが少なかった。

　数十軒の商店が連なる「ロシア商品街」は3、4割が閉まっていた。「春節(旧正月)も(国内の)観光客は少なかった。新型コロナウイルス禍前はロシアからも客が来ていたけど観光往来は止まったままで誰も来ない」。毛皮の帽子店の女性店主がぼやいた。

　一方で、ミルクや塩、菓子、ウオッカなどロシア製の生活用品が買える商業施設「黒河国際商貿センター」は買い物客でにぎわっていた。そばには分厚く凍り付いたアムール川があり、対岸にロシアのブラゴベシチェンスク市の街並みが広がる。川幅は最短約750m。巨大なロシア国旗の掲揚台、マンションや大学、煙を上げる発電所が見え、工場の操業音まで聞こえる。

　川沿いの黒竜江公園には大きなマトリョーシカ人形のオブジェが15体も並び、近くでは川を挟む両市を「双子城(都市)」と紹介していたが、「辺境管理を強化　違反行為は厳禁」と中国語で書いたのぼり旗も林立する。貿易と観光で結び付きつつも近くて遠い隣町なのだ。

　「夏は渡し船が行き交うし、ビザは不要。冬は氷上を車で往来できたよ」。川の向こうを眺めていた男性(52)が教えてくれた。前年6月の道路橋開通前から車で行き来できていたことに驚いた。彼も何度も対岸に渡ったことがあるという。ロシア人の印象を尋ねると「好きでも嫌いでもない。怖くもな

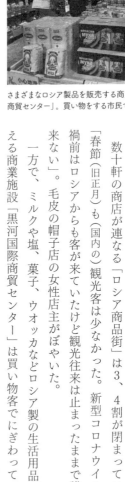

い。商売で付き合うだけ」と素っ気ない。ウクライナ侵攻についても「感想はない。別の国のことだから」と返された。

「この街で一番有名なレストラン」と案内されたのはロシア料理店。現地の人々が家族連れで訪れていた。ボルシチは本場の味わいだが、店内に流れるＢＧＭはロシア民謡ではなく、中国の愛国歌や中島みゆきさんの「ひとり上手」だった。

街の中心部の体育館で、共産党と街の歩みの展覧会が開かれていた。中ロ友好と中国語で書かれたコーナーの画面に映るのは、なぜか果物やジュースのイメージ画像。習近平国家主席とロシアのプーチン大統領が共に納まる写真パネルもあったが数年前のもので、ウクライナ侵攻の20日前の２０２２年２月４日、北京冬季五輪開幕時に両氏が笑顔で肩を並べた写真はなかった。

地元の人に、郊外にある「愛琿《アイグン》歴史陳列館」への訪問を勧められた。ロシアによってこの地がたびたび侵攻され、住民が虐殺された史実を生々しく伝える施設という。館内には、１９００年の北清事変後、中国東北部を事実上占領したロシアに住民５千人以上が虐殺された様子を再現した展示があった。死んだ娘を抱く母親の人形やロシア兵に襲われた村のジオラマが並ぶ。かつて訪れた江蘇省南京市の「南京大虐殺記念館」や、旧日本軍７３１部隊が細菌兵器開発を進めた地に立つ黒竜江省ハルビン市の「侵華日軍第七三一部隊罪証陳列館」の館内の重苦しい雰囲気に似ていた。「ロシアを心の底からは信用できない」。中高年の中国人の見学客がつぶやいた。国境の川のほとりで感じた緊張感の源流を見る思いだった。

ロシアのウクライナ侵攻後に欧米や日本が対ロ制裁に踏み切る中、中国は貿易拡大を通じてロシア

ロシア兵による中国人虐殺を生々しく再現した「愛琿歴史陳列館」の展示

経済を下支えしてきた。中国はロシアを習近平氏が提唱する巨大経済圏構想「一帯一路」のパートナーとして重視。中国は世界最大の天然ガス輸入国で国内の必要量の9割は輸入に依存しており、ロシアは、中国向けの天然ガスの供給を拡大している。中国にとってロシアは原油の最大の輸入先であり、最大の自動車の輸出先でもある。中ロは経済分野で相互依存を深めている。

ただ、中国側は対ロ関係の緊密化が国際社会の反発を招くことを懸念し、ロシア側は経済力や人口が自国を大幅に上回る中国への依存に危機感を抱いているとされる。「敵の敵は味方」(北京の外交筋)で結び付きつつも、中ロ両国間には根深い相互不信が横たわっている。中国メディア関係者は「固いように見えて実はもろいプラスチックのような関係」と評した。

1900年に5千人以上の住民がロシア兵に虐殺された様子を伝える「愛琿歴史陳列館」の展示。兵士に乱暴される女性など生々しい描写が目に焼き付いた

【7】核兵器・原発

世界の「三大発明」と言えば、火薬・羅針盤・活版印刷。これに製紙法を加えた「四大発明」という概念もあるが、いずれも中国で生まれたものだ。中世に陸海のシルクロードなどを通じて西洋に伝わり、人類史を大きく変えた。

三国志演義には、諸葛亮が発明したとされる木牛《もくぎゅう》・流馬《りゅうば》の他、現代の戦車のように兵士が中に入って移動し火を噴く「木獣《もくじゅう》」(虎戦車)や地雷、饅頭(肉まん)などが登場する。フィクションも多く含まれているかもしれない。ただ、三国時代以前から兵士を城内に突入させるためのはしご車「雲梯《うんてい》」や、城門を破壊するための巨大な槌が付いた「衝車《しょうしゃ》」などの巨大攻城兵器が存在していたのは史実だ。同時代の日本が、弥生時代末期~古墳時代だったことを思うと、中国の先進ぶりがよく分かる。

世界有数のIT大国となった現代中国は、欧米で生まれたインターネットやスマートフォン、日本企業がつくったQRコードなど現代の世界的発明を応用し、誕生国以上に活用しているものもある。中国のネットメディアは2021年、古代中国の四大発明に匹敵する現代日本の四大発明として、炊飯器・インスタント麺・うま味調味料・QRコードを挙げていた。

第2次大戦中から20世紀半ばにかけて、米国やソ連が熾烈な開発競争を繰り広げた核兵器や原子力発電所も、現代中国は「お家芸」としつつある。米ロに次ぐ数の核弾頭を保有し、米国とフランスに次ぐ世界第3位の原発大国となっている。

核誇る中国「原子城」を訪ねて

1964年10月16日。開催7日目の東京五輪に日本中が沸く中、中国が初めて核実験に成功した。

1950年代から秘密裏に原爆と水爆を研究・製造した青海省海北チベット族自治州の西海鎮の核兵器開発基地「国営221工場」。1987年の工場閉鎖後、中国政府の指導下で、一帯は核開発の「偉業」をたたえて愛国心を育む「中国原子城（核の町）」として再開発されている。中国唯一の原水爆資料館があると聞き、かつては軍事制限区域として地図にも載らなかった街を訪ねた。

「青海原子城国家級愛国主義教育示範基地」。原水爆資料館の正式名称だ。外国人は立ち入り禁止で、館内の写真撮影も不可だった。

複数の関係者によると、館内には原爆や水爆の実物大模型や核開発に使われた機器の実物を飾り、きのこ雲のモニュメントもある。

核開発に関する毛沢東ら国家指導者の発言や科学者の偉業を紹介する展示の中で、当時、核開発を必要とした理由について「米国が日本に核ミサイルの発射基地を造ったため」と説明していると聞いて驚いた。

東西冷戦期の1950年代以降、本土復帰前の沖縄に核兵器を配備したことを米国防総省は公式に

ミサイルや原爆の模型が飾られた原水爆資料館のエントランスホール。壁面（左端）には習近平国家主席の言葉が掲げられていた

認めている。1960年代初頭には極東ソ連と中国を射程に収めた核巡航ミサイル「メースB」を配備していた。展示の説明はその事実を指すとみられるが、唯一の戦争被爆国として核廃絶を訴えてきたはずの日本が、中国国内では核軍拡のきっかけとして伝えられている格好だ。

展示は「原水爆を開発しなければ、中国は大国に発展できなかった」と強調。広島と長崎の原爆被害や世界の核兵器廃絶の動きには一切触れていない。

核開発の町地域振興担う

中国原子城は省都・西寧の西約110㎞、海抜3千m超の高原にある。見渡す限りの草原にまっすぐ敷かれた道を、放牧のヤクや羊の群れがゆっくり横切る。のどかな景色を車でひたすら進むと、街が見えてきた。

中国原子城駅、中国原子城郵便局、原子路（道

2018年に完成した中国原子城駅。チベット文字の表記もある。夏季には省都・西寧と結ぶ観光列車も運行されているという

路）…。人工的な都市と分かる碁盤の目のような街の随所に「原子城」の名がある。

住民男性によると、「金銀灘」と呼ばれる草原でチベット族やモンゴル族が放牧をしていたが、中央政府が１９５８年に基地の建設を決め、立ち退きを求められた。「中国全土から優秀な科学者が集められた。現場の技師たちには原爆開発のことは伏せられ、核実験成功のニュースで初めて自分たちが偉業に携わっていたことを知った」と男性は誇らしげに語った。

街の入り口近くの原水爆資料館には外国人は入れず、エントランスホールに飾られた原爆や水爆の模型をガラス越しに見ることしかできなかったが「〝両弾一星〟精神は何世代もの人々を鼓舞する中華民族の宝」という習近平氏の言葉が壁一面に掲げられていた。両弾一星とは毛沢東の国家目標。中国の発展には原爆と水爆（両弾）と人工衛星（一星）の保有が不可欠という考え方だ。

館内へ若者たちや家族連れが次々と入っていく。関係者によると、土産物コーナーもあり、「原子弾爆炸成功」の文字が躍る当時の新聞の号外を転記したトートバッグや、ミサイルの置物などが売られていた。

核実験の準備が秘密裏に行われた「爆発試験場」。右手の球体は原爆をイメージしたものとみられる

きのこ雲のモニュメント

原水爆資料館から少し離れた場所にある「爆発試験場」は、入場料50元（約780円）で外国人も見学できた。核実験の準備をした場所だ。

核ミサイルのオブジェが青空をにらむゲートの先に、中国国旗の五星紅旗がはためく巨大な記念碑があった。きのこ雲を挟んで、核開発に尽力した科学者10人や核実験成功に歓呼する民衆の姿が彫られている。「世界平和維持のため、歴史的な重大な貢献をした」という賛辞を刻む石碑もあった。続々と訪れる観光客が興味深そうに眺めている。

爆発実験を観測するため分厚い鉄板で覆われた施設があり、内部には環境汚染観測室や管制室などを再現していた。技師たちのリアルな人形と機器類が並び、原爆の模型もあった。

「おお〜」。大きな声がした部屋をのぞいてみると、大きなきのこ雲のモニュメントが飾られていた。見

「爆発試験場」の施設の入り口には、核武装の必要性を訴える毛沢東の言葉が赤い文字で書かれていた

「爆発試験場」に展示されていたきのこ雲のモニュメント

上げていた観光客の中国人男性は「核兵器は国防に必要。原爆を造れたから中国は大国になれた」。「白血病で命を落とした人もいたそうだ。多くの犠牲の上に偉業が成し遂げられたと分かった」と感想を語る人もいた。

爆発試験場の外には土産物店を建設中だった。２０１８年完成の中国原子城駅のそばでは、新たな道路を敷設する工事が進む。青海省は脱貧困が大きな課題となっている省の一つで、観光産業の振興に注力している。原子城の再開発には、国威発揚だけでなく地域振興の狙いもあるようだ。

西寧に戻る途中、山肌に「中華振興の夢を共に築くため、両弾一星の精神を継承しよう」という巨大な標語が掲げられていた。

私は新人記者時代に初任地の長崎で原爆・平和取材を担当して以来、核兵器廃絶をライフワークの一つとしてきた。２０１７年７月７日に米ニューヨークの国連本部で核兵器禁止条約が採択された際も会場で取材した。中国の人々に核廃絶を訴えて共感を得るために、日本と日本人は何をすべきだろうか――。道のりの遠さと、それでも一歩ずつでも歩みを進めていくことの大切さを思った。

甘粛省酒泉市北山地区。このゲートの奥に「世界最大級の地下実験室」とされる「北山地下実験室」の建設工事現場があった

ゴビ砂漠に敷設されたアスファルトの道路を走る大型トラック。道に沿って送電線も続いていた

原発強国目指す中国の「地下実験室」とは
砂漠行き交う重機

シルクロードの要衝として栄えた甘粛《かんしゅく》省の都市、敦煌から北東へ約２００km。車は荒野に真っすぐ延びた道路をひたすら進む。ゴビ砂漠の縁にある村を出て約10分。スマートフォンの画面から電波受信を示すアンテナマークが消えた。

この先はスマホの衛星利用測位システム（ＧＰＳ）と、地図アプリに取り込んだ衛星画像が頼りだ。地元住民によると、目的地に着くには「砂漠を車で2時間半走り、途中から石が転がる未舗装の道を進むことになる」という。

目指すのは、甘粛省酒泉《しゅせん》市の北山地区にある「世界最大の地下実験室」。中国の原子力政策を担う国家原子能機構が２０２１年6月、原発から出る高レベル放射性廃棄物の最終処分場整備のため、建設を始めたと発表した研究施設だ。「トイレなきマンション」と呼ばれる原発。原発大国・中国は核のごみをどこに運び、対処しようとしているのか。

荒野には数百基の巨大な風力発電機が林立し、道路沿いの送電線がどこまでも延びる。強風で電線がビュンビュンと不協和音を奏でる。やがて景色が岩山に変わった。しばらく進むと「漢武大道」という大きな石碑があった。紀元前、前漢の武帝《ぶ》が遊牧騎馬民族・匈奴を破ってこの地を支配した記念碑だろうか。その先は未舗装で、重機やダンプカーのわだちがあるだけだ。

通りかかった大型トラックの運転手に声を掛けると「向こうに大量のセメントを使う工事現場がある」と教えてくれた。研究所への道路を造っているようだ。砂利の山に囲まれた谷があり、車両が行き交う。

岩盤をダイナマイトで爆破する現場を抜けると、いきなり近代的なビルが姿を現した。赤い中国国旗が翻っている。クリーム色の建物の壁に「北山地下実験室」と書かれていた。

核のごみ200年分受け入れも

荒涼とした砂利や岩の山に囲まれた谷を重機がひっきりなしに往来する。北山地下実験室を運営するのは国有企業「中国核工業集団」傘下の北京地質研究院だ。

工期は7年間で、総工費は27億2313万元(約463億円)に上る。施設の耐用年数は50年間で、らせん状のスロープと3本の立て坑の地下トンネル(総延長約13㎞)や試験場、宿舎などを建造する。

試験場は地下280mと560m付近に設けて、花こう岩層の安定性や処分場の構造、放射性物質の移動について実験する。問題がなければ2050年までに周辺で最終処分場を稼働させる。処分場は最長で200年間分の核のごみを受け入れるとの情報もある。

中国国旗が翻る「北山地下実験室」の建設工事現場

習近平指導部は2030年を目標に、世界の原子力産業界で大きな影響力を持つ「原発強国」を目指す。中国本土では欧米から導入した原発を中心に約50基が稼働しており、さらに20基を建設中（2021年6月現在）。中国が独自開発したとされる新型原発「華竜1号」の商業運転も始まっている。国産原発の建設を加速させ、海外にも輸出する構えだ。

課題は沿岸部からどう運ぶか

中国は、原発から出る使用済み核燃料の保管状況の詳細を明かしていない。1990年代から稼働する広東省の原発では「敷地内の使用済み燃料プールは既に満杯」との報道もある。新しい原発は巨大なプールを備えているが、一部では、使用済み核燃料を金属容器の中で冷やす「乾式貯蔵」で保管中という。

原発を使う国々が頭を悩ます「核のごみ」の行き先。中でも高レベル放射性廃棄物は万年単位で貯蔵

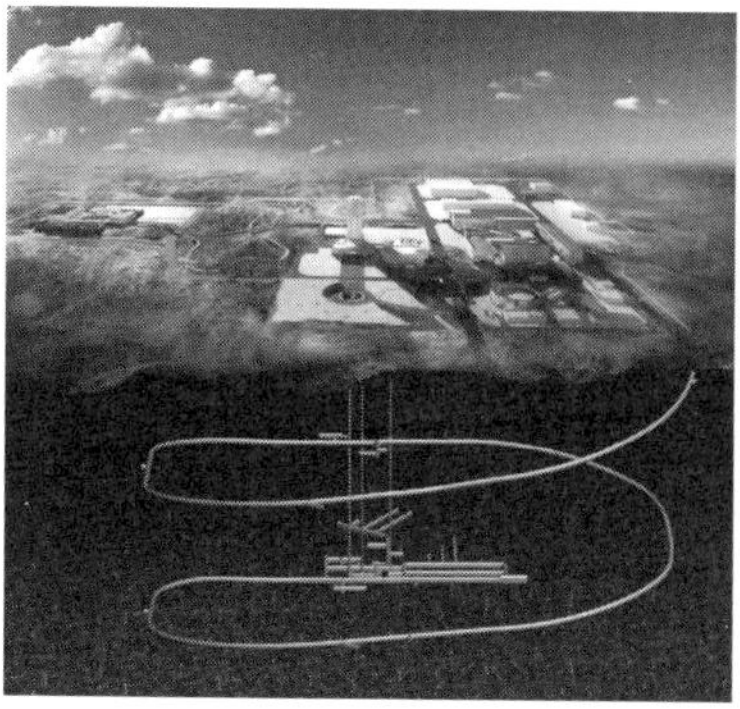

「北山地下実験室」の完成予想図。らせん状のスロープや3本の立て坑による総延長約13kmの地下トンネルや試験場を備えた「世界最大で最も機能的」な地下実験室という＝中国の国家原子能機構のウェブサイトより

する必要があり、日本を含め各国で試行錯誤が続く。中国での駐在経験がある日本の電力業界関係者は「各国に先駆けて道筋を付けることで、世界の原子力産業界で影響力を強める狙いもある」と見ている。

中国政府は、日本より早い１９８０年代半ばから最終処分場の候補地選定を始めた。日本と同様に使用済み核燃料を再処理し、再利用できない放射能レベルの高い廃液をガラス固化体にして地中深くに埋める方針とされる。ただ「再処理や地層処分の情報はほとんど公開されていない」と日中経済協力会北京事務所の電力室長を務めた真田晃氏は指摘する。

関係者によると、新疆ウイグル自治区など六つの候補地から、降水量や地殻変動が少ない北山地区が最有力視され、試掘を含む集中調査が行われてきた。中国の原発は沿海部に集中しており、最終処分場が北山地区に完成した場合、危険な核のごみをどうやって運ぶかが課題になる。北京の電力関係者は「中国全土に整備された鉄道網を使えばリスクは低い」と語った。

最終処分場計画「知らない」

２０１２年３月の東京電力福島第１原発事故後、中国の人々にも放射能汚染への恐怖心が広がった。

2016年に江蘇省連雲港《れんうんこう》市で再処理工場建設の計画が浮上した際は住民が猛反発し、凍結に追い込まれた。

その苦い経験が念頭にあるのか。北山地下実験室を造る北京地質研究院の幹部は「建設過程で地元の民族資源や文化資源と科学技術を組み合わせ、観光地化する」という構想を明かした。迷惑施設の整備に見返りを用意する手法は日本と同じかもしれない。

既定路線のように見える最終処分場計画。だが、住民への説明は追い付いていないようだ。「核のごみの処分場？　知らない。こんな所を観光地にできるわけがない」。羊を放牧する住民は素っ気なく答えた。

【コラム】意外と知らない中国の素顔——③

「愛国を飯の種に」ＳＮＳで暴露された中国反日ネット民の過去

北京特派員として中国に赴任して意外だったことの一つが、日本に好意的な印象を持っている市民の多さだ。強硬で攻撃的な中国政府の「戦狼《せんろう》外交」に呼応したような反日的なネット世論とは懸け離れていた。ＳＮＳが老若男女に浸透した中国で２０２２年夏、愛国主義をあおる６人のネット民（インターネット利用者）を巡る攻防が注目され、結果的に日中関係の悪化に歯止めをかけた出来事があった。一連の経緯を追うと、中国のネット世論の影響力がうかがえた。

中国のSNSで反日世論をあおった6人の著名なネット民を揶揄（やゆ）する投稿＝短文投稿サイト「微博（ウェイボ）」から

７月７日、８月15日、９月２日、９月３日、９月18日、９月30日、12月13日…。中国には日系企業が発表やイベントを避ける「要注意日」がある。順番に、日中戦争の発端となった盧溝橋《ろこうきょう》事件（１９３７年）▽終戦記念日（１９４５年）▽日本の降伏文書調印式（１９４５年）▽抗日戦勝記念日（１９４５年）▽満州《まんしゅう》事変の発端となった柳条湖《りょうじょうこ》事件（１９３１年）▽戦争や革命で命を落とした人を顕彰する烈士記念日▽旧日本軍の南京占領

（1937年）―の日付で、中国人のナショナリズムが高まる「敏感な日」だからだ。

日本の安倍晋三元首相が銃撃され死亡した2022年7月8日、中国のネット上では、事件を喜んだり犯人を「抗日英雄」とたたえたりする投稿がかなり目立った。「対中強硬派」「右翼政治家」というイメージが中国で根強い安倍氏が命を落としたのが、盧溝橋事件から85年の翌日だったことも影響したとみられる。

中国で3年間暮らして、日本による加害の歴史が民衆の心に深く刻まれていると知った。だが、他人の不幸に快哉《かいさい》を叫ぶ投稿が中国の多数派の声だとは全く感じなかった。むしろ安全なはずの日本での凶行に驚き、同情した人が多い印象だった。習近平国家主席も哀悼の弔電を日本に送り、遺族を気遣った。「心ない投稿を恥ずかしく思う」と連絡をくれた友人もいた。中国経済が低迷する中で不満のはけ口を探す人々のネット世論と実際の世論の違いに目を凝らす必要があると感じた。

反日的な言説を繰り返すのはどんな人物なのか。中国ではネット上の掲示板やSNSへの書き込みに実名認証が義務付けられているが、表面上は匿名表記のため素顔に迫るのは難しい。

ただ、その一端を知るネット上の騒動があった。発端は2022年8月中旬。日本の繁華街や商店街を再現した江蘇《こうそ》省蘇州《そしゅう》市の「日本街」で日本の人気漫画の主人公をまねて浴衣を着ていた中国人女性が、公共秩序騒乱容疑で警察に連行される動画が出回った。

中国のSNSでは、日本文化を称賛する若者を「精日（精神的日本人）」と揶揄《やゆ》する投稿が続出。反日感情が高まり、日本の夏祭りや盆踊りをイメージした催しは次々と中止に追い込まれた。その急先鋒《せんぽう》が「愛国大V」と呼ばれた6人の有名ネット民だった。

コンドーム製造大手オカモトの製品は「岡本」の名で中国でも定着している＝北京市

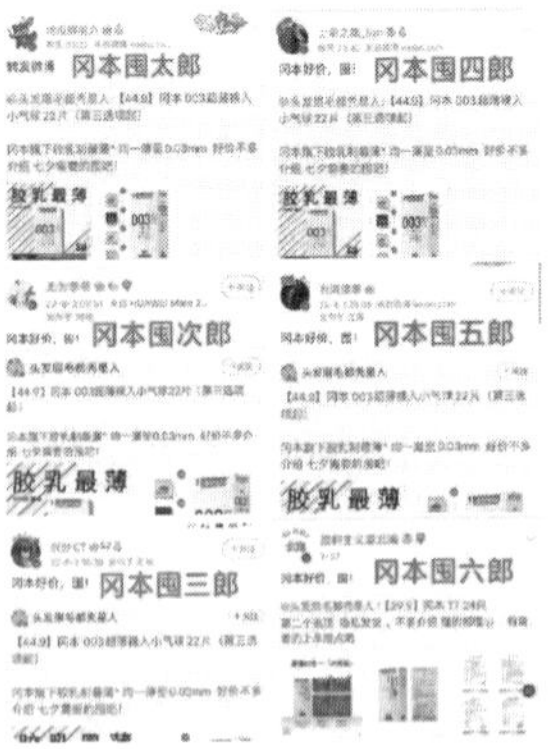

6人を岡本団太郎、団次郎、団三郎などと揶揄する投稿＝短文投稿サイト「微博」から

しかし、ある〝糾弾〟で風向きが一変した。6人が過去にSNSで日本のコンドーム製造大手オカモトの製品を宣伝していた事実を突き止めたネット利用者が「中国人が日本の着物を着るだけで有罪なら、少子化が深刻な中国で日本の避妊具を宣伝するのは亡国の罪ではないか」と反論したのだ。

オカモトの避妊具は中国でも根強い人気がある。コンビニで広く販売されるなど企業の認知度が高いことも相まって、6人は「岡本六君子《くんし》」と呼ばれ、冷ややかな目が向けられるようになった。六君子とは清朝末期の政治改革運動「戊戌《ぼじゅつ》の変法」で粛清された6人の官僚「戊戌六君子」にちなむ。

ネット上では、6人がフォロワーを増やして金もうけにつなげるため、故意に「愛国」「反日」「反米」を主張しているとの批判が噴出。「愛国を飯の種にしている」という意味のハッシュタグ（検索目印）も登場した。

さらに、浴衣を着た女性を拘束した警察に「どういう服を着るかは個人の自由だ」と反発する声も高まり、反日

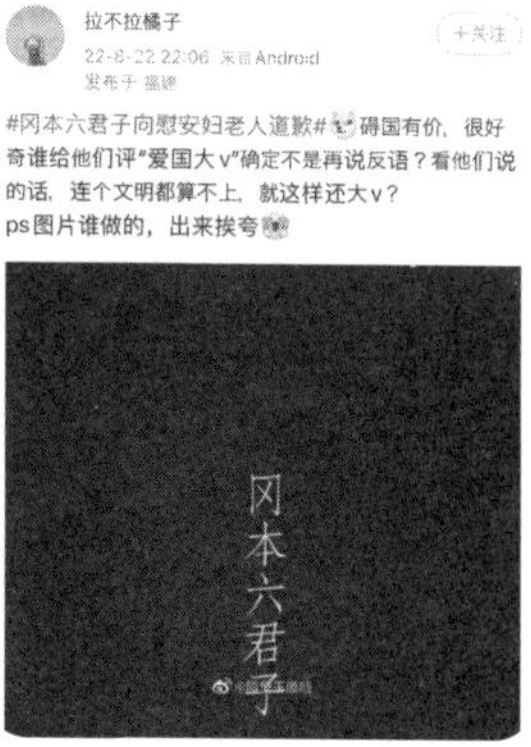

中国のSNSで反日世論をあおった6人を「岡本六君子」と揶揄する投稿＝短文投稿サイト「微博」から

ムードは一気に沈静化。北京の外交筋は「こうしたネットの論争が、日中関係のさらなる悪化に歯止めをかけた」と分析する。

２０２２年11月末、ゼロコロナ政策への抗議デモがＳＮＳを介して各地に広がり、結果的に政策の大幅緩和につながったように、中国政府もネットを完全にはコントロールできていない。習近平氏が絶対的な権力を握る中国だが、ネット世論の力は侮れなくなっている。

北京原人の骨はどこに…
太平洋戦争開戦の日に消えた化石を追う

北京での暮らしの中で、「北京原人の骨が日中戦争のさなかに行方不明になり、中国には骨が残っていない」という話を聞いた。１９４５年12月8日、太平洋戦争開戦の日に消えた北京原人の頭蓋骨の化石を巡っては、今も多くの仮説が論じられている。

北京市中心部から西南へ車で約１時間半、同市房山区《ほうざん》の丘陵。東アジア最大の旧石器時代の遺跡で、

周口店遺跡公園に立つ北京原人の復元像＝北京市

周口店遺跡の入り口にある北京原人の巨大な復元胸像＝北京市

世界遺産に指定されている周口店《しゅうこうてん》遺跡に、巨大な北京原人の胸像があった。

1929年12月2日、当時25歳の研究者で、後に中国を代表する古人類学者となった裴文中《はいぶんちゅう》氏（1904〜1982）が、洞窟の中で地中に半分埋まっているほぼ完全な頭蓋骨化石を見つけた。その数年前からヒトの臼歯が見つかっており、北京原人と既に命名されていたが、裴文中氏の発見は世界的な注目を集めた。

頭蓋骨の容積は現代人と猿人のほぼ中間。北京原人は約77万〜約23万年前、直立歩行して道具と火を使い、集団生活をしていたとされる。その後も周口店では日中戦争が始まる1937年までに、4個のほぼ完全な頭蓋骨や破片、鎖骨、歯など数多くの化石が発掘された。

日米開戦の朝に

研究者や中国メディアによると、計5個の頭蓋骨化石などは当時、米国のロックフェラー財団の支援で北京に設立された「北京協和医学院」が保管。米国系機関のため日本軍による接収を免れたものの、日米関係が悪化した1941年暮れ、秘密裏に米国に運んで一時保管することになった。

米国人医師の名前を書いた二つの箱に化石を隠し、北京近郊にある河北省の秦皇島《しんのうとう》の港から米貨客船プレジデント・ハリソン号に載せる計画だった。1941年12月5日、米海兵隊員に守られて二つの箱は北京を出発。8日午前には無事に港に到着し、貨客船が入港するのを待った。が、船は来なかった。

この日の未明、米ハワイの真珠湾攻撃で日米が開戦。ハリソン号は上海沖で日本側に拿捕《だほ》されていたのだ。化石を護送していた米海兵隊員らも捕虜となった。北京原人の頭蓋骨化石に関心を寄せていた日本軍は8日朝、医学院を強襲して金庫を開けさせたところ、化石の石《せっ》こう模型しか残っていなかったといわれる。映画のような話だが、この日から化石が姿を消してしまったのは事実だ。

「周口店遺跡博物館」に展示されている北京原人の頭蓋骨化石の模型＝北京市

行方に諸説あり

周口店遺跡のそばにある博物館には、これまでに見つかった頭蓋骨化石の模型が複数展示されている。裴文中氏は戦後の再調査で1966年にも額や後頭部の骨の破片を新たに発見しており「国家の貴重な財産のため、実物は地下倉庫に厳重に保管している」（博物館職員）という。

頭蓋骨化石の行方を巡っては「日本軍が戦利品として本国に持ち帰ったが空襲で焼けた」「秦皇島など中国国内のどこかに隠されている」など、さまざまな説が伝わっている。「移送途中で盗まれ、不老

北京原人の頭蓋骨化石の模型＝北京市

1929年に北京原人のほぼ完全な頭蓋骨化石が見つかった場所。洞窟は観光名所になっている＝北京市

長寿の薬として粉々に砕かれた」「ハリソン号はおとりで、別の船でハワイに輸送されたが、真珠湾攻撃に巻き込まれて沈んだ」。小説のようなうわさ話もある。

戦後、中国では化石の捜索が繰り広げられた。

２００５年には、周口店遺跡がある房山区政府などが専門委員会を設置して情報を収集。翌年、国内外から１０７件の情報が寄せられ、①移送前に保管されていた北京の医学院で目撃した②米軍が駐留していた天津市の病院の地下室で頭蓋骨を詰めた可能性がある箱を見た③日本の皇居の地下室に保管されている―の三つを「有力情報」として捜索を継続していくと発表した。

この他に注目されたのが、化石は日本軍に奪われ、太平洋戦争末期の１９４５年４月に台湾海峡で米軍潜水艦に撃沈された日本の大型貨客船「阿波丸《あわ》」に積まれていた―という説だ。

化石の行方を研究した作家の李樹喜《りじゅき》氏（１９４５～）はかつて、中国メディアに「米政府から提供された資料を分析した結果、阿波丸に頭蓋骨化石が積まれていた可能性が高い」と証言している。中国は1977年に阿波丸の引き揚げに挑み、船員の遺骨や積まれていたスズの塊などを発見したが、当時の潜水技術の限界もあり、化石を見つけることはできなかったという。

戦争の波に消え

強い海風が紺碧の海に白波を立てる。「阿波丸が沈んだのはあの辺だといわれています」。北京から南へ約2千km。阿波丸引き揚げの作業基地となった福建省・平潭島《へいたんとう》（海壇島《かいだんとう》）の岬で、地元の男性が沖を指さした。島は普段から風が強く、あちこちに風力発電施設があった。

中国メディアによると、2005年に専門家が政府と民間の協力を得て2度目の阿波丸引き揚げ作業を計画したとされるものの、その結果に関する報道は見当たらない。私は、計画に携わった李樹喜氏の連絡先を調べ、引き揚げ作業について情報を求めた。だが、李樹喜氏から返事はなかった。

日中戦争と太平洋戦争。日本が引き起こした二つの戦争の荒波にのまれた人類史の貴重な証人は今、どこに眠るのか。戦争の愚かさを思い、米中対立で緊張が高まる台湾海峡が穏やかであり続けることを願った。

大型貨客船「阿波丸」は太平洋戦争末期の1945年4月、台湾海峡を航行中に米軍の潜水艦に撃沈された＝福建省・平潭島

孫文の博多人形どこに？福岡市が広州市に寄贈した逸品を探す

中国、台湾そして日本が一緒に偉業をしのぶことができる数少ない先人がいる。亡命先の日本の人々の支援を受けて1911年の辛亥《しんがい》革命で清王朝を倒した孫文《そんぶん》（1866～1925）だ。台湾では「国父」と呼ばれ、中国では「民主革命の偉大な先駆者」と英雄視されてきた。かつて、広東省広州市に友好都市の福岡市が彼の博多人形を贈ったと聞き、現地で人形の行方を追った。

国内諸民族の平等と帝国主義の圧迫からの独立（民族主義）▽皇帝ではなく国民に主権があり、選挙で選ばれた議員による共和制政治を実現（民権主義）▽地主や資本家の利益独占を排除して国民生活を安定（民生主義）──の「三民主義」を提唱して革命運動を推進した孫文。広東省出身で、広州は1895年に彼が最初に蜂起を企てた地だ。市中心部には彼の号「中山《ちゅうざん》」を冠した「中山紀念堂」が立つ。福岡市によると2019年、友好都市締結40周年を記念して「現代の名工」の博多人形師、武吉國明《たけよしくにあき》さん（1941～）が制作した孫文の座像を広州市に寄贈。この時、福岡市総合図書館と友好関係を結んだ広州図書館に展示されたという。

が、広州図書館に問い合わせると、「孫文の人形？　分かりません。市内の別の図書館には孫文の彫像がありますが…」。

手がかりを求めて訪れた中山紀念堂に、「偉人中山」と題して孫文の人生と功績を紹介する展示があった。孫文らが「辛亥の年」の1911年10月10日に武昌《ぶしょう》（湖北省武漢市）で起きた武装蜂起を成功させると、多くの省が清王朝からの独立を宣言。1912年1月1日、現在の江蘇省南京市で中華民国臨時政府が成立して孫文が臨時大総統に選ばれた。翌2月、清王朝の「ラストエンペラー」宣統帝《せんとう》（溥《ふ》儀《ぎ》）（1906～1967）が退位し、清王朝が滅んだ。

展示には、日本で撮影された孫文の写真や日本語で書かれた妻・宋慶齢《そうけいれい》（1893～1981）との結婚誓約書もあり、日本との関係の深さをうかがわせる。だが、広州での蜂起に失敗した孫文が日本に亡命し、日本を拠点に欧米などで革命資金を募ったこと、福岡の政治結社・玄洋社《げんようしゃ》の頭山満《とうやまみつる》（1855～1944）や、熊本出身の自由民権運動家の宮崎滔天《みやざきとうてん》（1871～1922）、長崎出身の実業家の梅屋《うめや》庄吉《しょうきち》（1868～1934）らが物心両面で孫文を支え続けたことには一切触れていなかった。

孫文（右）と宋慶齢＝1924年、日本・神戸

その理由について、日中外交筋は「習近平指導部は香港や台湾、新疆ウイグル自治区の問題を巡って『境外勢力（外国勢力）』が介入していると主張してきた。孫文の革命運動が境外勢力からの支援を受けたものだったことは不都合な事実なのだろう」と説く。日本から贈られた孫文人形について紀念堂の職員に尋ねたが「知りません」と首を横に振った。

情報を集める中で、現地に詳しい日本人男性が「広州図書館の8階にあるはずです」と教えてくれた。

友好都市締結40周年を祝って福岡市から寄贈されたことが明記されていた＝広東省広州市

広州図書館に飾られた孫文の博多人形。読書や勉強をする市民を見守っていた＝広東省広州市

図書館は超高層ビル群に囲まれた市街地にあった。ガラス張りの地上9階建てで蔵書数は1156万冊。館内の洗練されたデザインに驚いた。一人カラオケボックスのような「朗読部屋」や、本を除菌できる機器もある。貸し出しや返却は無人・自動化され、書籍を所蔵階まで自動搬送する設備が導入されていた。大勢の学生や家族連れなどが来館し、エレベーターの前には大行列ができていた。

孫文の博多人形は、8階の「多元文化館」に入ってすぐの所にいた。椅子に腰かけた孫文が「慶祝広州市与福岡市締結友好城市関係40周年」と赤い文字で書かれた重厚なガラスケースの中から、黙々と読書や勉強をする市民を見守っていた。日中関係がどんなに冷え込んでも、英雄の人形に手をつけることは当局にもできないのかもしれない。

周囲は世界各地の書籍を集めたコーナーで、日本の書籍に最も多くのスペースを割いていた。棚の数は米国や韓国、ロシアの書籍棚の倍近い。純文学やミステリー、漫画などざっと数えても数千冊はある。福岡の街や食などに関する書籍も多く、手に取っている市民の姿に胸が熱くなった。

ジェットコースターのような外交関係の浮き沈みをよそに、日中の友好を願ってきた先人たちの志が、孫文の博多人形とともに広州市民の暮らしに確かに根付いているのを感じた。

三国志の舞台

渡邉 義浩
（早稲田大学）

三国志の舞台となった地を巡り、はるか千八百年前の歴史に思いを馳せる。言葉で書くといかにもロマンチックであるが、実際に巡ってみると、かなり壮絶な思いをする。そもそも戦場となった地が、現在の市街地である可能性は高くなく、軍事的要地であれば、地形は険しいのが当たり前である。中国は広いので、とにかく遠い遺跡が多い。

地域ごとの差異も大きい。蜀漢《しょくかん》が支配した地域は、蜀への思い入れが強く、多くの遺跡が残り、守られて保存状態も良好である。これに対して、孫呉《そんご》の遺跡はあまり多くはない。また、そもそも遺跡の真偽を考えると、不確実なことも多い。『三国志演義』にしか出てこない場所や人物の遺跡もある。貂蟬《ちょうせん》のような架空の人物のお墓もある。いったい何が埋まっているのであろうか。

三国時代そのものを最も体感できるのは、北伐《ほくばつ》のルートとなった「蜀の桟道《さんどう》」である。本書の著者の坂本信博氏も訪ねている。「漢室復興《かんしつふっこう》」を国是とした諸葛亮《しょかつりょう》は、劉禅《りゅうぜん》に「出師表《すいしのひょう》」を捧げると、拠点としてした漢中《かんちゅう》から、前漢の旧都長安《ちょうあん》の占領を目指した。前後五回に及んだ北伐を妨げたものが、「蜀の桟道」であった。漢中盆地から長安のある関中《かんちゅう》盆地までの道には、秦嶺《しんれい》山脈が立ちはだかる。その絶壁に穴を開け、丸太を差し込み、板を渡して造った道が「蜀の桟道」である。２０世紀の道路建設でも多くの犠牲者を出した秦嶺山脈越え。坂本氏はそこに諸葛亮の執念を感じ取っている。唐《とう》の李白《りはく》が、「ああ危《あやう》いかな高きかな、蜀道の難《かた》きは青天に上るより難し」と詠んだ「蜀の桟道」を復元した「明月《めいげつ》峡《きょう》」の遺跡を見ると、三国時代の行軍の苦難と、蜀道に挑んだ諸葛亮の漢室復興への思いが伝わってくる。

三国志の舞台を巡ることの楽しさは、遺跡に込められている人々の思いを追憶できるためである。洛《らく》陽《よう》古城の何もない麦畑の畦道《あぜみち》を歩き、それが漢代の洛陽の城壁跡であることを感じながら、そこに到達できなかった諸葛亮の無念を思う。官渡《かんと》のとうもろこし畑を見ながら、袁紹《えんしょう》を撃破した曹操《そうそう》の姿を思い浮かべる。すると突然、ナポレオンのアルプス越えの像とほぼ同じ構図で作られた巨大な曹操像が現れる。赤壁《せきへき》テーマパークの望楼に上り、対岸の烏林《うりん》を眺めながら、曹操の戦略を思い出す。

遺跡への思いは、純粋な「三国志」への憧憬《しょうけい》だけではない。わたしが『三国志の舞台』（山川出版社、二〇〇四年）を出版したときには、遺跡の至るところに江沢民《こうたくみん》の書が飾られていた。本書では、それが習近平《しゅうきんぺい》の言葉に変えられている。あるいは、わたしが見たときには、成都《せいと》の武侯祠《ぶこうし》には、「毛主席《もうしゅせき》に永遠の忠誠を」という文化大革命の時に書かれた文字が、半ば消えながらも残っていた。文革の初期、紅衛兵《こうえいへい》たちは「破四旧《はしきゅう》」（旧思想・旧文化・旧風俗・旧習慣を破壊せよ）のために成都の武侯祠へ突入したが、武侯祠の幹部は、蜀漢の文官・武官の塑像《そぞう》を守るため、塑像の並ぶ廊下に『毛沢東語録《もうたくとうごろく》』を刻んだ碑を建てて往来を阻み、歴代の扁額《へんがく》や対聯《ついれん》を隠して難を逃れたという。成都の武侯祠が、文革中に大規模な破壊を受けなかった理由は、周恩来《しゅうおんらい》にある。一九八三年、海外視察より帰国した第3代国家主席の李先念《りせんねん》は、帰途に成都に立ち寄り、武侯祠の職員に、「文革期、周恩来総理は、誰であれ、武侯祠を破壊しようとする者は、その首を取る、と厳命を出した」と語っている。「三国聖地」と呼ばれる成都の武侯祠ですら、激動の政治の中で、さまざまな人の思いや工夫で生き延びてきたのである。坂本氏は現在を記録する新聞記者らしい目線で、三国志と現代中国との接点を見ている。

遺跡の残り方、あるいは遺跡に残る伝承から、「三国志」の受容を知ることもできる。本書には登場していないが、浙江《せっこう》省蘭渓《らんけい》市諸葛《しょかつ》村には、諸葛亮の子孫と称する者が、約５０００人弱居住している。村には、諸葛亮の子孫である証拠として『諸葛氏宗譜《しょかつしそうふ》』という家譜《かふ》（宗譜）が伝えられる。家譜とは、一族の系譜を記した書物で、凡例・宗族の系図・宗族の代表的な人物伝などから成る。諸葛亮の孫である諸葛尚《しょかつしょう》は、父の諸葛瞻《しょかつせん》と共に蜀漢滅亡時に戦死したが、諸葛尚の弟である諸葛京《しょかつけい》は、西晉《せいしん》に仕えて江州刺史《こうしゅうしし》になっている（『三国志』巻三十五　諸葛亮伝注『啓事《けいじ》』）。『諸葛氏宗譜』によれば、その十五世孫の諸葛浰《しょかつれん》は、戦乱を避けて浙江に入り、二十八世孫の諸葛大獅《しょかつたいし》が高隆崗《こうりゅうこう》に移住したのが、現在の諸葛村の始まりであるという。元朝《げんちょう》中期のころ（１３４０年ころ）である。村には、「良い丞相《じょうしょう》になれなければ、良い医者になれ」という、他にはどこにも残らない諸葛亮の言葉が伝えられる。これを承けて、村では古くから薬剤業がとても盛んで、財を成した家も多い。

『三国志演義』の起源の一つと考えられている元代に出版された『三国志平話《さんごくしへいわ》』という本が、日本にだけ残っている。『三国志平話』の中で、諸葛亮は、「丞相は良い医者」である、と説明される場面がある。『三国志演義』をはじめ諸資料には、全く残らない諸葛亮の医者としての姿である。それが、子孫と称する諸葛村の中に、口頭伝承として、「良い医者になれ」という諸葛亮の言葉が残っている。かれらが元朝中期に諸葛村を創ったことを併せ考えると、元代の諸葛亮像には、医者としての側面があったこと、それだけ民草に近い道士《どうし》のような姿もあったことを証明できるのである。

わたしは今年、二十年ぶりに成都に行き、国際学会で報告をする予定である。もちろん、武侯祠には、ぜひ立ち寄りたい。むかし見た毛主席の文字は、まだ消えずに残っているのだろうか。今から楽しみである。

旅のおわりに

大切にしている19通のメールがある。

差出人は先川《さきかわ》祐次《ゆうじ》さん。西日本新聞の先輩記者だ。私が北京特派員として着任して以降、当時100歳の先川さんから記事の感想や温かな励ましが届き、助言を受けた。私にとって中国を知るための先生だった。

先川さんは1920年に中国・大連《だいれん》で生まれ、1931年9月に始まった満州事変を現地で目撃した。旧満州《まんしゅう》（中国東北部）の満州国立建国大学1期生で、卒業後は満州国政府の総務庁に勤務した。戦後は西日本新聞社に入社。ケネディ米大統領暗殺時のワシントン特派員も務めた。

先川さんが少年時代を過ごした奉天《ほうてん》（現在の遼寧《りょうねい》省瀋陽《しんよう》市）に、日本の地方紙で福岡日日新聞（西日本新聞の前身）だけが配達されていたこと。新幹線の原型とされる超特急列車「あじあ号」に乗ったこと。今では白黒写真でしか見られないかつての中国を、カラー映像で記憶する先川さんの言葉は新鮮だった。

「日本人は米国との戦争に負けたが、中国に負けたとは思っていない。ところが中国の視点から見ると、中国の弱みにつけ込んで大陸に進出してきた日本を、米国を使って追い返し、その勢いで今の共産中国ができた」

「日本人は良いか悪いかで考えたがるが、中国人は何が本当に得か損かで考える」

「大陸国家のしたたかさを良い意味で利用するように考えないと。『爆買い』と平気でお客をおとしめたり、マナーが悪いなどと『自分たちより遅れた国』なんて思っていたりしたら、理屈抜きでやられる」

先川さんの日本・中国観には膝を打つ思いだった。

中国の中小企業や庶民の暮らしについて、先川さんから尋ねられた。「中国の生活用品や衛生環境、食品の質は日本と比べてどうですか」

2008年の中国製ギョーザ中毒事件や、2011年の中国浙江《せっこう》省の高速鉄道事故で高架橋から落下した追突車両を破壊して埋めた中国当局の対応が日本社会に与えた衝撃は根強い。中国の安全・衛生面に不信を抱いている日本の人々は少なくないだろう。ただ、取材で訪れた中国の都市や村では、新型コロナウイルス対策をきっかけに衛生面が急激に向上していた。経済成長に伴って、食の安全安心や心身の健康を重んじる風潮も高まっている。環境問題についてもそうだ。私は現地で暮らすまで、北京の空は黄砂や汚染物質でいつも薄汚れていると思い込んでいた。しかし、2022年の北京冬季五輪前に排出ガス規制や工場移転などの対策が進み、抜けるような青空が広がる日が多かった。

先川さんから「都会でも地方でも高層ビルを見上げた時に角が垂直になっていますか」という質問も受けた。中国でビルが突然崩落したというニュースが話題になったことがきっかけで、「中国のビルはすぐ倒壊する」というイメージを持つ人もいるが、大半の高層ビルは歪むことなくまっすぐにそびえていた。むしろ、自動車の自動運転や人工知能（AI）の活用、キャッシュレス決済の完全定着など多くの分野で日本はとっくに追い抜かれていると感じた。先川さんにそう伝えると「日本は量より質の国にならねば」と返信が来た。

1972年、日中国交正常化時の日本は高度経済成長期で国内総生産（GDP）が中国の3倍だった。それから50年。中国のGDPは米国に次ぐ世界第2位で日本の3倍と逆転した。日本人の反中感情には、中国に追い抜かれたことを認めたくない意識もあるのではないか。最後に届いたメールで先川さんは「『米国は上で中国は下』と思っている風潮が戦前と変わらないので気になっています」と案じていた。先川さんは2021年11月、101歳で亡くなった。「外から日本を見る感覚で中国の記事を届けてください」。亡き先輩からの宿題を胸に、3年間で約600本の記事を書いた。北京の青空や夜景、中国の人々の生の姿を日本の読者に見てもらいたくて、私のオフィスの窓からの眺めを24時間365日、生中継する「北京ライブカメラ」を始めた。中国の人々に日本の実像を届けるため、中国の短文投稿サイト「微博《ウェイボ》」に西日本新聞の公式アカウントを開設。日本語をあまり理解できない人にも分かりやすい「やさしい日本語」で西日本新聞の記事を毎日発信することにも挑戦した。

歴史的にも地理的にも、日本で最も中国に近い九州からの特派員として中国という巨大な国の素顔に迫り、見たままを感じたままを日本の読者に伝えようともがいた3年間だった。

本書でもつづった通り、中国当局の公式の統計資料を基に新疆《しんきょう》ウイグル自治区の強制不妊疑惑に迫る調査報道にも取り組んだ。そのことで、当局から名指しで非難された。その後のさまざまな取材で、陰に陽に圧力をかけられた。

本書の基となった西日本新聞の連載「三国志を歩く　中国を知る」の取材で、ある省を訪れた時のことだ。それまで丁寧に対応してくれていた取材相手のスマートフォンに電話が入り、態度が一変した。

外国人や外国とつながりのある人物を監視し、スパイ摘発を担う国家安全省の現地当局から「西日本新聞の坂本信博という記者が取材に来ているだろう。取材を受けてはならない」と言われたという。取材を中止し移動していると、今度は、通訳を兼ねて同行してくれていた中国人の友人に現地当局から電話がかかってきた。そして指定場所に呼び出され、「西日本新聞の坂本信博記者は要注意記者リストに載っている。そのことを省内全域の公安（警察）に通知した。拘束されたくなければ明日の朝一番の飛行機で北京に帰れ」と警告された。習近平《しゅうきんぺい》国家主席（中国共産党総書記）への個人崇拝が強まっていることについて私が書いた記事を問題視しているとも告げられた。友人の身の安全を考え、現地で予定していた取材をすべてキャンセルせざるを得なかった。

記者にとって、自分が危険にさらされること以上につらいのは、取材に協力してくれる人が当局によって責めを負わされることだ。外国人記者が中国を去った後も、彼ら彼女らが当局の監視対象となって理不尽な目に遭うリスクがある。記者の泣き所をよく把握していると感じた。

後日、中国の国営メディアから同じ省へのプレスツアーの招待を受けた。再訪が叶うと喜んだのもつかの間、出発の数日前になって担当者から「なぜか省のシステムにあなたの名前を登録できない。申し訳ありませんが、参加を諦めてください」と言われた。

海外メディアを管轄する中国政府の役人から「群盲象《ぐんもうぞう》を撫《な》ず」という言葉で私の報道を批判されたことがある。大勢の視覚障害者が象をなでる寓話《ぐうわ》だ。ある人は鼻に触って「蛇のようだ」と言い、耳を触った人は「うちわのようだ」、足に触れた人は「木の幹のようだ」と、自分の手が触れた部分だけで感想を言い合う。つまり、中国の全体像を理解できていないと言いたかったのだろう。ただ、中国という巨象にじかに触れたことは認めている。私は褒め言葉と受け取ることにした。

ある役人からは「あなたの書く記事が真実かどうか、議論はしない。ただ、あなたが書いた記事の一部が日本の読者の対中感情を悪化させたのは事実。つまり、中国と日本の関係に害をなしている。前向きな記事だけを書いてほしい」と言われた。私はこう返した。「読者は愚かではない。中国の良いことも、そうでないことも書く私の記事だから信用する。日本で、私の記事をすべて読んでいる私の家族は『中国に行ってみたくなった』『中国へのイメージが良い方向に変わった』と話している」。役人は押し黙った。1年後に会ったとき、その役人は私にこう言った。「私はあなたの報道は真実だと思う。この国には人権問題も不正も格差もある。ただ、指導者(習近平氏)について個人独裁、現代の皇帝などと批判する記事は書かない方がいい。国家安全省が目を光らせている。彼らの方が私たちよりはるかに権限が強い。私はあなたに無事に帰国してほしい。これからも中日の架け橋になってほしい」

2023年8月、特派員の任期が満了した。実は帰国の旅路が3年間で最も緊張した。

中国政府はスパイ行為の定義を拡大し、摘発機関の権限を強める改正反スパイ法を前月に施行したばかりだった。中国では、新たな法律が施行されると、当局が「見せしめ」の摘発に動く事が少なくない。理不尽な取り締まりの強化を恐れ、その年の夏に帰任予定だった日系企業社員は法施行前に帰国した人が少なくなかった。事実、3月に北京で日系企業幹部がスパイ容疑で拘束されていた。スパイ行為や機密の定義が曖昧で、当局に不都合な取材活動も違法とされかねなかった。

帰国が近づくと、日中両国の関係者から「全国紙やNHKなどの全国メディアには当局も手を出しづらく、名前に『日本』が付いた地方紙の要注意特派員であるあなたが格好の標的になりかねない」「中国に常駐する外国人記者は帰国直前に記者ビザを返納する必要がある。記者の身分を失った後は特に気をつけた方がいい」と助言を受けた。実際、中国政府の役人に「どんな記事を書くかで、後任に記者ビザが下りるか、あなたが無事に帰国できるか、中国を再訪できるかが決まる」と警告された。

近年の邦人拘束事案を踏まえると、帰国日が最も危険で、単独行動は避けるべきだとの見方があった。韓国から山口卓ソウル特派員が、日本から私の息子と娘が、それぞれ北京まで迎えに来て、日本に帰り着くまで24時間体制で帯同してくれた。帰国日には、北京に駐在する日本メディアの仲間たち十数人が見送りと警護を兼ねて私の自宅マンションに集まってくれた。当局をけん制するため、あるテレビ局の記者はビデオカメラを回し続けてくれた。マンションの入り口に車を3台用意し、私が乗る車の前後を挟むように、車列を組んで北京首都国際空港へ。空港の車寄せでは、別のテレビ局の仲間が待ち構えてくれた。車を降りて空港に入るまでの一部始終をビデオカメラで撮影しながら、十数人の記者たちが私を取り囲んで保安検査場までガードしてくれた。日本に向かう飛行機に搭乗する際、客室乗務員から日本語で「お帰りなさい」と声を掛けられた時、ホッと力が抜けた。

定刻通りにドアが閉まり、機体が滑走路に向かい始めた。これでもう安心。そう思った時だった。飛行機が急に減速し、機内アナウンスが流れた。「原因は不明ですが、機材トラブルのためターミナルに引き返します」。まさか、中国の公安関係者が私を拘束するために乗り込んでくるのか。映画「スター・ウォーズ」でダース・ベイダーがレイア姫を捕らえるべく反乱同盟軍の宇宙船に乗り込んでくるシーンとBGM「帝国のマーチ」が脳内再生された。全身から汗が噴き出した。が、理由ははっきりしないまま、約3時間遅れで離陸。無事に日本の地を踏むことができた。羽田空港の到着ゲートで出迎えた妻の笑顔を見た瞬間、張り詰めていた緊張が解けた。

中国での3年間で、公安当局に幾度も取材を妨害され、計7回にわたって軟禁・拘束された。それでも、中国が嫌いになったかといえばその逆だ。中国の発展ぶり、歴史や文化の奥深さと多様性、食と自然の豊かさ、民間の熱と力、大陸で生きる人々のたくましさやおおらかさ、温かさ、信用する相手への時におせっかいなほどの親切さに深く魅せられた。毎週末、中国茶藝師《ちゃげいし》の教室に通って高級課程を修了し、中国茶が趣味に加わった。

中国について私が体得できたことを一つだけ挙げると、中国共産党、役人、人民をそれぞれ区別して考える必要があるということだ。中国は共産党が統治する国ではあるが、約14億人の人口のうち共産党員は1割にも満たない。中国人と言っても、IT長者もいれば農民もいる。漢族もいれば、そうではない人もいる。中国はあまりに広く、決してひとくくりにはできない。記事を書く際は「中国は」「中国人は」と大きな主語で安易に束ねず、全体がそうだと受け取られないように心がけた。

私は中国で暮らすまで「中国人＝反日」という印象を持っていた。しかし、出会った中国の人々の多くは日本の文化や製品に好意的で、日本のファンが少なくなかった。ただの一度も、私が日本人だと知った相手から侮蔑の言葉を投げつけられたことはなかった。むしろ、街角の食堂の従業員が「大丈夫？辛くない？」と心配してくれ、地方でタクシーに乗ると「日本人を初めて乗せた。今日は良いことがある日だ」と喜ばれたことすらある。

引っ越しできない隣人として是々非々で向き合う対中関係では、中国の市井の人々に日本のファンを増やすことが大きな意味を持つ。私は中国ファンの一人として、日本を訪れる中国の人々に温かく誠実に接していきたい。そしていつの日か、また中国大陸を訪れることができたら、三国志ゆかりの地を巡る旅を再開したい。

連載「三国志を歩く 中国を知る」の構想段階から伴走し続けてくれた西日本新聞の福間慎一さん、連載のデスク作業を担当し、私の次の北京特派員に就いた伊藤完司さん、元北京特派員で連載を応援し続けてくれた元国際部長の久永健志さん、私の前任の北京特派員で新疆ウイグル自治区を巡る報道にデスクとして一緒に挑んでくれた川原田健雄さん、中国各地の三国志ゆかりの地を踏破し、私の「三国志旅」の指南役を務めてくれた楊錦さん、三国志好きの北京特派員仲間で結成した「三国志会」初代会長の大熊雄一郎さんをはじめ、新型コロナウイルス禍の厳しい時代を共に生き抜いた日本メディアの戦友たち、中国と日本を結ぶ報道に長年携わり、中国各地の三国志研究者を紹介してくれた張可喜老師、本書の解説を書いてくださった渡邉義治・早稲田大学教授、日本と中国の歴史に関してさまざまなアドバイスをしていただいた古賀英毅さん、担当編集者の和気寛之さん、そして、人生のパートナーとして私を支え続けてくれている最愛の妻・秀子に心から感謝します。

2024年9月29日　日中国交正常化から52年の日に

坂本信博

参考文献リスト

正史 三国志…陳寿、裴松之 著、今鷹真、井波律子 訳／筑摩書房
三国志演義…羅貫中 著、立間祥介 訳／KADOKAWA
三国志演義…羅貫中 著、井波律子 訳／講談社
三国志事典…渡邉義浩 著／大修館書店
三国志演義事典…渡邉義浩、仙石知子 著／大修館書店
もう一つの『三国志』異民族との戦い…坂口和澄 著／KADOKAWA
中国の歴史4　三国志の世界 後漢 三国時代…金文京 著／講談社
三国志合戦事典 魏呉蜀74の戦い…藤井勝彦 著／新紀元社
大判ビジュアル図解 大迫力！写真と絵でわかる三国志…入澤宣幸 著／西東社
横山光輝で読む三国志…渡邉義浩 著／潮出版社
三国志―演義から正史、そして史実へ …渡邉義浩 著／中公新書
イラストでサクッと理解　流れが見えてくる三国志図鑑… かみゆ歴史編集部／ナツメ社
「三国志」の旅　英雄たちの足跡を訪ねて…村山孚 著／徳間書店
写真で見る三国志 英雄たちの足跡…藤井勝彦 著／メイツ出版
中國紀行CKRM Vol.14…中國紀行CKRM編集部 編／主婦の友社
pen〔ペン〕No.478 完全保存版 わかる、三国志。…Pen編集部 編／CCCメディアハウス
歴史人WEB ここからはじめる！ 三国志入門…上永哲矢 著／ABCアーク
三国志…吉川英治 著／講談社
秘本三国志…陳舜臣 著／文藝春秋
三国志 英雄ここにあり…柴田錬三郎 著／講談社
愛蔵版「三国志」…横山光輝 著／潮出版社
キーワードで読む「三国志」…井波律子 著／潮出版社
愛と欲望の三国志…箱崎みどり 著／講談社
三国志男… さくら剛 著／幻冬舎
三国志の舞台…渡邉 義浩 著／山川出版社
三国志への招待…三国志の会 編／山川出版社
三国志の旅…山本巖、寺崎一雄 著／西日本新聞社
三国志ことば浪漫…師村妙石、芹田騎郎、寺崎一雄 著／西日本新聞社
地図でスッと頭に入る三国志…渡邉義浩 監修／昭文社

坂本信博（さかもと・のぶひろ）

1972年福岡市生まれ。マレーシアの邦字紙記者、日本の商社勤務を経て、1999年に西日本新聞社入社。長崎総局、宗像支局、社会部、東京支社報道部などで医療・教育・安全保障の取材や調査報道に従事。2015年に長期連載「戦後70年 安全保障を考える」で平和・協同ジャーナリスト基金奨励賞受賞。2017年に外国人労働者との共生を考えるキャンペーン報道「新 移民時代」で石橋湛山記念早稲田ジャーナリズム大賞受賞。2018年にオンデマンド調査報道「あなたの特命取材班」（日本記者クラブ特別賞受賞）を創設。2020年から中国総局長（北京特派員）。2022年に中国新疆ウイグル自治区の強制不妊疑惑を巡る調査報道で調査報道大賞選考委員特別賞受賞。2023年に帰国後、社会部次長を経て2024年8月から報道センター総合デスク。

主な共著に「医療崩壊を超えて」（ミネルヴァ書房）、「安保法制の正体」（明石書店）、「新 移民時代」（同）など。

三国志《さんごくし》を歩《ある》く　中国《ちゅうごく》を知《し》る

2024年11月8日　初版第一刷発行
2025年 6 月9日　初版第二刷発行

著者――――――――坂本信博
発行者 ――――――田川大介
発行所 ――――――西日本新聞社
〒810-8721　福岡市中央区天神1-4-1
TEL 092-711-5523（出版担当窓口）
FAX 092-711-8120
編集協力――――――古賀英毅
編集――――――――和気寛之
DTP ――――――ナカジマアサコ
印刷・製本――――シナノパブリッシングプレス

ISBN 978-4-8167-1015-5　C0036

西日本新聞オンラインブックストア　https://www.nnp-books.com/